国际儒学联合会教育系列丛书

周易 上

温海明 韩盟 译注

中华典藏 全注全译本

丛书指导委员会主任
——滕文生 牟钟鉴 董金裕

总主编
——钱逊 郭齐家

汉唐书局专家委员会审定

济南出版社　汉唐书局

图书在版编目（CIP）数据

周易. 上 / 温海明，韩盟译注. —— 济南：济南出版社，2023.4

（中华典藏）

ISBN 978-7-5488-5575-0

Ⅰ.①周… Ⅱ.①温…②韩… Ⅲ.①《周易》—研究 Ⅳ.①B221.5

中国国家版本馆CIP数据核字（2023）第052261号

出 版 人	田俊林
丛书策划	付晓丽　冀春雨
责任编辑	孙育臣
图书审读	马恒君
装帧设计	王铭基　谭　正

出版发行	济南出版社
地　　址	济南市二环南路1号
编辑热线	0531—86131747　82926535（编辑室）
发行热线	82709072　86131701　86131729　82924885（发行部）
印　　刷	山东潍坊新华印务有限责任公司
版　　次	2023年6月第1版
印　　次	2023年6月第1次印刷
开　　本	170 mm×240 mm　16开
印　　张	15.25
字　　数	200千
印　　数	1—4000册
定　　价	58.00元

（济南版图书，如有印装错误，请与出版社联系调换。联系电话：0531-86131736）

总 序

中国共产党的二十大报告指出：我们必须坚定历史自信、文化自信，坚持古为今用、推陈出新，把马克思主义思想精髓同中华优秀传统文化精华贯通起来。2023年2月7日，习近平总书记在学习贯彻党的二十大精神研讨班开班式上发表重要讲话，指出：中国式现代化，深深植根于中华优秀传统文化。

中华优秀传统文化的显著特点是启发人的内心自觉，追求的是人的身与心、人与人、人与社会、人与宇宙自然的统一与和谐，表现出人的崇高的精神境界，其思想背后是中国人对天道、天命和道德人格典范的敬畏。中华经典记录了中华优秀传统文化的本和源、根和魂，是构成我们民族文化、民族智慧、民族心灵的庞大载体，是支撑我们民族生存、发展、创新的活水源头，是几千年来维护我中华民族屡经重大灾难而始终不解体的坚强纽带。中华经典是人生教育学典籍，或者说是人生的课本、教材，靠一代代中国人的诵读、解释，并在传承中发展、创造，在极深刻意义上参与塑成了中华民族的历史和生活世界。其中蕴含的天下为公、民为邦本、为政以德、革故鼎新、任人唯贤、天人合一、自强不息、厚德载物、讲信修睦、亲仁善邻等精神，是中国人民在长期生产生活中积累的宇宙观、天下观、社会观、道德观的重要体现，是地地道道的"中国式"。

济南出版社·汉唐书局以习近平新时代中国特色社会主义思想为指导，高度落实习近平总书记关于中华优秀传统文化的一系列重要论述，深度理解中华经典的根源与发展，联合国际儒学联合会组织全国中华优秀传统文化相关领域的专家学者，通过深耕细作，潜心编写，精心注译，严谨校对，专业编排，集结成册，向广大读者隆重推出"中华典藏"系列丛书。本丛书包括20种典籍，即《论语》《孟子》《大学》《中庸》《近思录》《周易》《道德经》《诗经》《史记》《孙子兵法》《孔子家语》《三字经》《百家姓》《千字文》《千家诗》《弟子规》《龙文鞭影》《声律启蒙》《笠翁对韵》《蒙求》，除经典原文、注释、大意（译文）外，还根据每部典籍的特点，设置了知识拓展、释疑解惑等。

终身学习、终身教育已经成了这个时代的常态。中华经典是"母乳"，是最具纯正、最富营养、最有价值的终身学习资源。中华经典是整体之学，是身心之学，是素养之学，是每一个中国人在这个动荡变革时代中培养定力、安身立命的大宝典。因此，中华经典的受益者不仅仅是在校的老师和学生，还包括各级各类领导干部、工农兵学商等各行各业人员（如企业家、工厂工人、手工业者、新农村建设者、解放军官兵、科研工作者、医务工作者等），以及海外侨胞、留学生。

中华民族的祖先曾追求这样一种境界：为天地立心，为生民立命，为往圣继绝学，为万世开太平。我郑重将"中华典藏"这套普及性丛书推荐给读者，希望我们这个团队经过近十年共同奋斗所凝结的智慧，走向大众，让诵读中华经典的琅琅之声传遍祖国的大江南北，让我们每个人心中有山河，心中有宇宙，心中有父母，心中有圣贤，心中有家国天下，心中有我们中华民族的精神，心中有我们中国人的本心、本性。让我们全民为实现中华民族的伟大复兴与构建人类命运共同体凝聚智慧、贡献力量。

是为序！

郭齐家

2023年2月于北京回龙观寓所

目录

篇章体例
◎ 原文
◎ 注释
◎ 大意
◎ 解读

上册

导读 ... 1

第一章 上经 ... 38

乾为天（卦一）（乾下乾上） ... 38

坤为地（卦二）（坤下坤上） ... 55

水雷屯（卦三）（震下坎上） ... 66

山水蒙（卦四）（坎下艮上） ... 72

水天需（卦五）（乾下坎上） ... 79

天水讼（卦六）（坎下乾上） ... 85

地水师（卦七）（坎下坤上） ... 92

水地比（卦八）（坤下坎上） ... 100

风天小畜（卦九）（乾下巽上） ... 108

天泽履（卦十）（兑下乾上） ... 115

地天泰（卦十一）（乾下坤上） ... 122

1

天地否（卦十二）（坤下乾上） ... 128
天火同人（卦十三）（离下乾上） ... 134
火天大有（卦十四）（乾下离上） ... 140
地山谦（卦十五）（艮下坤上） ... 146
雷地豫（卦十六）（坤下震上） ... 150
泽雷随（卦十七）（震下兑上） ... 155
山风蛊（卦十八）（巽下艮上） ... 161
地泽临（卦十九）（兑下坤上） ... 166
风地观（卦二十）（坤下巽上） ... 171
火雷噬嗑（卦二十一）（震下离上） ... 176
山火贲（卦二十二）（离下艮上） ... 181
山地剥（卦二十三）（坤下艮上） ... 188
地雷复（卦二十四）（震下坤上） ... 193
天雷无妄（卦二十五）（震下乾上） ... 199
山天大畜（卦二十六）（乾下艮上） ... 204
山雷颐（卦二十七）（震下艮上） ... 210
泽风大过（卦二十八）（巽下兑上） ... 215
坎为水（卦二十九）（坎下坎上） ... 221
离为火（卦三十）（离下离上） ... 228

下册

第二章 下经 ... 235

泽山咸（卦三十一）（艮下兑上） ... 235
雷风恒（卦三十二）（巽下震上） ... 241
天山遁（卦三十三）（艮下乾上） ... 246
雷天大壮（卦三十四）（乾下震上） ... 251
火地晋（卦三十五）（坤下离上） ... 256
地火明夷（卦三十六）（离下坤上） ... 264
风火家人（卦三十七）（离下巽上） ... 271
火泽睽（卦三十八）（兑下离上） ... 277

水山蹇（卦三十九）（艮下坎上） ... 283
雷水解（卦四十）（坎下震上） ... 287
山泽损（卦四十一）（兑下艮上） ... 293
风雷益（卦四十二）（震下巽上） ... 298
泽天夬（卦四十三）（乾下兑上） ... 303
天风姤（卦四十四）（巽下乾上） ... 309
泽地萃（卦四十五）（坤下兑上） ... 314
地风升（卦四十六）（巽下坤上） ... 319
泽水困（卦四十七）（坎下兑上） ... 323
水风井（卦四十八）（巽下坎上） ... 330
泽火革（卦四十九）（离下兑上） ... 334
火风鼎（卦五十）（巽下离上） ... 340
震为雷（卦五十一）（震下震上） ... 345
艮为山（卦五十二）（艮下艮上） ... 351
风山渐（卦五十三）（艮下巽上） ... 356
雷泽归妹（卦五十四）（兑下震上） ... 362
雷火丰（卦五十五）（离下震上） ... 368
火山旅（卦五十六）（艮下离上） ... 374
巽为风（卦五十七）（巽下巽上） ... 381
兑为泽（卦五十八）（兑下兑上） ... 385
风水涣（卦五十九）（坎下巽上） ... 390
水泽节（卦六十）（兑下坎上） ... 396
风泽中孚（卦六十一）（兑下巽上） ... 401
雷山小过（卦六十二）（艮下震上） ... 406
水火既济（卦六十三）（离下坎上） ... 413
火水未济（卦六十四）（坎下离上） ... 419

第三章 系辞上传 ... 424

第一节 ... 424

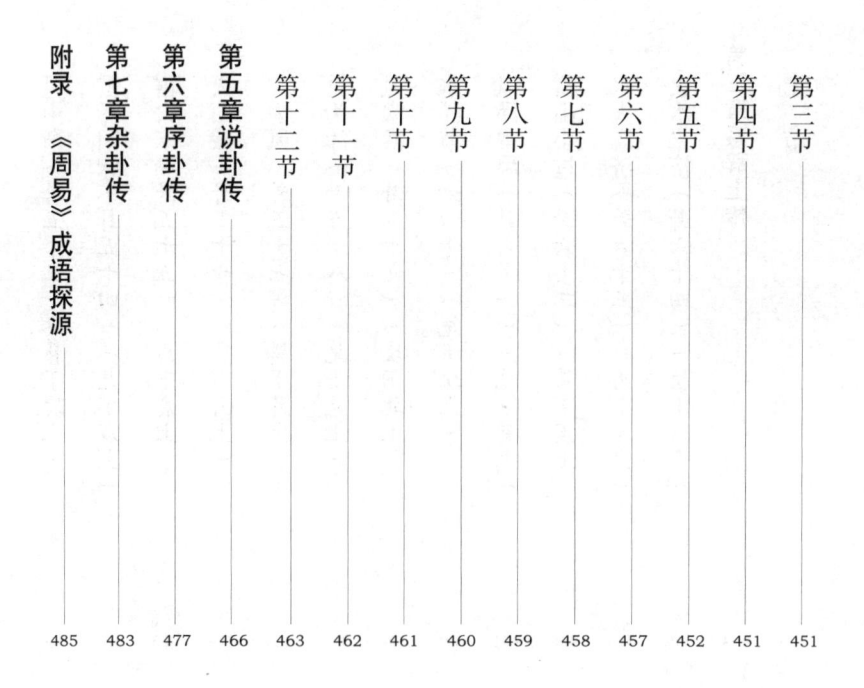

第二节 ... 426
第三节 ... 427
第四节 ... 427
第五节 ... 428
第六节 ... 430
第七节 ... 430
第八节 ... 431
第九节 ... 435
第十节 ... 437
第十一节 ... 439
第十二节 ... 442

第四章 系辞下传
第一节 ... 445
第二节 ... 446

第三节 ... 451
第四节 ... 451
第五节 ... 452
第六节 ... 457
第七节 ... 458
第八节 ... 459
第九节 ... 460
第十节 ... 461
第十一节 ... 462
第十二节 ... 463

第五章 说卦传 ... 466
第六章 序卦传 ... 477
第七章 杂卦传 ... 483

附录 《周易》成语探源 ... 485

导　读

　　《周易》是一部充满神奇色彩而又家喻户晓的书，其成书年代久远，穿越古今，在各个历史时期都备受关注。有"不读易不可为将相"（唐·虞世南）的政治高度，有"闲坐小窗读《周易》，不知春去几多时"（宋·叶采）的诗情画意，有"何以明吾志，《周易》在床头"（唐·白居易）的豪情壮志，有"各朝学者，无不读《易》者，无不悉医者，医者易也，医则调身，易则调神"（清·曾国藩）的高深学问，当然也有"《周易》就是一本算命书"的大众化认识。有的人会被《周易》深深吸引，穷尽毕生精力去探赜索隐；有的人则冷眼旁观，难以入门。有时候，《周易》能得到官方的重视而被大力推广，特别是在古代，有些皇帝会亲下诏书修订《周易》注释本，从而推行文治武功，教化百姓。如唐朝孔颖达奉唐太宗敕命编写《周易正义》，其他的如明朝的《周易经传大全》（明成祖），清朝的《易经通注》（顺治）、《日讲易经解义》（康熙）、《周易折中》（康熙）、《周易述义》（乾隆），都是历代统治者重视《周易》的明证。不过有时《周易》也会因其神秘性而遭到冷落甚至排斥。《周易》历经起起伏伏，在官方和民间都有极高的地位。《系辞传》说："《易》与天地准，故能弥纶天地之道。"《周易》之道与天地齐准，《周易》之道就是宇宙自然的规律。

一、《周易》的原理和基础

1. 易有三易

　　《三字经》说："有《连山》，有《归藏》，有《周易》，三易详。"东汉郑玄在《易赞》中写道："夏曰《连山》，殷曰《归藏》，周曰《周易》。《连山》者，象山之出云，连连不绝。《归藏》者，万物莫不归藏于其中。《周易》者，言易道周普，无所不备。"按此说法，夏朝时，有《连山易》，其特点是以艮卦为首。远古的人类面对崇山峻岭感到非常神秘，一座高山既意味着艰难险阻，也象征着高远的境界。所以，当时的人们非常重视艮卦。到了商朝，《归藏易》取代了《连山易》，《归藏易》的特点是以坤卦为首，此时的人们很重视大地母性的归藏养育生生不息之功。到了商周之际，据载"文王拘而演《周易》"，周文王被囚禁在羑里时，把伏羲先天八卦方位改变成后天八卦方位，并创作卦爻辞，卦爻辞中突显人为万物之灵，赞天地之化育，因应时势，顺势而为。从此有了以乾坤两卦为首的《周易》，《系辞传》说："天尊地卑，乾坤定矣。"乾天坤地生生不息，通过乾坤两卦可以推演其余六十二卦。随着时代的变迁，《连山》《归藏》逐渐失传，人们越发觉得《周易》崇尚天地自然，更加符合自然规律，一直代代相传。因为其成书于周代，故而称之为《周易》（周代之易）；《周易》也有"周普、周遍之易"的意思，把《周易》看作一部永恒的经典。当然，《周易》从根本上说是表现易道周而复始、生生不息的书。

2. 易有三义

不论是周朝更定的《周易》，还是具有周而复始、循环往复内涵的《周易》，实际上都是对大自然的模拟，可以说，《周易》就是用模仿出来的卦象揭示宇宙人生奥秘的书。伏羲氏一画开天，面对大自然，展开了丰富的想象，思考大自然的现象到底应该如何表达出来，到底像些什么。大自然看似杂乱无章，没有条理，实际上却默然有序，人们只要能通过比拟的方式进行比对，便可清楚。伏羲氏对大自然进行模拟，创造出八卦，将自然人生的各种现象与各卦的性质相对应，一目了然。随着人类社会的发展，周文王根据八卦的特点，演绎出后天八卦，再将八卦两两重合，组合成六十四卦，又系上卦辞、爻辞，对大自然及人类生活的方方面面进行模拟判断。进入春秋战国时期，礼崩乐坏，孔子担心易道失传，便作《易传》，也称《十翼》，对易道的哲学和伦理意义进行系统阐发。《汉书·文艺志》说《周易》"人更三圣，世历三古"。经过很多代人的努力，一部《周易》经由自然哲学上升到人伦教化层面，涵盖了中国古代实用文化各色学问的各个方面。

既然《周易》模拟自然，其中的大道当然全部源自自然，那么自然界中的规律，也就是《周易》的大道。《周易》有不易、简易、变易三大自然法则。《易纬·乾凿度》说："易一名而含三义，所谓易也，变易也，不易也。"郑玄在《易赞》及《易论》中说道："易一名而含三义：易简一也，变易二也，不易三也。"《易纬·乾凿度》又说："易者，其德也。光明四通，简易立节，天以烂明，日月星辰，布设张列，通精无门，藏神无穴，不烦不扰，淡泊不失，此其'易'也。'变易'者，其气也。天地不变，不能通气，五行迭终，四时更废，君臣取象，变节相移，能消者息，必专者败，此其'变易'也。'不易'者，其位也。天在上，地在下，君南面，臣北面，父坐子伏，此其'不易'也。"总的说来，万物恒变，故为变易；其中事物本身的样态与性质不可移易；易道简易。这三层意思可以分说如下：

第一，变易。天下万物都是变动的，没有永恒不变的事物，正因为变动才能够长存，草木因为有了花开花落才能生生不息，自然因为有了四时更替才能够存续，这就是变易的法则。《周易》模拟大自然的这种变动性，它"周流六虚，变动不居，不可为典要"（《系辞传》），正因为这种变化性，使《周易》可以流传几千年不败，不论何时何地都可以将古老的《周易》与当下所处的环境进行运用对应，随机应变。

第二，不易。自然界看似林林总总，各不相关，但每种生物背后都有着自己的生存法则和运动规律。无规矩不成方圆，如果自然界的万物没有章法，宇宙就无法如此存续，《周易》模仿这个不易的大道，六十四卦有阴有阳，往来变化，但都有规则体例，人们通过学习《周易》，掌握变化现象背后不变的易道。

第三，简易。自然界的日月星辰、草木山川，"在天成象，在地成形"（《系辞传》），淋漓尽致地展现在人们眼前，非常简单，一点都不复杂，复杂的是人心而已，俗话说"天下本无事，庸人自扰之"。如此简单的自然界，不能因为人们不知道，就认为是复杂的，正如《系辞传》所说，"苟非其人，道不虚行"。天地大道运行简单容易，《周易》正是模仿大自然这种简易的特性，将看似纷繁复杂的宇宙人生变得简单化。《周易》通过八卦对自然界进行归纳和模拟，人生再复杂，也复杂不过六十四卦代表的六十四种状况；事物再变化，也变化不出三百八十四爻象征的三百八十四种变化的样态。可见，《周易》将简单的符号对纷繁杂乱的世界变化进行比拟，使复杂的事物运动变得简易。

3.《周易》的原理

包罗万象的《周易》，可以说包含各种原理，其中最根本的原理就是天文学原理。基于天文观测，古人形成了"气一元论"的宇宙观，进而形成了阴阳观念，这些成为整个《周易》系统的原理。

天文学原理与人类生产活动息息相关，在远古时期，劳动人民就对天文历法做了很多探索，圣人通过上观天象，考察天所垂挂的象，对其中的大道加以抽象总结，发明八卦。古人探索宇宙自然的规律，发现气一元论的原理，认为一元之气是所有生命的动力，也是促进宇宙生生不息的原始力量。一元之气有其内在的生机，正是这生机构成了《周易》系统中阴阳转化的根本动力，引发阴阳力量互动消长，可见，阴阳背后元气的生机是《周易》卦爻系统的根本原理。

元气的生机作为《周易》的根本原理，体现在象、数、理、占各个方面。象是指观象，天有天文，地有地理，人有面相手相，这就是《周易》的观象原理。数的起源在于河图洛书，其中包含《周易》的数理。后来的术数是一个宏观概念，涉及天文、历法、算术等领域。理是指哲学原理，伏羲氏始画八卦，包含着自然科学原理，文王演绎后天八卦，将其内容扩展到人类社会上来。孔子又写出《易传》，阐述《周易》基本原理，将《周易》提升到人伦道德的哲理层面上来，这就是《周易》所具有的哲学原理。占是指占卜，《周易》具有强大的占卜功能，占卜一般运用纳甲原理、五行相生相克以及阴阳互相转化原理等。

4. 占卜

《周易》自出现以来，就被打上了算卦占卜的烙印，《系辞传》也提到："《易》有圣人之道四焉：以言者尚其辞，以动者尚其变，以制器者尚其象，以卜筮者尚其占。"占卜的确属于《周易》的一大功能，是《周易》不可缺少的一部分。在《系辞传》中，孔子又将蓍草卜卦的方式告诉给了后人。占卜的方式很多，蓍草卜卦选用50根蓍草进行占卜，后代发明了金钱卦、六爻纳甲、梅花易数等。不仅如此，还有很多民间占卜术更是名目繁多。另外，《周易》在上古时期确实与占卜的活动联系在一起，这在《左传》中多有记载。然而，孔子的《易传》将《周易》的占卜上升到了修身养性的高度。孔子的这种卜筮观体现了儒家对占卜的基本认识，主要有以下三个方面：

第一，重德不重卜。在经文中，六十四卦每一卦都会出现"吉""凶""悔""吝""无咎"等判词，这是用于帮助人们更容易以此来判断未来的变化趋势。然而，孔子认为道德才是超越吉凶的根本。人们的一切凶祸都是咎由自取，一切富贵也是由自身积德而来。孔子在《易传》中多次强调道德的重要性，如"积善之家必有余庆，积不善之家必遭余殃"（《文言传》），还有"善不积不足以成名，恶不积不足以灭身。小人以小善为无益而弗为也，以小恶为无伤而弗去也"（《系辞传》）。这些话说明善心善行或恶心恶行的积累，是可以超越占卜行动的。特别是《系辞传》明确指出："作《易》者，其有忧患乎？是故履，德之基也。谦，德之柄也。复，德之本也。恒，德之固也。损，德之修也。益，德之裕也。困，德之辨也。井，德之地也。巽，德之制也。"每卦都有卦德，只要将卦里边体现的易道当作行事准则和修身规范，那还会有什么忧患呢，也就可以不用占卜了。所以，在《易传》中也多次强调"自天佑之，吉无不利"。只要人们能顺天、敬天、尊天，同时自信、自敬、自尊，就可以得到天的保佑，这个保佑实际上也是自己的所作所为符合天道的一种吉祥福报。因此，程迥说："易以道义配祸福，故为圣人之书……《周易》者，正德者也，达乎此者，可与言筮矣。"这里很明确地说明《周易》就是以道德为根本，通过道义来指导祸福，这才是圣人之书，《周易》的关键在于正德，有了这个基础认识，才能对占卜有一个准确的理解和把握。

第二，占卜有助于学易。对于《周易》，孔子强调道德，但也很重视占卜的功能，这主要是为了让人们在玩易中学易，领悟易道。《系辞传》说："是故君子所居而安者，易之序也；所乐而玩者，爻之辞也。是故君子居则观其象而玩其辞，动则观其变而玩其占。是以自天佑之，吉无不利。"君子能够安居乐业，是遵照《周易》消息盈虚、进退存亡的规律顺序；君子乐于玩索，运用的是卦爻辞。因此，君子平时观察卦爻象，玩索卦爻辞，一旦有所行动，就观察卦爻象的变化，玩味占断的应验规律。因此，顺应易道去为人处世，就如同得到上天的保佑，吉祥而无所不利。正是基于这样的目的，孔子在《系辞传》中详细介绍了占卜的方法。占卜能学易，主要是因为人们可以将占到的卦爻辞与自身处境相对应，从而将古老的文字做到举一反三、触类旁通、与时俱进，这正好是对易道的灵活运用。

第三，不占而已。孔子说："不占而已矣。"（《论语·子路》）荀子说："善易者不卜。"（《荀子·大略》）占卜是通过解读卜筮得出的卦爻，使人们理解某卦、某爻所代表的时与势，相信此卦此爻与自身当下所处的时势相通，将卦爻的提示与自己的生活情境相对应。实际上，六十四卦每卦每爻都可与人们的处境相联系，不一定非要通过占卜，也不必非要找到固定的卦爻。因此，精通《周易》的人通情达理，能够"穷理尽性以至于命"（《说卦传》），可以随时将自己的处境与卦爻辞所代表的时位处境和应对之方相联系、相对应，可以自然而然遵循易道而达到趋吉避凶的目的。

二、《周易》的内在结构

1. 数

《周易》通过数字符号创造了一种独有特色的话语体系。易道最初通过数字表达，孔子在《易传》中讲述了关于数的来历。《说卦传》第一句就写道："昔者圣人之作《易》也，幽赞于神明而生蓍，参天两地而倚数，观变于阴阳而立卦。"古代的圣人在创作《周易》的时候，穷极幽深，潜移默化地赞助天地神明养育万物之德，从而创造了用蓍草来占筮的方法，效法天地自然之数，揣摩天奇（"一""三""五"三个天数）与地偶（"二""四"两个地数）相互交错的道理，确定了《周易》的数理。这就是易数的来源。《系辞传》提到了易数的来由："河出《图》，洛出《书》，圣人则之。"《河图》《洛书》就是《周易》的总源头，汉孔安国说："《河图》者，伏羲氏王天下，龙马出河，遂则其文以画八卦。《洛书》者，禹治水时，神龟负文而列于背，其数至九，禹遂因而第之，以成九类。"传说龙马背负《河图》从黄河而出，伏羲氏根据观察《河图》发现八卦的秘密。神龟背负《洛书》从洛河而出，大禹根据《洛书》治

◎ 导 读

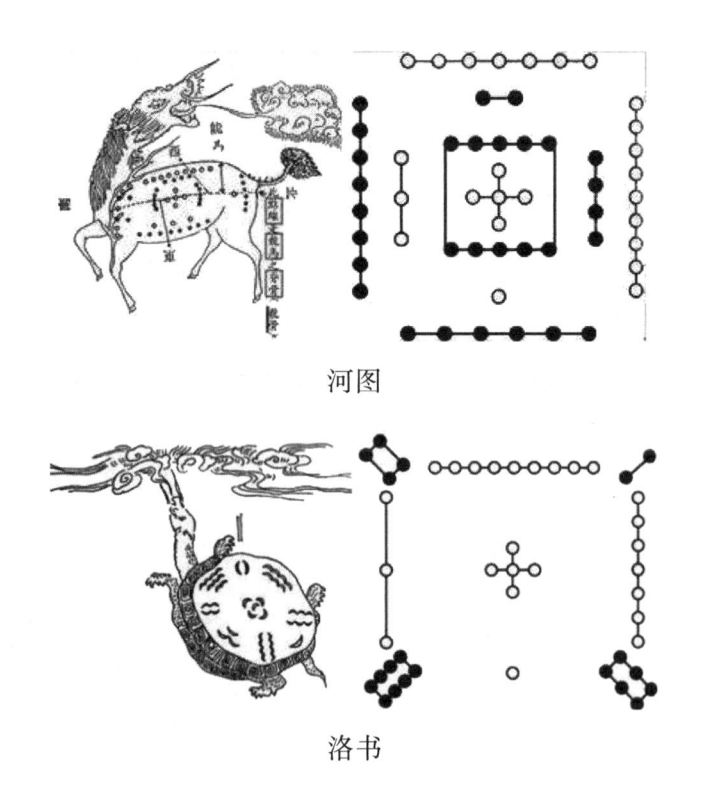

河图

洛书

水而划定九州。《河图》《洛书》蕴藏有经天纬地的奥秘，可以贯通天文地理与人和。提到易数，首先就要搞清楚《河图》《洛书》。

在《系辞上传》提到了河图之数："天一，地二；天三，地四；天五，地六；天七，地八；天九，地十。天数五。地数五。五位相得而各有合。天数二十有五，地数三十，凡天地之数五十有五。"天数是一三五七九，共五个，地数是二四六八十，共五个，在河图里，东南西北中五个方位的数各自都是有相合的，与水火木金土相配，所以是"天一生水，地六成之；地二生火，天七成之；天三生木，地八成之；地四生金，天九成之；天五生土，地十成之"。天数相加总和是二十五，地数相加总和是三十，所以天地之数总和就是五十五。"一六共宗，为水居北；二七同道，为火居南；三八为朋，为木居东；四九为友，为金居西；五十同途，为土居中。"这是以河图与五行和方位相配的口诀。

有此河图之数，便产生了后世所用的大衍之数占筮方法。《系辞上》说："大衍之数五十，其用四十有九。分而为二以象两，挂一以象三，揲之以四，以象四时，归奇于扐以象闰。五岁再闰，故再扐而后挂。乾之策二百一十有六，坤之策百四十有四，凡三百有六十，当期之日。二篇之策，万有一千五百二十，当万物之数也。是故四营而成易，十有八变而成卦。"占卜推演用的蓍草策数是五十根，随意取出一根不用，以象太极，使用剩下的四十九根，把这四十九根一分为二，左手一堆象征天，右手一堆象征地，这就是象征天地两仪，然后从右手的一堆中抽出一根挂在左手小指与无名指中间，象征天地人三才。然后每四根为一摞，数左手边的这堆蓍草，象征四季，再把剩下的余数夹在左手无名指与中指的中间，这个余数就象征了闰月。五年有两闰。再每四根为一摞，数右手边这一堆蓍草，把剩下的余数夹在左手中指与食指中间。这样就产生了一个爻。乾卦的策数是216（4×9×6），坤卦的策数是144（4×6×6），乾坤两卦的总策数就是360，大概是一年的天数，《周易》上下两篇共有六十四卦的总策数就是11520（32×216+32×144），这就等于是天地万物的数字了。所以，经过"分二""挂一""揲四""归奇"四个营为，每重复三遍这样的程序就可变成《周易》中的一个爻，六爻十八变可成为一个完整的卦。这是对河洛之数的运用，也是在占筮方法上的体现。

洛书的口诀是："戴九履一，左三右七，二四为肩，六八为足，五居中央。"这里形象地用神龟的身体来说明这九个数的方位，容易记忆，头上是九，下面的尾巴是一，左边是三，右边是七，左上角和右上角这两个肩膀分别是二和四，左下角和右下角的足分别配六和八，五这个数在背部中央。洛书的用处有很多，例如《大戴礼记·明堂》九室中提到："明堂者，古有之也，凡九室。""二九四七五三六一八。"这个用法是将明堂按照洛书分为九室，分别以洛书的方位配上一到九这九个数字，明堂是用来祭祀的地方，非常庄严，古人认为运用洛书的数理来安排，才符合自然规律。这就是对洛书的运用。

2．象

象是指形象、想象，想象某一事物像什么。《周易》的源泉就是象，运用易道的关键就在观象。《周易》是一本讲象、用象的书。在《系辞传》中，有如下说法："八卦成列，象在其中矣""象也者，像此者也""是故易者，象也。象也者，像也"。这些说法说明象在《周易》中居于核心位置。六十四卦每个卦都有象，而且只要卦中任何一爻或多爻发生变化，就会产生另外的象，生成新的卦。在《周易》里，卦象有很多种，包括上下象、覆象、纳甲象、逸象、飞伏、半象等。爻的推移运动形成错综复杂的关系，呈现出万事万物在时位等方面的意象，卦爻辞往往从这些方面下断。这说明卦爻辞有非常明显的卦象变化依据。

3. 卦

宇宙万象可通过卦来观察，所以，观象首先要看懂八卦，六十四卦也是八卦重叠而来。《周易》的入门篇在于《说卦传》。孔颖达《周易正义》中提到："《易纬》云：卦者，挂也。言县挂物象，以示于人，故谓之卦。"宇宙万事万物不过就是由八种自然现象推演而来的，用八卦和六十四卦可以对大自然进行模拟取象。《说卦传》专讲卦象，不明卦象，卦爻辞只能作抽象推理，容易导致凭个人感觉随意臆解经书，而这正是千百年来读《周易》的大忌。马恒君认为，《说卦传》"是说明八卦所象征的事物及其特性，是打开《周易》奥秘的一把钥匙"。可见，学习《周易》首先必须明白卦象，熟悉《说卦传》是学习《周易》入门的一个法门，这说明《说卦传》是解读《周易》的"密码本"。

卦由阴阳两爻组成，用"—"代表阳，用"--"代表阴，阴阳刚柔的推移往来可以产生变化，《说卦传》说："发挥于刚柔而生爻。"《系辞传》说："刚柔相推而生变化"，"爻者，言乎变者也"。又说："爻也者，效天下之动者也"。所以，爻就是对事物变动的效法，"爻也者，效此者也"。八卦重合为六十四卦，也是通过爻的推荡来形成的。《周易正义》说："故系辞云'八卦成列，象在其中矣'是也。但初有三画，虽有万物之象，于万物变通之理，犹有未尽，故更重之而有六画，备万物之形象，穷天下之能事，故六画成卦也。"八卦创造出来以后，可以比拟万象，但是仅仅模拟只能是静态的表达，对于万物的变化规律还是没法表达。因此把八卦两相重叠，有阴有阳，刚柔爻往来推动，包括了天地人三才，这样的六画卦不仅包罗万象，还能动态地把握天下变动。所以，《系辞传》说："六爻之动，三极之道也。""八卦成列，象在其中矣。因而重之，爻在其中矣。""有天道焉，有人道焉，有地道焉，兼三材而两之，故六。六者非它也，三材之道也。道有变动，故曰爻，爻有等，故曰物。"六爻的变动，就是在演绎人在天地之间的事理，八卦有象，六十四卦有爻也有象，就可以穷极天下所有的事情。六爻具有天道、人道、地道，兼顾了天地人三才，而且各自都具有阴阳、仁义、刚柔的两面性，所以是六个爻。六爻包括天地宇宙，看似广大，其实就是在讲天地人三才之道而已。三才之道有变动，阴阳仁义刚柔有变化，所以用爻来模拟。六爻有阴阳刚柔远近贵贱的种类分别，所以象征万事万物。

卦有多种多样的变体。一般而言，卦包括互卦，也称互体。互卦就是除初上两爻，由内部二三四、三四五爻所组成的新卦。还包括覆卦，也称对卦或者反卦，覆卦实际上也是综卦。还包括大象卦，看一个六画卦所具有的较大的形态，例如渐卦就是一个大的离卦。爻的位置发生推移，就会产生卦变，卦变发生后，一个六画卦内的卦象就会发生改变。

4. 辞

辞是指卦辞、象辞、爻辞，"圣人设卦观象，系辞焉而明吉凶"（《系辞传》），辞是《周易》的重要组成部分，可以通过解读卦爻辞来明理。但《周易》的文辞仅仅是帮助我们学习、领悟易道的一个方式而已，学习《周易》也不可太过依赖文辞。所以，真正理解辞还得通过卦变来学习，如果一味从文字表面加以解释，就会理解得很片面，有时甚至离题万里。正如老子说："道可道，非常道。"仅仅文字性的解说，已经不再是通于易道的道说了。《系辞传》写道："子曰：'书不尽言，言不尽意。'然则圣人之意，其不可见乎？子曰：圣人立象以尽意，设卦以尽情伪，系辞焉以尽其言，变而通之以尽利，鼓之舞之以尽神。"

因为道理是无穷无尽的，《周易》的经文本来就有灵活性，反过来说，也正因为有了灵活性，才能运用无穷。望文生义地解释卦爻辞，就容易流于片面。而用卦变解释卦爻辞则不易偏离其本意。还有，由于经文在古代没有标点符号，再加汉字意思比较丰富，所以一句话由于字义的不同和句读的区别，会产生很多种意思，如果离开对卦象的理解和把握，解读起来就会逐渐偏离大意，而用卦变则不会有太大的分歧，使读者既能明白卦爻辞中的意思，又能根据自己的学识来理解文辞的基本含义。

三、《周易》的卦爻符号系统

1. 太极两仪四象八卦

《系辞传》说:"是故易有太极,是生两仪。两仪生四象,四象生八卦。"《周易》的核心是八卦,八卦可以类比万物,包含天地,六十四卦也是由八卦演变而来的。学习《周易》必须首先搞清楚八卦是什么。八卦是由太极、两仪、四象逐渐演化而生成。太极相当于宇宙原初的、自然而然的混沌状态,犹如一股混元之气,无象无形,无色无味,无状无名,"有物混成,先天地生",(《老子》第二十五章)可以说,太极就是《周易》所描述的初始状态,就是天地自然的本源状态。其实"太极"跟道家的"道"、儒家的"仁"同出一源。

圣人认识到宇宙中充满着两股既对应统一、相互矛盾又相辅相成的力量,也正是这两股力量的相互激荡,才使得太极富有源源不断的生命力。这既是生命的源泉,也是易道的秘密,它就是阴阳。阴阳观念其源起当极为久远,《周易》所有卦爻符号,都不过是阴爻与阳爻而已。《系辞传》说:"一阴一阳之谓道,继之者善也,成之者性也。"阴阳相互转化,继往开来,一切看起来都如此美好,一股和气落在万事万物中成就各自的性命。类似的说法还有:"万物负阴而抱阳,冲气以为和。"(《老子》第四十二章)不论天地、高低、贵贱、前后、难易、日月,实际上都是阴阳。因此,太极混元之气成就生命之源,产生两股力量,即由太极而生阴阳两仪。《周易》就是阴阳两仪的展开与运动,所以庄子说:"易以道阴阳。"不理解阴阳,对《周易》就不得其门而入。

阴阳的往来变化是一个渐变的新陈代谢过程,变不是激变。《周易本义》写道:"变者,化之渐。化者,变之成。"阴阳互相转化,不是彼此对立的。因此,阳中有少阳、老阳之分,阴中有老阴、少阴之别。一年有春夏秋冬四季,一天有早晨中午黄昏深夜,这些统称为"四象",由阴阳两股力量产生了自然生命中的四种大的现象。但是只有这四种象,还是不够的,这只是四种阶段性的现象循环,还不足以去形容自然界的千变万化。

在四象中照样有阴阳的变化存在,于是,每个四象又分阴分阳,就形成了乾坤坎离震巽艮兑八卦。老子说:"道生一,一生二,二生三,三生万物。"(《老子》第四十二章)混沌未分的道,就是一。宋代邵雍说:"一分为二,二分为四，四分为八也。"（《皇极经世》）邵雍此处也在说明太极那个一，分为两仪，两仪分为四象，四象分为八卦。"但二画之体，虽象阴阳之气，未成万物之象，未得成卦，必三画以象三才，写天、地、雷、风、水、火、山、泽之象，乃谓之卦也。"（《周易正义》）阴阳是万物的原动力，但未成象，阴阳通过四象产生八卦之后，才可以对八种基本的自然现象进行模拟。

八卦象征宇宙万事万物的八大类现象，宇宙中一切事物都可以归纳为八类。《系辞传》说："古者包牺氏之王天下也，仰则观象于天，俯则观法于地，观鸟兽之文，与地之宜，近取诸身，远取诸物，于是始作八卦，以通神明之德，以类万物之情。"这里说伏羲氏创造了八卦就是通达神明，比类万物，体现了古人通过八卦理解世间万物的整体认知。

朱熹在《周易本义》里写了一首《八卦取象歌》，形象地对八卦进行描述，简单易记：乾☰三连，坤☷六断，震☳仰盂，艮☶覆碗，离☲中虚，坎☵中满，兑☱上缺，巽☴下断。现对八卦分说如下：

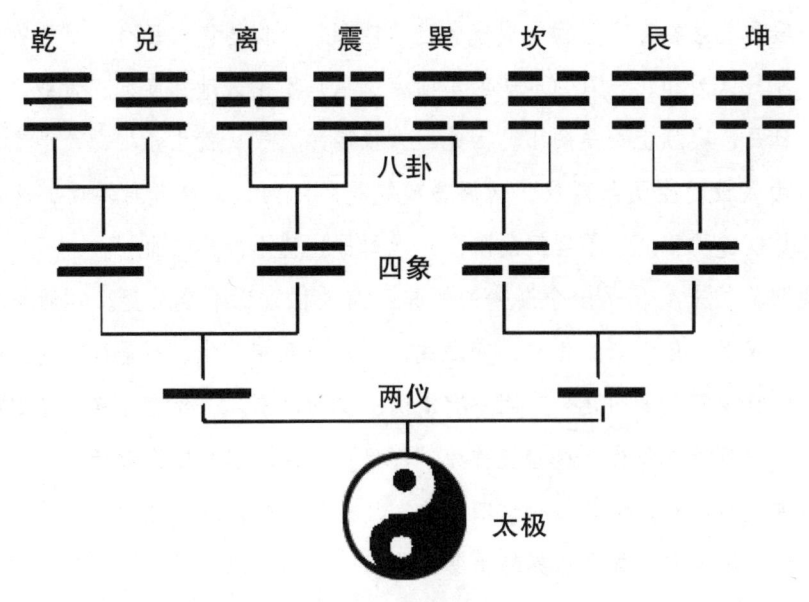

伏羲八卦次序图

◎ 导读

"☰"为乾卦，由三条连续的直线组成，符号本身形象模拟了天的完整性，是纯阳卦，象征天。凡与天的特性有关的都可以用乾卦来象征。例如，天体生生不息，往复循环，从不间断，所以乾卦就具有刚健的特性。于是，天是乾卦的卦体，乾是卦名，刚健就是乾卦的卦性和卦德。与天和刚健相关的都可以用乾卦来表征。《说卦传》说："乾为天，为圜，为君，为父，为玉，为金，为寒，为冰，为大赤，为良马，为老马，为瘠马，为驳马，为木果。"乾卦刚健，故为天。天道循环往复，故为环绕。天尊贵在上，故为君、为父。天体纯粹刚健，故为玉、为金。乾卦处在西北方，天寒地冻，故为寒、为冰。乾卦纯阳，为太阳，太阳刚刚升起和落山之时，为大红色，故为大赤。观察这些象，可以发现它们都具备天和刚健的特点，圣人根据这些相类之处"以通神明之德，以类万物之情"。

"☷"为坤卦，由三条中断的线组成，象征地。大地千沟万壑，高低不平，间间断断，像三条中断的线。大地的特性是柔顺，所以坤卦又代表柔顺。凡是与地和顺有关的，都可以用坤卦来象征代表，例如《说卦传》中的"坤为地，为母，为布，为釜，为吝啬，为均，为子，母牛，为大舆，为文，为众，为柄。其于地也为黑"。坤卦包藏，生养万物，生儿育女，故为地、为母。坤卦柔顺广远，可以包藏，故为布。大地中虚而藏物，象锅中虚而盛物，故为锅。大地始终保有万物而从不舍弃，故为吝啬。大地生养万物，均衡而不挑剔，故为均匀。大地生生不息，时刻都在生养万物，故为怀孕的母牛。大地装载万物，天旋地转，故为大车。地上的万物五彩缤纷，各有文采，故为文。坤卦纯阴，阴爻成群结队，故为众。这些象都具备地与柔顺的特点。

"☳"代表震卦，一阳初动，象征雷，古人认为雷电的动能是从地底下发动，接到天上，震卦具有动的属性。所以，凡是与雷和动有关的自然现象，都属于震卦。例如《说卦传》："震为雷，为龙，为玄黄，为旉，为大涂，为长子，为决躁，为苍筤竹，为萑苇。其于马也为善鸣，为馵足，为作足，为的颡。其于稼也为反生。其究为健，为蕃鲜。"震卦为动，一阳在二阴之下动，如阴雨天才打雷，故为雷。龙潜入大海，如一阳潜入二阴之下，故为龙。乾坤始交而生震，天为玄，地为黄，天地相交的颜色就是玄黄色，故为玄黄。震卦阳气初生，前面两阴向阳气散布开来，故为散布。底下一阳奋进，前面两阴像开出的两条大路，

13

故为大路。震卦一索为长子。一阳初动，向上决进，故为暴躁。震居东方，东方为青色，底下一阳为根，上面两阴像一节一节的竹子，故为青竹。这些象都跟震卦一阳刚刚萌动但其终究是刚健的有关系。

"☵"是坎卦，中间一阳陷入二阴之中，刚陷柔中，象征大自然的水，有坎陷的属性，凡是与水和陷以及中间刚实相关的万物，都属坎卦的象征。《说卦传》说："坎为水，为沟渎，为隐伏，为矫輮，为弓轮。其于人也，为加忧，为心病，为耳痛，为血卦，为赤。其于马也，为美脊，为亟心，为下首，为薄蹄，为曳。其于舆也，为多眚，为通，为月，为盗。其于木也，为坚多心。"坎卦一阳陷入二阴之中，如陷入水中，故为水。坎卦一阳在二阴之间穿行，像河流渠道，故为沟渠。一阳藏在二阴之中，故为隐伏。水流蜿蜒曲折，故为矫正、为弓箭车轮。对于人来说，坎卦是坎坷险难，故为更加忧愁、为心病；耳朵中空，坎卦一阳在中堵塞，故为耳痛；水在地上流，像血在人体流，故为血卦；血为红色，故为赤。坎卦的象，都跟水和刚陷柔中有关系。

"☶"是艮卦，一刚处上，二阴虚在内，为外刚内柔，象征大山，具有止的属性。凡是与山和止以及外刚内柔相关的万物，都具有艮卦的属性。《说卦传》说："艮为山，为径路，为小石，为门阙，为果蓏，为阍寺，为指，为狗，为鼠，为黔喙之属。其于木也，为坚多节。"一阳高高在上，二阴像地，如高耸的山顶，故为山。山上有盘山小路，故为小路。艮为山，一阳在上，像小石头，大而为山，小而为石，故为小石。一阳横跨在两阴之上，两阴像两根柱子，也像两扇门，有门的样子，故为城门。一阳在上如果实，二阴在下如根部或者蔓延的藤，故为瓜果。艮为禁止，故为看门人。艮为手，手指可以取物，可以止物，故为指。艮象都与山和外刚内柔有关。

"☴"是巽卦，一阴钻入二阳之下，象征自然界的风，具有入的属性。凡是与风和入有关的都可用巽卦来模拟。《说卦传》说："巽为木，为风，为长女，为绳直，为工，为白，为长，为高，为进退，为不果，为臭。其于人也为寡发，为广颡，为多白眼，为近利市三倍，其究为躁卦。"巽卦为入，木善于入土，无土不穿，风善于入孔，无孔不入，故为木、为风。巽一索而得女，故为长女。巽卦为风，风吹万物整齐划一，绳子可以衡量木头的曲直，故为笔直、为工艺。风吹大地，一尘不染，干净洁白，故为白。巽象都与风和入有关系。

"☲"是离卦，中间一阴附丽于上下二阳之间，柔附着于刚，象征自然界的火，具有附丽的属性。凡是与火和丽以及中虚有关的都可以用离卦来象征。《说卦传》："离为火，为日，为电，为中女，为甲胄，为戈兵。其于人也，为大腹。为乾卦，为鳖，为蟹，为蠃，为蚌，为龟，其于木也，为科上槁。"离卦为附丽，火附着于木头才能燃烧，故为火。火光照亮，如太阳光明，故为日。离卦中虚，像电流无影无形，故为电。离二索而得女故为中女。离卦一阴在内为内柔，二阳在外为外刚，内柔外刚故为盔甲、为战士。离象都与火和中虚之象有关系。

"☱"是兑卦，一阴在二阳之上，外柔内刚，象征河流、湖泊流淌在大地之上，令人赏心悦目，具有悦的属性。凡是与泽和悦以及外柔内刚有关的都可以用兑卦来形容。《说卦传》说："兑为泽，为少女，为巫，为口舌，为毁折，为附决。其于地也为刚卤，为妾，为羊。"兑为坎水初爻变阳，水底堵塞不通，聚集为湖泊，故兑为泽。兑三索而得女，故为少女。湖泽幽深，意境神奇，故为巫术或巫婆。阳动于内，像舌头在嘴里动，故为口舌。兑卦上缺，故为毁坏折断、为脱落。兑象都与泽、悦和外柔内刚有关系。

2. 先天八卦

在科技不发达的远古时期，人们只能从自身的感官出发探索宇宙，人类从一出生就会用眼睛去观察世界，仰观俯察可以说是上天赋予人的一种本能。传说人文始祖伏羲氏通过仰观天文俯察地理，创造出了八卦图，后人称作"先天八卦图"。《说卦传》说："天地定位，山泽通气，雷风相薄，水火不相射，八卦相错。"先天八卦两两相对，相对的两股力量是对应统一的。表现在卦画上，刚好是阴阳相反相错的。

先天八卦图是按照先天数的顺序排列，那就是"乾一，兑二，离三，震四，巽五，坎六，艮七，坤八"。每个数字对应各自的卦位，形成一个阴阳平衡的符号系统，表示太极演化成为八卦仍然是一团阴阳平衡的元气。

先天八卦图

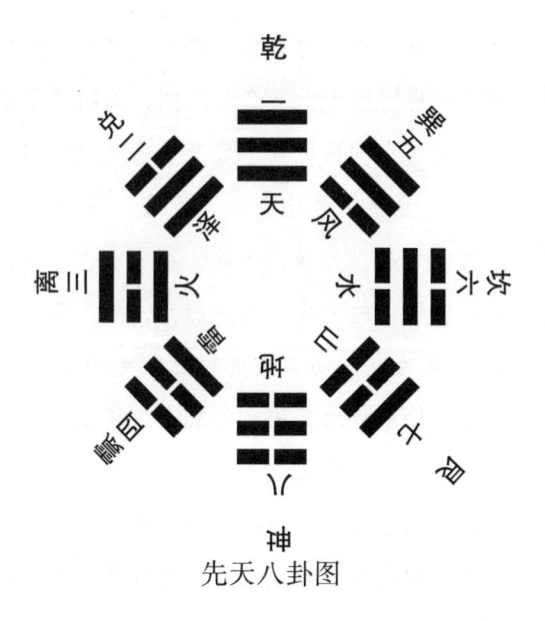

3. 后天八卦

先天八卦图象征自然元气的本然属性，经过周文王演绎得出的八卦图，拥有强大的解释自然现象的能力，称为"后天八卦图"。如果说先天八卦为"体"，后天八卦则是"用"。《说卦传》说："帝出乎震，齐乎巽，相见乎离，致役乎坤，说言乎兑，战乎乾，劳乎坎，成言乎艮。万物出乎震，震，东方也。齐乎巽，巽，东南也。齐也者，言万物之洁齐也。离也者，明也。万物皆相见，南方之卦也。圣人南面而听天下，向明而治，盖取诸此也。坤也者，地也，万物皆致养焉，故曰致役乎坤。兑，正秋也，万物之所说也，故曰说言乎兑。战乎乾。乾，西北之卦也，言阴阳相薄也。坎者，水也，正北方之卦也，劳卦也，万物之所归也，故曰劳乎坎。艮，东北之卦也，万物之所成终而所成始也，故曰成言乎艮。"天帝万物从东方震位生出，在巽方整齐划一，在离卦位相见，把劳役交给坤，在兑卦位言笑，在乾的方位争战，在坎卦有劳效，在艮卦完成。换言之，天帝万物从震卦生出，震为雷，春雷动而万物生，正值春季，春回大地，处在东方。在巽卦位发育得鲜洁整齐，巽为风，处在东南方，风吹而万物整齐划一，显得干净整洁。离为日，日照光明，都能相见，处在南方，正值夏季万物兴旺。圣人坐北朝南，面朝南方治理天下。坤为地，大地孕育万物，万物都由地生养，因

后天八卦图

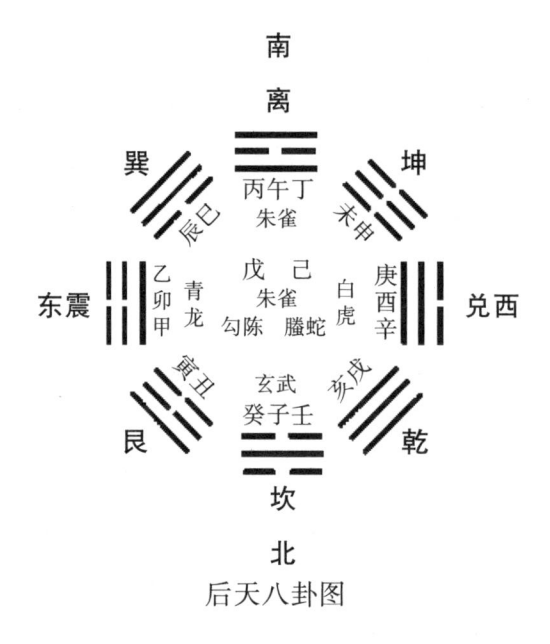

此是把生成万物的劳役交给坤卦。兑卦正值秋季，万物成熟，各正性命，所以愉悦尽性，因此是在兑位言笑。在乾卦位争战，因乾卦处在西北方，阴阳相互激荡，天寒地冻。坎为水，处在正北方，正值冬季，休养生息，是取得劳效、有收获的卦，万物都有了归宿，因此是在坎卦有劳效。艮是处在东北方的卦，万物到此时结束，而结束之日也是开始之时，万物又从此刻重新开始，因此在艮卦完成而又新生。

第一，后天八卦图因配五行而得。古人对八卦的属性很早就有分别：震巽属木居东方，离火居南方，乾兑属金居西方，坎水居北方，坤土承担起万物的劳作，艮土是一个周期的终结，也是下一个周期的开始。理解了八卦五行属性，就能明白后天八卦方位的由来。

第二，后天八卦图具有强大的配合功能。后天八卦图可以配合四季，可以配合人伦，可以配合五脏六腑，可以配合天干地支，不论是二十八宿、七十二候，还是地理环境，都可以纳入到后天八卦图中，一一对应，从而使得后天八卦与天文地理各种学问都有关联。

第三，人们在运用后天八卦图的时候，可以将平面图转换为立体图。例如可将后天八卦图放在人脸上，来对应各种自然属性，也可以将其放在手掌中，放在房屋内，等等。可见，后天八卦图具有很强的实践性。

第四，当后天八卦图运用立体思维与各种环境相对应时，便可推演出各种现象，然后再利用五行的相生相克和八卦的配合功能，推演自然规律的变化，加以运用。总之，后天八卦图的卦象对应五行属性，从而使后天八卦成为中国古代实践学问和自然科学的根基。

4．五行

五行指构成自然的五种物质能量，五行就是金、木、水、火、土。五行观念最初出自《尚书·洪范篇》，即"五行：一曰水，二曰火，三曰木，四曰金，五曰土。水曰润下，火曰炎上，木曰曲直，金曰从革，土爰稼穑。润下作咸，炎上作苦，曲直作酸，从革作辛，稼穑作甘。"古人发现五行与人类生活息息相关，不可分离。五行在《周易》中的运用方法主要是五行相生相克。不论是医学，还是兵法，不论是术数，还是哲学，都离不开五行。五行的相生相克代表宇宙中不同能量之间的互动。五行也可以与四季和十二个月之间的气息和能量场相配合，五种能量一年四季不停地相生相克，形成世间万千物换。

古人观察自然中的现象，发现木生火，火生土，土生金，金生水，水生木，这是相生关系；木克土，土克水，水克火，火克金，金克木，这是相克关系。五行的相生相克可以运用于万事万物。

后天八卦图有强大的配合功能。在各卦与五行相配合之后，各卦对应的事物也就有了不同的五行属性，通过判断五行之间相生相克的关系，有助于理解各卦所对应事物之间的生克变化关系，进而通过衰多益寡的自然法则来理解事物之间纷繁复杂的运动与变化。

5．十二消息卦

十二消息卦也称十二辟卦。"消"和"息"是卦中阴阳消长变化的意思。一个卦体中，阳爻去而阴爻来为"消"，阴爻去而阳爻来为"息"。《易纬·乾凿度》说："圣人因阴阳定消息、立乾坤，以统天地。"用"消息"解《易》据说传自西汉孟喜，虞翻则用消息来解说卦变。比如虞翻注复卦云："阳息坤，与姤旁通。"复卦是坤卦中阳爻来而初六阴爻去，所以是"阳息"。临卦是"阳息至二，与遁旁通"，临卦下面两爻是刚爻，相对复卦，阳爻继续生长到二爻。消息卦总共有十二个，即所谓十二辟卦。前人以十二消息卦分主一年十二个月，比如：复卦，一阳息阴，建子，十一月；临卦，二阳息阴，建丑，十二月；泰卦，三阳息阴，建寅，正月；大壮卦，四阳息阴，建卯，二月；夬卦，五阳息阴，建辰，三月；乾卦，六阳息阴，建巳，四月；姤卦，一阴消阳，建午，五月；遁卦，二阴消阳，建未，六月；否卦，三阴消阳，建申，七月；观卦，四阴消阳，建酉，八月；剥卦，五阴消阳，建戌，九月；坤卦，六阴消阳，建亥，十月。这是十二辟卦配十二个月。泰、大壮、夬卦配春，乾、姤、遁配夏，否、观、剥配秋，坤、复、临配冬，这样十二消息卦能够通于四时。按照彖辞的提示，十二消息卦中阴阳爻的往来变化是解释《周易》六十四卦卦爻辞的基础，这就是解易的卦变说。

卦变说生动地诠释了阴阳变易流转的宇宙图景。追溯阴阳之源，则乾为天、坤为地，阴阳往来、交易、盈虚、流转，造就了节序物候的四时变化，如《易传》所云："日往则月来，月往则日来，日月相推而明生焉。寒往则暑来，暑往则寒来，寒暑相推而岁成焉。"可见，圣人作《易》是由阴阳消长开显出一个变易的世界。在哲学意义上讲，阴阳爻的往来，模拟的就是年复一年阴阳之气出入乾坤、贯通四时的情状，故《系辞传》曰"一阴一阳之谓道"，即以阴阳诠释《易》之整体的思想。《系辞传》又曰："刚柔相推，变在其中矣。""变动不居，周流六虚。上下无常，刚柔相易，不可为典要，唯变所适。"阴阳爻的推移变动产生各种变化，则"刚柔相推"的卦变，乃是理解《周易》的必由之途。由刚柔相推开显出的"变"的原则，蕴含于象数体例之中，即形成了一个囊括天人的辩证、动态、整体、多维的宇宙图式，这对易学哲学的建立有一定的范导作用。

6. 六十四卦方圆图

《六十四卦方圆图》由方图和圆图组成，里边既有一定之规，又妙用无穷。方圆图代表天圆地方，圆图象征天时，方图象征方位。圆图和方图的运行轨迹又有联系。二者皆以先天八卦图"乾一，兑二，离三，震四，巽五，坎六，艮七，坤八"为序排列。圆图从乾开始，先按照先天八卦图顺序逆时针旋转半圈，再回到上方右侧顺时针方向旋转半圈，方图按照从右下角往左反S型循环上升。圆图每个卦的对面都是自身的错卦，方图则下四行与上四行、右四列与左四列相向而行，对应卦之间也是相错关系。

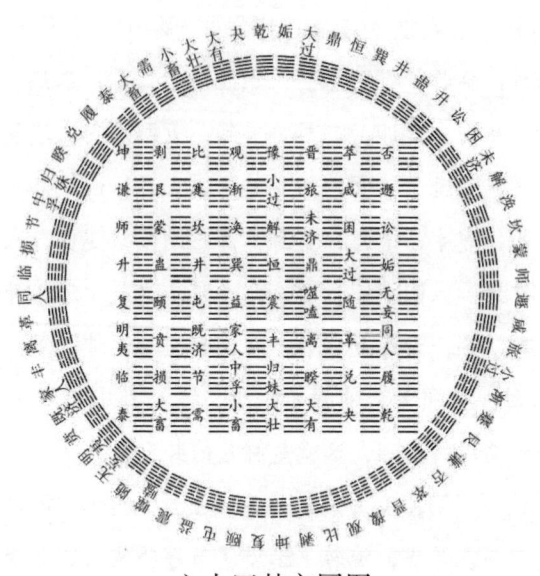

六十四卦方圆图

7. 卦序

六十四卦的排列不是杂乱无章的，卦与卦之间存在一定的因果联系，孔颖达说："非覆即变。"不论是上下颠倒的覆卦（又称综卦），还是阴阳互反的变卦（又称旁通卦），都有着千丝万缕的联系。另外，任何一卦只要一个爻的爻性发生变化，阴变阳，阳变阴，整个卦就变了。《序卦传》给出的卦序是按照自然生命演化，从天道到人事演进的规律来排列的。为了方便记忆，朱熹编写了一首《六十四卦卦序歌》：

乾坤屯蒙需讼师，　比小畜兮履泰否，
同人大有谦豫随，　蛊临观兮噬嗑贲，
剥复无妄大畜颐，　大过坎离三十备。
咸恒遁兮及大壮，　晋与明夷家人睽，
蹇解损益夬姤萃，　升困井革鼎震继，
艮渐归妹丰旅巽，　兑涣节兮中孚至，
小过既济兼未济，　是为下经三十四。

这首《六十四卦卦序歌》包括上下经。上经讲了从乾坤到坎离三十个卦，对应天道的运行；下经从咸恒到既济未济的三十四个卦，对应人事的变化。此歌词句押韵，利于记忆。

四、《周易》的经与传

1. 经

相传伏羲氏画先天八卦，有画无字，后来周文王演绎出后天八卦和六十四卦，并在每卦每爻之下系上言辞。这样，每个卦都有一个六画卦的图画，然后有卦辞爻辞，组成完整的经文系统。《周易》的神秘不仅表现在内涵上，在经文的形式上也非常奇特。经文既有图画，又有文字，还有数字。每个爻辞的前面都标有数字，爻从下往上数，第一个爻叫"初"，表示事物的初始阶段，然后经过二三四五，到达最顶端的爻（称为"上"）。阳爻和阴爻用九和六相区别，因为九为老阳，六为老阴，八为少阴，七为少阳，老的变动，而少的不变，《系辞传》说："吉凶悔吝者，生乎动者也。"所以用九不用七，用六不用八。六个爻因为具有了阴阳刚柔的属性，所以，爻与爻之间有乘承比应的关系，还可作是否中正当位的判断。乘驾、顺承、比邻都用来说明紧邻两爻之间的关系。应是指初爻与四爻、二爻与五爻、三爻与上爻的对应关系，一般同性不相应，异性则相应。凡阴阳各居其位，则为当位，例如，九阳爻居于初、三、五奇数的阳位则为当位，居于二、四、上偶数的阴位则不当位。六阴爻居于二、四、上则为当位，居于初、三、五则为不当位。其中六二、九五为中正位，九二、六五为得中但不正。

2. 传

相传孔子作《易传》，世称《十翼》。《汉书·儒林传》说孔子"因鲁《春秋》举十二公行事，绳之以文武之道，成一王法，至获麟而止。盖晚而好《易》，读之韦编三绝，而为之传"。孔子晚年读《易》非常用功，以致用来捆绑竹简的牛皮绳子都断了很多次，这就是成语"韦编三绝"的由来。孔子担心后世之人无法读懂《周易》，所以整理写作《易传》十篇，包括《彖传》上下、《象传》上下、《系辞传》上下、《文言传》、《说卦传》、《序卦传》、《杂卦传》。

《彖传》是用来解释卦辞的，对一个卦的卦象、卦材、卦性、卦德进行分析，然后运用刚柔指出卦德，使人们明白如何把握全卦的宗旨。《易传》中说：

"彖者，言乎象者也。""彖者，材也。""刚柔者，立本者也。""分阴分阳，迭用柔刚。""知者观其彖辞，则思过半矣。"《彖传》紧扣卦象的特点，以刚柔为本体，以《说卦传》中的"乾，健也。坤，顺也。震，动也。巽，入也。坎，陷也。离，丽也。艮，止也。兑，说也"为发挥运用，再结合上下卦的内外关系来把握全卦的要领。后人将《彖传》的内容单独抽取出来，分列在卦辞下方，方便对全卦的深入理解。

《象传》包括大象和小象，《象传》看似在讲象，实际上是通过表面的象，来分析背后的理。王弼在《周易略例》中说："夫象者，出意者也。"《大象传》利用《说卦传》中的"天地定位，山泽通气，雷风相薄，水火不相射"的先天八卦特性，通过上下卦的关系模拟自然界互动而产生的自然现象，将这种自然现象提升到哲理和人伦道德的高度。《小象传》则直接对复杂多变、吉凶未卜的爻象变化进行详细解释，必要时上升到道德层面，使人们明白卦爻辞写作有象上的根据，并能够结合自身的处境加以理解分析，进而趋吉避凶。

《系辞传》对整部《周易》的宗旨进行哲理性总结，主要阐述一个核心、两条主线、三大内容：一个核心就是指象是《周易》最核心的元素，不理解象，不会取象，则无法进入《周易》的大门。两条主线是指容易和简单，"乾以易知""坤以简能"。《系辞传》通篇以容易简单为主线，从开篇到结尾，一以贯之，告诉人们易道非常简单，就是运用比喻模拟的方法来理解世间万象而已，世界上有很多道理无法用言语表达清楚，于是古代圣人想到运用比拟的方法，帮助人们触类旁通。三大内容是：一是取象自然，《周易》法象于自然，卦爻象来源于自然；二是学会运用模拟比喻的手法来学习和理解卦爻辞，并特别列举对几组卦爻辞的分析；三是重在修身积德。

《文言传》以乾坤两卦为例，将自然现象阐发到人文的高度上。后面的六十二卦都可以此类推。一说原各卦皆有文言，后失传。

《说卦传》专门解释卦象，把通往《周易》的秘密全部交代出来，把学习《周易》的法门完全呈现。《说卦传》在《周易》学习中显得尤为重要。要学会《周易》，必须首先研读《说卦传》，先搞清楚八卦象征什么、六十四卦如何运用八卦与八卦之间的推演变化，这样才算入门。《说卦传》开头讲述创制《周易》的原理；中间部分分别解释先后天八卦的方位和特征，说明先后天八卦是六十四卦运用的根基；最后是八卦取万象部分，说明为了读懂六十四卦，必须对八卦所对应的万物类象了如指掌，信手拈来，这样才能在解读卦爻辞的过程中，随着爻的推移，引发卦象的变化，迅速领悟卦象的形象和意义，深入理解卦爻辞写作有扎实的象的依据。

《序卦传》相传是孔子根据自然生命规律对六十四卦进行排序，把"非覆即变"的卦全部连接起来，卦卦相连，环环相扣，把握一个"必"字，则可以见微知著，把握先几，未卜先知，最终达到"善易者不卜"。万事万物之间存在着诸多因果联系，占卜本身也是通过一种媒介来构建自我与外界的联系。此时此刻的所作所为，在未来到底是福是祸，掌握《序卦传》所示的各卦之间的前后联系，则能参透宇宙人生，一切事变不过就是六十四卦的循环往复而已。《序卦传》中有明显的分久必合，合久必分，消息盈虚，此消彼长的意味，从万物之间生长运动的这种必然律可以看通一切。《序卦传》体现出万物运动物极必反、相反相成、辩证运动等规律，可以说是参透了阴阳与天地之间的变化，并精准运用于人间世事成毁转化之上。

《杂卦传》将一体两面的错综卦进行分别阐述，看似复杂，其实简单，六十四卦就是八卦，八卦也只是阴阳两股力量的消长而已，杂也是纯，纯也是杂，阴中有阳，阳中有阴。对比而言，《序卦传》重在描述卦"非覆即变"的外延式联系，而《杂卦传》则探索错综卦之间的内在含义。《序卦传》重卦的外在因果联系，《杂卦传》重卦的内在自然属性。

3. 成书

经与传相结合之后，一部伟大的《周易》就成书了，共有六十四卦，三百八十四爻，却能涵盖宇宙人生。后代为学易之便，把《彖传》《象传》《文言传》附在经文之中卦爻辞之后，为的是以传释经，方便理解。孔颖达在《周易正义》中说："夫子所作《象辞》，原在六爻经辞之后，以自卑退，不敢干乱先圣正经之辞，及至辅嗣之意，以为《象》者本释经文，宜相附近，其义易了，故分爻之《象辞》各附其当爻言之。"这是说王弼开始把《象传》分散放在经文之下，方便理解。朱震在《汉上易传·丛说》中说，"前汉费直传古文《周易》……康成始以《彖》《象》连经文……魏王弼又以《文言》附于乾坤二卦，故自康成而后，其本加'彖曰''象曰'，自王弼而后加'文言曰'。"这就是以传释经传统的形成。即使《彖传》《象传》《文言传》没有分拆逐一放到卦爻辞下面，它们本身也是为了解释经文而作的传，并不是独立的，后世要理解经文是不可逾越它们的。

4. 经与传的关系

把经文比喻为"体"，《易传》则是"用"。可以说，如果没有《易传》，后人基本无法读懂《周易》，对《周易》经文的解释就会漫无边际，众说纷纭，杂乱无章，天下学者都莫知所归。而有了《易传》，才使经文有了规矩和法则，人们才可能理解和运用《周易》。所以学习《周易》必须通读领悟《易传》，而且这是学《易》的捷径。明代易学家高攀龙在《周易易简说·原序》中写道："夫五经注于后儒，易注于夫子，说易者明夫子之言，而明易矣。"明代学者张次仲在《周易玩辞困学记·序》中写道："读易之道，当以夫子十翼为宗，庶几循流溯源可以仰窥伏羲文周三圣人之意。"《四库全书总目提要》评价《周易孔义集说》说："是书大旨以《十翼》为夫子所手著，又未经秦火，其书独完，故学《易》者必当以孔《传》为主。"可见，历代易学家都强调读懂《易传》是理解《周易》的正路，甚至可以说别无他途。

五、明解《周易》的方法

《周易》自流传以来，各个历史时期都有大批学者为其作注，也正是因为各家的注释与理解，使得《周易》不断流传，卦爻辞的意思不断推陈出新。由于各个易学家对《周易》的理解不同，观察的角度也不同，所以，各家都有自己的一套解《周易》的路子。本书在解读《周易》的过程中，纵观古今，综合总结出明解《周易》的理路如下：

1. 象数加义理

历代易学家注释《周易》有不同的方式，有的继承前人的讲法，有的独辟蹊径，开创新说。大致可分为"两派六宗"。《四库全书总目提要》评价《周易》说："《易》之为书，推天道以明人事者也。《左传》所记诸占，盖犹太卜之遗法。汉儒言象数，去古未远也。一变而为京、焦，入于禨祥，再变而为陈、邵，务穷造化，《易》遂不切于民用。王弼尽黜象数，说以老庄。一变而胡瑗、程子，始阐明儒理，再变而李光、杨万里，又参证史事，《易》遂日启其论端。此两派六宗，已互相攻驳。又《易》道广大，无所不包，旁及天文、地理、乐律、兵法、韵学、算术以逮方外之炉火，皆可援《易》以为说，而好异者又援以入《易》，故《易》说愈繁。""两派"是指义理派和象数派，"六宗"是指占卜、禨祥、造化、老庄、儒理、史事。而"六宗"实际上还是对"两派"的详细划分，占卜、禨祥、造化三宗属于象数派，老庄、儒理、史事三宗属于义理派。象数派认为，数为象本，象因数生，数是象的源头，象是卦爻的根本，象数是义理的根本，离开象数，义理则支离破碎，漫无边际。义理派认为，义为理本，理因义生，卦爻只是表达义理的符号工具，悟到了其中的道理，就无须在乎卦爻象数。汉代如京房、虞翻等是象数派的代表，后来王弼扫象纯谈义理，甚至以玄解易。实际上，象数和义理是密不可分的，无法分割的。研究象数，就是为了更精准地确定背后的义理，阐发义理也是学习《周易》的终极目的。二者结合，以象辨理，以理观象，才是解《易》的正道。

2. 以传解经

《周易》自成书以来，就有文王的《易经》和孔子作的《易传》，后世有些人为了复古，回归原貌，认为应将经传分离，不应该混为一谈。然而，将传引入经中，以传释经是学习《周易》的根本方法。因为，传是对经的最佳理解，最精确的阐发。如果没有传，解读经文将失去最为可靠的依据，人们因字义的不同、句读的分别、理解的差异，很容易望文生义。所以，以传解经，既是理解经文的根据，又是学习经文的方法。

3. 辨象证义

象是《周易》的核心元素，《周易》就是通过象来对大自然的规律进行模拟，圣人用八卦取象，通过象来观察和理解宇宙人生。所以，《说卦传》是解读卦爻辞的"密码本"，是打开《周易》大门的"金钥匙"。"辨象证义"是解读卦爻辞的根本方法，即辨别卦爻象，理解爻的推移带来的爻象变化，进而体会和理解卦爻辞的来源和根据。这样才可能彻底明白卦爻辞的意义。马恒君《周易正宗》的前身是《周易辨证》，所谓"辨证"就是要辨象证义，从象上理出一个头绪，搜索出卦爻辞来源的依据。该书总结出的取象方法有六爻全象、大卦取象、组合象、对象、应爻取象、纵横象、逸象、分象、互体连互取象等，为本书辨象证义提供了有益借鉴。

4. 肯定卦变

卦变就是爻在卦中的推移而形成的各种变化，卦变说的重要根据就是《象传》的提示。历代对卦变说的争议很大，殊不知，卦变是理解卦爻辞的总纲，了解卦变才可能对《周易》有真正的理解。认真研读卦爻辞的人都有体会，很多爻辞如果不通过卦变是很难理解的，有些爻辞甚至前后矛盾，不知所云，好多注家遇到这种情况，用尽各种方法都无法讲通，无可奈何，只能美其名曰"不可为典要"。其实，如果从卦变的角度来解读，很多疑难问题都可以迎刃而解。

卦变重要的根据是象辞，比如"刚柔始交而难生"（屯）；"刚来而得中"（讼）；"天道下济而光明，地道卑而上行"（谦）；"柔来而文刚""分刚上而文柔"（贲）；"刚自外来而为主于内"（无妄）；"柔上而刚下"（咸）；"刚上而柔下"（恒）；"损下益上，其道上行"（损）；"损上益下，民说无疆。自上下下，其道大光"（益）；"柔以时升"（升）；"刚来而不穷，柔得乎位而上同"（涣）。这些象辞明显提到阴阳爻的推移和变化，这些关于卦变的提示，除了用爻的上下推移来解释，很难有更好的选择。历代关于卦变的系统解说并不多，能够贯通于六十四卦的解释系统的就更少，因为卦变体系的建立是一个系统工程，需要对《周易》体系有豁然贯通的通盘理解，而且每个爻都要能够精准对应才可以，其难度非同一般解易的方法和途径，所以可以说卦变是《周易》解释体系中最为深层的结构。

汉代易学家解释卦变的方法有旁通、上下象易、往来、消息四种。东汉末荀爽（128—190，字慈明）和虞翻（164—232，字仲翔）就认为象辞对爻的推移的提示非常清晰，是爻在卦中的推移导致每卦发生变化，后人谈卦变也基本上依从他们的观点。荀爽的书已经残缺不全，在现存文献当中，荀爽讲乾坤生六子：震、坎、艮、巽、离、兑，再生其余的五十六卦，总共得六十四卦。他解释屯卦"刚柔始交难生"时认为，屯卦来自坎卦，坎卦初六阴爻之柔与九二阳爻之刚

"始交"，互相交换变出屯卦。尤其需要说明的是，荀爽认为，山泽损卦从地天泰卦变来，此说法为王弼、孔颖达、程颐等众多义理派易学家继承，说明他们其实都承认卦变的合理性，但今天否认卦变的解释者们不仅误解汉代开始的卦变说，而且对于义理派易学家肯定卦变的传统也不理解。

虞翻的卦变说跟荀爽有相似的地方，但比荀爽更加完备系统。虞翻指出，乾、坤两卦生十二辟卦之复、临、泰、大壮、夬；姤、遁、否、观、剥。十二辟卦再生其他五十二卦，共六十四卦。但虞翻注比卦、颐卦、中孚卦、小过卦却不是出自十二辟卦，这说明，虞翻的卦变说还没有完全融会贯通，不是一个一以贯之的体系。

宋人力图把卦变研究出体系来，但说法互有参差。通常来说，影响比较大是朱熹《周易本义》里的《卦变图》，还有朱震在《汉上易传》里列出的李之才的《卦变反对图》《六十四卦相生图》。苏轼力主从六子卦变来，把相生序与变化序混在一起，与程颐的说法一致。朱熹把李之才的《卦变图》放在《周易本义》里面，并加以发展。朱熹的《卦变图》就是一阴一阳、二阴二阳、三阴三阳、四阴四阳、五阴五阳，这样生出六十四卦。这些卦总共十个辟卦变得六十二卦，加上乾、坤两卦，总共是六十四卦。朱熹创造了与前人不同的《卦变图》，使卦变看起来更有条理，好像逻辑也更缜密。然而，朱熹《卦变图》总共推排出一百二十四卦，很多卦重复出现，说明朱熹的讲法已经偏离十二消息卦的传统，而且这个体系跟彖辞的提示也不吻合，也就无法用来系统解释卦的变化。所以朱熹在《周易本义》里也没有按照他的《卦变图》来解释各卦的变化。这说明，朱熹自己都认为《卦变图》就是一个形式，基本不能用。朱熹要么没有努力去琢磨出一套真正有用、可以解释出每卦每爻变化的卦变体系出来，要么就是努力后放弃了。既然上经只有讼卦，下经只有晋卦，而其他的卦变方法完全不能用，至少说明，朱熹的卦变说很不严密，没能正确反映出卦跟卦之间的联系，卦变说的系统化还有很大的空间。

朱熹是宋代理学大家，他的很多著作影响巨大。朱熹《卦变图》说服力太弱，使后世很多易学家对卦变说产生怀疑，甚至否定卦变说。影响所及，今天很多易学研究者如果不能够理解卦变说，就认为是卦变说本身有问题，应该要抛弃。可见，朱熹卦变说虽然肯定了卦变的存在，但影响偏于负面。今天，既要重新认识到卦变的合理性，又需要提出超越朱熹的卦变系统。

我们首先要承认，卦变是理解卦爻辞的总体纲要。《系辞传》说："八卦成列，象在其中矣；因而重之，爻在其中矣。"这是说明从八卦两两相重而生成六十四卦。关键是之后又说"刚柔相推，变在其中矣"，刚爻与柔爻在卦里面推来推去，进而产生各种变化，这就说明，"刚柔相推"的卦变，是理解卦的最基本、最原生的状态。虽然王弼开始不讲卦变，但乘承比应的解易之路已经走到了尽头，这方面绝大多数的解易著作已经穷尽了乘承比应的解释空间，但仍然有相当的多卦爻辞无法解释清楚。

在汉代以前，传统的注释都不否认卦变的说法，虞翻、干宝等人对卦变有比较系统的阐释。魏晋时期，王弼为了省事，尽黜象数，把卦变也扫荡无余。随着唐代孔颖达《周易正义》引王弼注，并成为后人学习《周易》的权威版本，似乎不讲卦变的王弼注成为大部分易学家研习卦爻辞不能越过的文本，尤其是义理学派的易学家都不敢超越王注和孔疏来理解卦爻辞，对于卦爻辞的根本来源，都没有意识到王弼和孔颖达留给后人的其实是一笔糊涂账，影响所及，现当代很多易学家都忽视了王注孔疏不讲卦变存在的问题，反而否定卦变说的合理性。

王弼《周易注》中有些卦爻辞的解释如果不用卦变几乎无法理解。王弼注《屯·彖》："雷雨之动满盈"说"雷雨之动，乃得满盈，皆刚柔始交之所为"直接使用刚柔交换，这是用卦变解易的明显证明。王弼注《讼·彖》说"必有善听之主焉，其在二乎？以刚而来，正夫群小，断不失中，应斯任也"明确提到卦变，与虞翻"遁三之二"，是遁卦六二和九三两爻交换得讼卦的说法相同，而且孔疏和程传也认可。王弼注《同人》卦辞"同人曰同人于野亨利涉大川，乾行也"说"所以乃能同人于野亨利涉大川，非二之所能也，是乾之所行，故特曰同人曰"。"乾之所行"指同人卦由夬卦变来，九二升上至六位得同人，全赖乾爻九二上行而为，所以王弼注："非二之所能也，是乾之所行。"王弼《噬嗑·彖》："柔得中而上行"说"上行谓所之在进也。凡言上行，皆所之在贵也"。指噬嗑卦由否卦变来，六五柔爻从初位推移上行进入五位尊位，所以说"所之在贵也"。类似的，王弼注晋卦彖辞"柔进而上行"时重复此注："凡言上行者，所之在贵也。"也说明王弼使用卦变说。王弼注震卦六五"往则无应，来则乘刚，恐而往来，不免于危"只能通过卦变才能理解。临卦九二上往四位，成震卦九四与其初九无应，临卦六四下来二位，成震卦六二，来则乘在初九刚爻之上。往上和来下都处在震卦，所以往来都有恐惧危险。王弼注艮卦九三说"三当两象之中，故曰艮其限""止加其身，中体而分"，指九三在互坎（美脊）里，在观变艮中，卦变之前在观卦互艮中，卦变之后还在下艮之中，所以是两个艮象之中。九三从五位下到三位，变出下艮卦，艮为止，拆开了下坤（身），所以"止加其身"，好像脊椎从中间拆开身体的背部，即"中体而分"，所以说撕裂了背部的脊肉。孔疏总体来说没有理解王弼注的卦变基础；王弼不但理解卦变说，而且主动运用卦变说来解释经文。

　　王弼注、孔颖达疏、《程氏易传》都对卦变说有不同程度的继承。《涣·彖》："涣亨，刚来而不穷，柔得位乎外而上同。"王弼注："二以刚来居内，而不穷于险，四以柔得位乎外，而与上同。"认同涣卦是由否卦二四互易而来，只是避而不谈。《程传》也继承了王弼的注解："涣之成涣，由九来居二，六上居四也"，认可王弼继承卦变之说的合理性。《贲·彖》："贲，亨，柔来而文刚，故'亨'。分刚上而文柔，故'小利有攸往'。"王弼注云："刚柔不分，文何由生？故坤之上六来居二位，'柔来文刚'之义也……乾之九二，分居上位，'分刚上而文柔'之义也。"王弼的注虽然表面上没有说贲卦自泰卦来，但他的解释其实与汉儒荀爽、虞翻贲卦自泰卦来一致。孔颖达也认为贲卦是泰之九二、上六换位而来。再如，王弼解损卦六三刻意不言卦变，但解释得很牵强。孔颖达顺着他的思路，没有给出更好的解释。一般认为，程颐发挥王注、孔疏的讲法，不谈卦变。然而，程颐发现了损卦六三的核心问题，最终继承发展了汉易六三与上九换位的说法，注此爻明显用了卦变说，认为泰卦九三、上六升降换位而成损卦，与东汉荀爽："乾之三居上，孚二阴也"，朱熹《周易本义》、冯椅《厚斋易学》、杨万里《诚斋易传》等一致，明确肯定卦变。当代很多易学家也用卦变来解说此爻，如金景芳、吕绍纲，徐志锐、余敦康、傅佩荣、闵建蜀都认为损卦由泰卦九三、上六换位变来的卦变说具有合理性。

　　综上，王弼、孔颖达、程颐这些义理派易学家，都在一定程度上继承了卦变说，都承认卦变说有其合理性。后来一些易学家反对卦变，其实是认为乘承比应可以完美地解释卦爻辞，于是走上了否定卦变的道路。卦变说本来是解《易》的常例，当然，其中存在是否取用和解释力度的问题。可发展到今天，使用卦变解《易》是否合理，都成了需要讨论的问题。我们认为，否定卦变的易学研究者是被义理派的方法给误导了，走向了易学传统的反面。我们有必要认真研究王弼、孔颖达、程颐等人对汉易卦变说的继承和肯定，而不应该继续否定卦变说。

马恒君对历史上承认卦变的各种学说进行了总结，认为从《象传》大量提及爻变动的话里面去分析，卦变不仅存在，而且是构成《易经》的三大序列之一。《周易正宗》梳理出来的卦变体系，回到王弼之前的汉代易学的卦变说，把荀爽、虞翻等不够系统化的卦变体系梳理出体系性的脉络。这套卦变系统继承十二消息是六十四卦来源的传统，不但认为可以由十二消息卦变出六十四卦，而且对每一卦每一爻如何用卦变来解释做了深入细致的研究。马恒君的卦变说是迄今为止最有解释力的卦变说，得到了当代很多易学家如傅佩荣等的承认。按照《周易正宗》的看法，十二消息卦是卦变基础。乾坤变出十二消息卦，即乾变出姤、遯、否、观、剥、坤六卦，坤变出复、临、泰、大壮、夬、乾六卦。卦变体系为：姤变出小畜、同人两卦，夬变出履、大有两卦，复变出师、豫两卦，剥变出比、谦两卦，遯变出讼、无妄、离、鼎、巽、中孚、家人七卦，大壮变出需、大畜、大过、革、兑、睽六卦，临变出屯、坎、震、萃、明夷、解六卦，观变出蒙、颐、晋、艮、小过、升、蹇七卦，泰变出蛊、贲、恒、损、井、归妹、丰、节、既济九卦，否变出随、噬嗑、咸、益、困、渐、旅、涣、未济九卦。可以说，《周易正宗》在前人卦变说的基础上，整理出了较符合经传本意的卦变体系，是迄今为止最为完善和系统的卦变体系。

本书在《周易正宗》原卦变体系的基础上，提出新卦变体系如下：姤变出小畜、大有两卦，夬变出履、同人两卦，复变出比、豫两卦，剥变出师、谦两卦，遯变出讼、无妄、离、鼎、巽、家人六卦，临变出屯、坎、震、明夷、解、升六卦，大壮变出需、大畜、大过、革、兑、睽、中孚七卦，观变出蒙、颐、晋、萃、蹇、艮、小过七卦，泰变出蛊、贲、恒、损、井、归妹、丰、节、既济九卦，否变出随、噬嗑、咸、益、困、渐、旅、涣、未济九卦。在这个新卦变体系中，原姤卦变

◎导读

出同人改成大有卦，原夬变出大有卦改成同人卦；原复卦变师卦改成比卦，原剥卦变比卦改成师卦；原临卦经小过变出萃卦改成观卦直接变出萃卦，原观卦变出升卦改由临卦变来。中孚卦原从遁卦经讼卦变来，改成从大壮卦经大畜卦变来。

　　本书卦变体系说明：屯卦，根据"动乎险中""反常也"，屯只能由临变来，而不能从观变。蒙卦，根据"以亨行时中也""志应也""以刚中也"，蒙卦只能由观变来，而不能从临变。师卦，根据"能以众正""而民从之"以及爻辞，师由剥变来更合适，而不从复变。比卦，根据"下顺从也""元永贞"，比由复变来更合适，而不从剥变。小畜卦，根据"柔得位而上下应之"，柔爻本来不得位，从姤变来更合适。履卦，根据九五"夬履"，从夬卦变来更合适。同人卦，根据"乾行也"，刚爻上往，从夬卦变来更合适。大有卦，根据"应乎天而时行"，柔爻应乾天而行，从姤卦变来更合适。谦卦，根据"天道下济而光明"，谦只能由剥变来，而不能从复变。豫卦，根据"刚应而志行，顺以动"，豫只能由复变来，而不能从剥变。大过卦，根据"大者过也""刚过而中"，大过只能由大壮变来，而不能从遁变来。坎卦，根据"乃以刚中也""行有尚，往有功也"，坎只能由临变来，而不能从观变来。离卦，根据"柔丽乎中正"，离只能由遁变来，而不能从大壮变。明夷卦，根据"于出门庭"，明夷只能由临经小过变来。睽卦，根据"柔进而上行，得中而应乎刚"，睽只能由大壮经中孚变来，不能由大壮直接变来。蹇卦，根据"往得中也"，蹇只能由观经小过变来，不能由观直接变来。解卦，根据"往得众也""其来复吉，乃得中也""往有功也"，解只能由临经小过变来，不能由临直接变来。萃卦，根据"王假有庙，致孝享也""用大牲吉，利有攸往，顺天命也""观其所聚"，萃可直接由观变来。升卦，根据"柔以时升"，升只能由临经小过变来，而不能由临直接变来。按照卦变体例，凡经由中孚、小过的，都用一变之爻，只因象辞、爻辞与之矛盾，才需过渡，但观变升需要两次阴阳爻换位，而临初九与六三换位即可得升，所以升卦当由临卦变来。革卦，根据初九"'巩用黄牛'，不可以有为也"，革只能由大壮变来，而不能从遁变来。鼎卦，根据"柔进而上行，得中而应乎刚"，鼎只能由遁变来，而不能从大壮变来。中孚卦，综合象辞、爻辞，中孚由大壮经大畜变来更合适，根据象辞"柔在内而刚得中"，是大畜九三与六五换位，而不能是初九升到上九之上，同时也不能从兑、需、无妄、巽卦直接变来。又象辞"利涉大川""乃应乎天也"，所以不从讼、睽、家人卦直接变来。小过卦，根据上六"飞鸟离之"，小过只能由观经晋变来，不能从萃、蹇、艮直接变来。又象辞"小者过而亨也"，所以不能从明夷、解、震、升直接变来。

卦变体系在易学研究中居于特殊地位，类似于数学研究中的哥德巴赫猜想，历代易学家前赴后继，力图将卦变系统贯穿全经，但几乎没有完备且成功者，可谓"四圣之易千载长夜"的核心部分。本书在继承马恒君卦变说的基础上有所修正，从而使得卦变系统更加能够"致广大而尽精微"，卦变解易从未有达到如此完备精密的程度，正所谓"四圣千古不传之秘，尽泄于此"。

根据本书的卦变体系，可以画出文王卦变圆图：

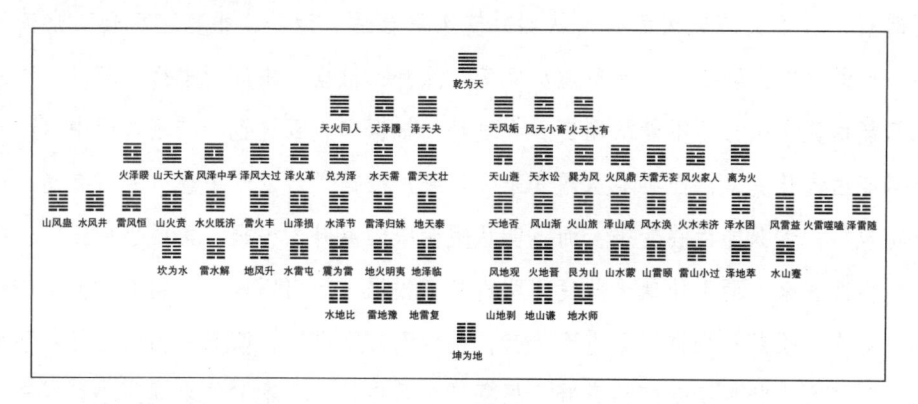

文王卦变圆图

文王卦变圆图是周文王依据上古易传传述系统写作卦爻辞时所参考的卦变图，由十二消息卦变出六十四卦，两两相综，彼此相错，环环相扣。按照先天气息流行原理，十二消息卦变六十四卦按照乾刚坤柔立其大本，阴阳消长依顺四时变化而成。乾坤定位，左边是阳长阴消，右边是阳消阴长。错卦变出的各卦彼此相错，如大壮与观相错，大壮变出的各卦也都跟观卦变出的各卦一一相错。明夷的"于出门庭"，升的"柔以时升"，解的"乃得中也"，蹇的"往得中也"，说明这几个卦非经小过变来不可，而小过既可由临来，也可由观来。中孚卦作为中间环节只有睽卦用到，睽卦只能由大壮变来，所以中孚归在大壮，经由大畜变来。这样小过相应归于从观经晋变来。文王作卦爻辞是依据此图而来，孔子作《易传》完全根据此图的规律而展开，三千年之后才再现于世。

根据本书的卦变体系和文王卦变圆图,可以画出文王卦变方图:

					乾为天	坤为地								7
		火天大有	风天小畜	天风姤			泽天夬	天泽履	天火同人					6
		水地比	雷地豫	地雷复			山地剥	地山谦	地水师					5
	山风蛊	雷火丰	山火贲	山泽损	水火既济		地天泰	雷风恒	水风井	水泽节	雷泽归妹			4
	泽雷随	风水涣	泽水困	泽山咸	火水未济		天地否	风雷益	火雷噬嗑	火山旅	风山渐			3
巽为风	天水讼	火风鼎	风火家人	雷天无妄	离为火	天山遁	风泽中孚	雷天大壮	泽风大过	山天大畜	火泽睽	泽火革	水天需	兑为泽	2
震为雷	地火明夷	水雷屯	雷水解	地风升	坎为水	地泽临	雷山小过	风地观	山雷颐	泽地萃	水山蹇	山水蒙	火地晋	艮为山	1
1	2	3	4	5	6	7	8	9	10	11	12	13	14	15	

文王卦变方图

文王卦变方图将六十四卦卦变系统按照左右为综卦、上下为错卦的规律展开。1层2层属四阴二阳卦和二阴四阳卦;3层4层属三阴三阳卦;5层6层属一阴五阳卦和五阴一阳卦;7层属乾、坤,上下相错,象征"天尊地卑,乾坤定矣"。

全图左起震,入于巽,象征"帝出乎震,齐乎巽",最后到兑,落到艮,象征巽伏兑见,震起艮止。中间6、7、8、9、10列由乾坤而生,再由十二消息卦、既济、未济、大离卦(离、颐、中孚)和大坎卦(坎、大过、小过)组成,错综相交,乾坤父母,坎离正轴。4、5、11、12四列,按照大象坎离来归类排列。乾坤为体,坎离为用,十二消息,消息盈虚,变化全卦。

1层2层中,中孚、小过分列中央,与坎、离、大过、颐同属有错无综卦的一类，离、坎、既济、未济相列，大壮、大过、大畜、观、颐、萃相排，鼎、家人、屯、解彼此因相交而相连，革、睽、蹇、蒙亦同，震、巽、兑、艮两边框定。3层4层中，泰、否、既济、未济属中央，同属"反其类也"之象，咸、恒、损、益紧靠两边，象征天地人和，盛衰之始。蛊随两卦上下相综相错，归妹、渐两卦亦同，四卦成对框定两边。5层6层中，姤、复、剥、夬四卦刚柔阴阳此消彼长，姤、复为一阴生和一阳复，向左排列为阳升阴升的顺序。剥、夬为阳剥阴和阴决柔，向右排列为阳降阴降的顺序。

全图由五大循环构成，内循环由6、7、8、9、10列的中央从上而下，再从下而上循环一圈。由乾坤而下，经姤、复、既济、未济，下至离坎，再经临、小过、观、颐、大壮、中孚、遁、否、泰、剥、夬，上至乾坤。由乾坤经坎离，再经否泰回天地。外循环从震起，历经兑、随、蛊、丰、比、大有、豫、乾、坤、同人、师、节、归妹、渐、艮、晋、蒙、蹇、萃、颐、观、小过、临、坎、升、解、屯、明夷环绕一圈。5层6层属天道循环，从姤环绕一圈至夬。3层4层男女人伦，有定有穷，反其类，盛衰始，故属人道循环，从既济环绕一圈至泰。1层2层属地道循环，从遁环绕一圈至中孚。

至此，全图以一、二层为地，三、四层为人，五、六层为天，天地人三才之道，兼三才而两之，天地日月水火男女，运行其中。层层相叠，毫不动摇，环环相扣，牢不可破。图有系统，卦有定位，有章有法，无法移动，一旦移动，必牵一发而动全身，故左右不可换，上下不可乱。全图内有五大循环系统，犹如天之五星，人之五脏，地之五行。图有定，方可义无穷，序中有杂，杂中有序，无穷奥秘，千变万化，尽在文王卦变方图中。

文王卦变方圆图乃文王作卦爻辞所参考的重要卦变图。周文王依据卦变体系创作卦爻辞的系统，至此牢不可破，无懈可击。由此可见，周文王创作卦爻辞的时候，没有生搬硬套十二消息卦生六十四卦的体系，而是在十二消息卦生六十四卦的体系基础之上，参照六十四卦之间彼此相错相综卦的体系来"观象系辞"，可以说，周文王创作卦爻辞时写下的每一个字，都是严格按照这个卦变体系写下来的。这就是为什么文王卦变方圆图可以精准对应的内在机理。研究《周易》卦爻辞，如果不从文王卦变图这个卦变体系入手，就无法知道卦爻辞这幢精美的大厦是如何构造起来的。这就是两千年来的易学家难以彻底破解其中密码的原因所在。

六、周易哲学

《周易》最重要的问题是天人关系问题，研究《周易》是为了"推天道以明人事"，先人为了在大自然中生存，趋吉避凶，必须对大自然的规律进行探索，于是通过观察宇宙，创造出《周易》。后人通过学习《周易》，将《周易》的道理与人心合一，从而达到心易合一、知行合一、天人合一，便可以"自天佑之，吉无不利"。所以，学习《周易》，要学会打通天道人事，使人推演、了解进而配合天道。《周易》中的天道通过阴阳来表达，人要能够领会阴阳之意，通过卦的刚柔相互推移来体会天地和人事变化的道理，以参悟人天之意。总之，学《周易》是为了通达天人。

《周易》是本讲象的书，通过形象来对大自然进行模拟，以阐发背后的易道。想要理解易道必须通过观察生活中的各种形器。《易传》中提到："是故形而上者谓之道，形而下者谓之器。"《周易》通过对形而下之器的探索，来研究形而上之道。从宇宙生成论的角度来理解，《易传》对宇宙产生的说法是："易有太极，是生两仪，两仪生四象，四象生八卦。"可用八卦来象征事物的存在和演变。世界上的事物有阴就有阳，阴阳的相互运动形成了道。圣人用各种象来表达事物存在的状态，发明象是因为没有办法用语言来穷尽所有的意思，所以不得不用象来说明，而卦爻象的推演变化比语言文字更能把《周易》的生机哲理完全表达出来。

道存在于以气为本体的万物创化过程之中，这其实就是《周易》的创生论。《周易》的本体是充满大自然生生不息的生机本体。宇宙本身自有其创生力，就像万物依靠宇宙的创生力量自生自灭，如果宇宙没有这种创生力，大自然将无法存续。《易传》说："一阴一阳之谓道，继之者善也，成之者性也。"善是天道运行的本然状态，性是道在万物之中显现出的具体规定性，伴随着一切事物的发展变化过程。所以，《周易》以乾卦为首，就是为了揭示出宇宙的这种创生力。

探察几微是《周易》认识事物的根本原点。要认识"几微"，只可运用超言绝相的悟性，而不能仅仅借助文字来具体琢磨，《易传》说："《易》无思也，无为也，寂然不动，感而遂通天下之故。非天下之至神，其孰能与于此？"《周易》

的道理是，只有领悟宇宙运行的大道，才能认识人生，只有认识几微，才能把握未来。人与自然的关系，是人如何把握认识对象的问题。从本体上说，人和宇宙融为一体，人是宇宙的一部分。当人有了自我意识之后，人与物相分离，然后人通过对易道的领悟，打通人与自然对象的联系。也就是说，人运用自己的悟性，或者借助《周易》来体悟易道，领悟几微变化，才能参透世界作为整体性的存在。

从本体论和认识论出发，《周易》有命定论和自由意志论问题。术数派多持命定论，认为命是上天注定的，无法违逆。自由意志论是人通过对理和性的理解来通达命运，认为通过学习《周易》可以把握自己的命运，主宰自己的人生。研究六十四卦就会发现，人在世界上经历的一切其实是两种状态的综合，命运当然存在，可以通过事件的前因后果联系来体察，但人们也可以通过自由意志来把握易道，在一定程度上实现对命运的掌控。所以，二者是相容的，《周易》是集命定论和自由意志论两种观点的统一，既相信人无法离开一定的时间和空间，要在天地之间特定的时势中存在，没有人可以具备超越有限时空的力量，也相信只要人们彻底解读领悟了卦爻辞的旨趣，就可以理解每一个爻根据其他爻的变化可以作合适的应对，在特定爻位限定的时势下，主体采取哪种进退方式最为有利。无论怎样，都必须了解周围的情境，才能应对得当。所以，《周易》命运观的这种相容论，是说决定论和自由意志论可以共存。

纵观自然界，万物看似互不相关，各自生存，实际上人们通过意识之感，可以与万物相通，人们正是通过《周易》的模拟想象方式去领悟自然，认识人生，感悟生命。《周易》的感通使人心通于万物，本心通于他人。整个《周易》系统，上经是乾卦创生，生生不息，下经是咸卦开头，从感开始，从而达到人与自然相通，心意与易道相感通的状态。

《周易》从八卦出发，形成一套模拟自然的象征性符号系统，后经文王系文辞，孔子作《易传》，将这套符号系统的意义从天道贯通到人世之间，发挥出人伦道德含义，也使人心通达万物之情。《周易》希望通过对具体物进行取象，使人心能够转化物、理解物，然后彻底感通天地，领会宇宙的本然状态。人的心念有大有小，所以《周易》经文中有君子、小人之别，人们学习成长的过程，是小人变成君子，心领神会、学达致天的过程，从而使人的起心动念跟易道相通，达到趋吉避凶，最终可以达到"与天地合其德，与日月合其明，与四时合其序，与鬼神合其吉凶"的大人境界。

《周易》"周流六虚，变动不居"，"不可为典要"，学习《周易》要能够随机应变，但必须准确把握其中的伦理善恶标准。《周易》看似重视吉凶利害的趋避，实则更重视对伦理道德的约束和把握，只有这样才能更好地趋吉避凶。对善恶标准的判定，实际上在《易传》里说得很清楚，那就是"继之者善"。所以，《周易》的伦理标准是向善的，只有向善才可以成就道德，超越吉凶祸福的外在约束。

《周易》教人修身养性，学达性天，之所以最后能超越伦理意义上的吉凶祸福，是因为《周易》之教，从根本上说是动机论，而不是后果论。也就是说，《易》教不是功利主义的，而是动机主义的。虽然《周易》充满伦理意味，有很多伦理性的判断，也通过对伦理标准的把握来趋利避害，但这绝不是说《周易》就是功利至上的，而正因为强调伦理追求，才证明《易》教是修养第一的，目的是修养人的伦理道德。《周易》中虽然用了很多"利"字，《易传》中也多处提到利害观念，但《周易》本质上是一种动机论，而且这个动机论有一个很重要的特点，就是动机当以天地自然之善为最核心的原发端点。

《周易》中很强调人间正义问题，《周易》通过阴阳变化、刚柔迭用来表达天道阴阳的自然损益，以指导分配的合理性。如果不按照《周易》的道理行事，私心太多，个人的欲望和违反天道的内容太多，就会事与愿违。《周易》从大自然生生不息最本源、最正义的规律出发，所以，正义是天道自然的分配，人间社会要推天道以明人事，人间的公平应该是天道公平的推理，那么人间的利益分配当以天道自然运作的损益为合理的参照。《周易》扶阳抑阴，"遏恶扬善"，在阴阳消长的过程当中，在可能掌握的范围内，要让阴阳互动处于一种合理的平衡，这就是易道在人间显现的正义。

人们通过学习《周易》，领悟易道能够使自身达观，修身养性，治国济民，成就事业，与自然、社会和谐相处。《周易》帮助人领略人与世界的关联关系，追求人心与宇宙规律之间的和谐境界。人通过学习《周易》，领悟易道以后，要能利于他人，道济天下，成就一种"大人"境界。

第一章 上经

☰ 乾为天（卦一）（乾下乾上）

乾①：元亨利贞②。

《彖》③曰：大哉乾元④，万物资⑤始，乃统⑥天。云行雨施，品物⑦流形。大明⑧终始，六位⑨时成。时乘六龙以御天。乾道⑩变化，各正性命⑪。保合太和⑫，乃利贞⑬。首出庶物⑭，万国咸⑮宁。

《象》⑯曰：天行健⑰。君子以自强不息。

◎**注释** ①〔乾〕卦名，象征天和像天一样刚健的事物。②〔元亨利贞〕卦辞，乾卦的四德，指元始、亨通、利宜、贞正。③〔《彖（tuàn）》〕彖传是对卦辞的解释，是一卦的宗旨，《系辞传》说："知者观其彖辞，则思过半矣！"④〔大哉乾元〕大哉，叹美之辞，这里用来表达对乾阳创生力之壮观和崇高的由衷赞叹。乾元，乾阳的创生之力。⑤〔资〕依赖，借助。⑥〔统〕统帅，统御。⑦〔品物〕有形的万物。⑧〔大明〕太阳，也指白天。⑨〔六位〕六个时空状态，对应乾卦六爻的不同时位。乾阳之力的运行，区分出六个不同时位的模型来对应自然时空流变过程，显得万物各自有不同的时位。⑩〔乾道〕乾阳之道，乾阳之力，纯粹创生的阳力。也指天道。⑪〔性命〕万物的本性、性情与命运、遭际。⑫〔保合太和〕保合是保持和聚合，有致元气之中和境界。太和是最和谐的状态。保合太和是保持元气不消散，时刻持守元气。⑬〔贞〕强健正固，生生不息。⑭〔庶（shù）物〕各种事物，言其众多。⑮〔咸（xián）〕都。⑯〔《象》〕是象辞，分大象辞和小象辞。大象辞紧跟在卦辞、彖辞之后阐述由上下两个八卦的组合关系而引申的人伦道德；小象辞附在各个爻辞之后。这里是乾卦的大象辞。⑰〔健〕刚健强劲，健行不懈。

◎**大意** 乾卦象征阳天刚健，元始创生，亨通顺畅，和谐有利，强健贞正。

《彖传》说：乾阳的创生之力真伟大啊！万物依赖它创始，从而得到自己的生命和适宜的本性，它统帅着天道和天体的运行过程。云气流行，雨泽施布，生机充沛，阳气流变化生成为有形的万物。太阳东升西落，循环往复，并且根据太阳运动过程区分出六个时空状态，对应乾卦六爻的不同时位，好像阳气按时乘着六条巨龙驾驭大自然的运化。乾阳之道运行流转，化生万物，成就万物各自相宜的性和命，聚合乾阳元气并保持在最和谐的状态，以利于强健正固，（万物能够生生不息）。（乾阳的这种创生之力贯通在天地万物与人世之间），乾阳是万物之首，创生出各种事物，使天下万邦都安宁昌顺。

《象传》说：乾阳的创生之道周而复始，永无止息，刚健强劲，君子应效法此乾阳之道，坚志强意，奋发进取，绝不停歇。

◎**解读** 彖辞对乾卦的元、亨、利、贞四德分别做了解说。先是赞叹，然后指出乾阳的创生力是宇宙之间万物生命力的来源，足以统帅天体的运行，更何况天地之间的万物和人事！从天体运动来说，行云布雨，日往月来，寒暑交替，都是阳气的创造力在不同时空状态下运行的不同表现而已。从天地万物来说，都因乾阳的创造力而获得各自的本性和性情，顺性而生，拥有了各自的命运和个性，所以万物的命运本质上都是生命的创造力在天地之间持续和绵延的状态。万物为了保持自己的生命，就要尽量保持原初的乾阳元气，使之和谐安宁，不让它消散，因为这是生命力的来源。如果能够这样，就可以成就人间的万事，使得天下的邦国万民都得到安宁。

《周易》观察天象，为的是推明人事，大象辞的表现最为典型。人从天象运行的刚健当中领悟到在人世间成事也要坚贞强固，奋发进取。

初九①：潜②龙，勿用。
《象》曰："潜龙勿用"，阳在下也。

◎**注释** ①〔初九〕是乾卦初爻的称呼，也称"爻题"或"爻序"，爻序号。卦是从下往上数，处在第一爻位的叫"初"。"九"指阳爻。《周易》以奇数为阳，偶数为阴。阳数顺序，在"七"与"九"里，七为少阳，九为老阳。阴数逆序，在"六"与"八"里，"八"为少阴，"六"为老阴。占筮时"用九""用六"，老阴老阳为动爻、变爻，该爻的爻辞才起作用，因此，以"九"称阳爻，以"六"称阴爻。②〔潜〕潜藏，潜伏。引申为韬光养晦之意。

◎**大意**　初九：龙潜于水中或藏于地下，不可急于施展才用，应当潜藏以待时。

《象传》说：蛰伏在地下的龙，适宜保持不发动的状态，等待发动的时机。潜藏的状态好比初九阳爻处于全卦的最下位，不应当发动是因为即使发动了也发挥不了任何作用。

◎**解读**　天地之间都是阴阳二气的交流变化，阳气初生的时候，可以理解为是处在盛阴之下，相对而言只有一点点力量，非常柔弱，不成气候，不可能发挥什么作用。人在没有机会、沉潜不为人知的时候，要涵养龙的品德，而龙德不仅是指龙的特性，更是龙为物之精者的特殊品性，是内含而未显的深厚道德。

乾卦从坤卦逐爻变来，坤下生第一个阳爻为初九，卦变为复（☷），下卦震为龙，在五阴之下，解为盛阴之下的乾阳之力，犹如潜伏于地下或水中的龙。此时龙德以潜为本，即涵养与深藏生生创发之力，需养晦待时，等待好的因缘来成事，不因外在情境而乐忧。潜在水中，即使有能力也要隐忍待时。

九二[①]：见[②]龙在田，利见大人。

《象》曰："见龙在田"，德施普也。

◎**注释**　①〔九二〕爻序号，各卦从下往上数，第二爻为阳爻称"九二"，阴爻称"六二"，下同。②〔见（xiàn）〕"现"的古字。《易》例以初爻与二爻表示地位，初位表示地下，二位表示地上。三爻、四爻表示以人为代表的万物之位，五爻与上爻表示天位。

◎**大意**　九二：龙出现在田地之上，象征有利于见到大人物。

《象传》说：龙已出现在地面上，其所作所为开始为世所知，好像人的德行施布普遍，并得到广泛认可。

◎**解读**　在此爻中，龙德已有机会展示，但是还没有完全发挥出来。想要得到机会成就事业，还需要不断提升自己的道德修养，得到大人物的认可。

九三：君子终日乾乾①**，夕惕**②**若厉**③**，无咎**④**。**

《象》曰："终日乾乾"，反复道也。

◎**注释** ①〔乾乾〕刚健又刚健，精进不止、奋进不息。乾本义是物之上出，又解释为健，在文中引申为要像生物创生所体现出来的刚健有力那样刚健又刚健。②〔惕〕警惕，居安思危。③〔厉〕危厉，危险。④〔咎（jiù）〕过咎，过错，因自身过错而带来灾害，所谓咎由自取。所以又有灾害之意，有时也可解为祸患。

◎**大意** 九三：君子一天到晚勤勉健行，直到深夜都保持警惕，戒慎的状态好像危险如影随形。只要保持这样的忧患意识，就能够没有过错免遭祸患。

《象传》说：君子白天夜晚都精进不休，自强不息，这是说君子按照乾阳之道反复修炼。

◎**解读** 坤卦下阳爻变到第三爻成泰卦，下乾为白天，上坤为黑夜，九三处于昼夜之交，所以称"夕"。因为上下都是乾卦，所以是"乾乾"，因此小象也称"反复道也"，取义是刚健有为地去努力。象辞之意是在成事之道上反复修炼自己，在正道上磨砺，不断操练。

理解九三爻主要需把握"乾乾"的意思和"夕惕若厉"的断句问题。"夕惕若厉"断句有很多种，历代注家对此爻的断句和语气分隔主要有两派，两种断句之别在危险是否发生。一派以王弼、孔颖达为代表，断为："夕惕若厉，无咎。"如王弼认为，君子之位不安，即使危险没有发生，也需要保持谨慎戒惧的心理状态，犹如危险随时存在；孔颖达详解"惕"的状态，指出"君子"应保持惕的状态，如危险即将发生，如影随形，不敢丝毫懈怠。今人马恒君、刘大钧等皆承此说。而另外一派以朱熹和焦循为代表，断为："夕惕若，厉，无咎。"意为虽然遇到危险，但因君子保持戒惧而能够化险为夷。两派的分歧主要在"若"字的用法上。历代注家对"若"的解释约有三类：一、若有，像，犹若，如也；二、语助、语气词，拟议之辞；三、词尾，然意，表示"……的样子"。三种解释虽含义不同，但都能讲通。

九四：或①**跃**②**在渊，无咎。**

《象》曰："或跃在渊"，进无咎也。

◎**注释** ①〔或〕也许，或者。又通惑，有疑惑、详审之意。②〔跃〕飞跃，与第五爻的"飞"互文。

◎**大意** 九四：或腾跃上进，或退居深渊，都没有过错和祸患。

《象传》说：龙在此位，或者向上一跃登天，上天行云布雨，施展自己的本领；或者向下潜回深渊之中，入地韬光养晦，回到本来的安居之所，前进没有过错和祸患，可以尝试进取。

◎**解读** 从坤变乾到第四爻变为大壮卦，大壮四爻互兑为泽，为深渊。或者一跃上天，或者潜回深渊，都没有过错。所以龙在此位，进退都不会有祸患。可以进，也可以退。可以跃，是有修养和实力，可以试试身手。但要跃得及时，及时最难掌握，及时是自己的行动与天时、地利、人和相吻合，需要审时度势，知道合适的机会马上就到，马上抓住。看到形势的变化，知道自己应该抓住机会。

人在进退有据的时候，可以一试身手，如果错失良机，即使有才华也往往难以施展。但此爻告诉人们，龙到了这个时位，即使重回深渊，一切从头来过，也值得尝试一跃。

九五：飞龙在天，利见大人。

《象》曰："飞龙在天"，大人造①也。

◎**注释** ①〔造〕造就，造化，走运。这里指正当兴盛、兴旺之时，可以大有作为。

◎**大意** 九五：龙在天空中高飞，是出现有德有位大人的有利时机。

《象传》说：龙飞上了高位，处在一个十分有利的时势地位，能够实现大人的造化，风云际会，可以一展身手，建功立业。

◎**解读** 龙飞上天，位置尊贵，对于此处的"利见大人"，"出现有德有位大人"比"有利于见到大人物"理解起来更加合理，因为九五已经是大人物了，他很难见到跟他时势地位一样的大人物，所以是别人来见他，因此应该是"出现"，而不是"去见"。

◎ 第一章上经

上九①：亢②龙，有悔③。

《象》曰："亢龙有悔"，盈④不可久也。

◎ **注释** ①〔上九〕各卦最上一爻称"上"，阳爻称上九，阴爻称上六。②〔亢〕穷极高亢。③〔悔〕悔恨，忧悔。④〔盈〕盈满完美，盈即是亢。

◎ **大意** 上九：龙飞到穷极高亢之处，必有悔恨。

《象传》说：龙飞到极高之处，必然犯错而后悔，因为盈满完美的状态不可能持续长久。

◎ **解读** 《周易》讲盛极必衰，物极必反，盈满到极点就无法保持长久。从道理上讲，一切事情一旦越过本分，不知停止地到达过高的位置，就无法持久。满必招损，这是天道和天意，人意无法更改。

用九①：见群龙无首，吉。

《象》曰："用九"，天德不可为首也。

◎ **注释** ①〔用九〕《易》占七、九为阳数，八、六为阴数，占卜只用老阳、老阴之数。六十四卦唯乾坤两卦有用九用六，其他六十二卦皆乾坤所生，故凡遇阳爻皆用阳九之道，凡遇阴爻皆用阴六之德。

◎ **大意** 用老阳之数九：在乾卦六爻随时都可能出现，犹如出现群龙，无首无尾，都不以首领自居，所以吉祥。

《象传》说：用老阳之数九，六个阳爻都不以首领自居，这是效法乾阳之大德，天德创生万物，功成而不居首，功成身退而不居功。

◎ **解读** 历来对用九、用六的解释有很多。朱熹认为，它们是用来说明《周易》变占体例的，即占筮中所得七八九六之数，以九、六作为变爻，九为老阳，六为老阴，所以在乾坤两卦单独说明，应该比较在理。这样看来，"用九"就是说乾卦六爻纯阳，皆能变化。象辞说"用九"即是用"天德"，这是对其义理的发挥。《周易》用老阳之数"九"来占卜，模拟的是乾阳的特性与变化规律，即犹如天道回环，无首无尾，循环无端地流动，这种状态能够领会则自然顺昌。因为乾阳代表天的创生之力，而模拟天道的占筮也是阴阳变化，阴阳循环无端而流动。每一阳爻都代表龙，都能变化，也都可以为首，不拘一格，所以说群龙无首。既然每爻都可能为首，那么当一个爻主动让其他爻为首，就有了谦让之意，而且各自不凸显首领的地位才是合乎天道的。既然群龙都不为首、不称雄，虽然都刚健进取，但毫不咄咄逼人，而且能调动群体的潜能，使之能够得到充分发挥，这是一个团队精诚团结的最佳状态。

　　《文言》曰："元"者，善之长也；"亨"者，嘉（jiā）之会也；"利"者，义之和也；"贞"者，事之干也。君子体仁，足以长人；嘉会，足以合礼；利物，足以和义；贞固，足以干事。君子行此四德者，故曰"乾：元、亨、利、贞"。

◎**大意**　《文言》说，"元"始创生就是首要的善，就是"仁人之心"，因为善之大者，莫过于元气生养万物；"亨"通顺利是心意顺礼而形成心与物、心与行的嘉美会合；人心要通天，法天畅养万物，方能造福于人，此间就要合乎心通天之分寸（义），在意念当中使万物各得其宜，意念实化也即心意转化为现实之后才能彼此和谐；心意通天才算学到了天之"利"，心意既正又固，学习天行之健，意念实化出来展现为成事的骨干品格。君子之心仁人爱物，时刻都足以为人之长；心意融通万物所以能够聚合嘉美之缘，成事通畅而合乎礼节，如此才能利人益物，从而实现心物融通与和谐之义；意念实化的意志力如此坚贞强固，方才足以干成事业。君子之心意通效天道四方面的品德，也就是乾阳之意元、亨、利、贞四向之谓。

◎**解读**　乾元创生力代表宇宙力量的创造性，儒家明确强调要吸收宇宙创生向上的力量，而推行仁人之意于天下。宇宙本源的自然力无所谓善恶，但生命力顺承模仿万物性情之后即有善恶。人间道德在于发扬大自然纯善的创造力，这就是乾阳元始创生之力的来源。"元"代表乾阳之善的开始，也是人心之善维持的开端。人心要努力集合和保持乾阳善力，这种持续和保持的状态就是元气始生、纯善发动之根本。

嘉会是好的缘分和条件的美好汇合，因为自然力的秩序在人间表现为最自然且最合适的礼仪制度。如果所有人的心思意念都顺从这种礼仪制度，则一切通顺和谐。

体仁是体会天地的生生之仁心，但必然带有仁人之意的价值倾向，以在生生之机中利物和济世，这是一切因缘的聚合并生和谐。贞固是把宇宙元始以来的创生力维系下来，换言之，把创生力固化下来才能做成事业。

初九曰"潜龙勿用"，何谓也？子曰："龙德而隐者也。不易①乎世，不成乎名，遁世无闷，不见是②而无闷。乐则行之，忧则违之，确乎其不可拔，潜龙也。"

◎**注释**　①〔不易〕持守意念不随世俗改易。②〔不见是〕个人的意念不被社会主流意识认可、承认、接纳。

◎**大意**　问："初九爻辞'潜龙勿用'说的是什么意思？"孔子答道："是说具有龙那样的品德但又隐遁起来的人。他这种坚守意念的品德不会因世俗的观点而改变，也不去争逐世俗的功名。他的思想意念从社会主流大环境中隐退出来，但他不为此苦闷，即使不被社会承认，也不发愁忧闷。社会公共意识乐于接受自己的意念，就把自己的意念公布并推行出去；如果不乐于接受自己的意念，那就离开公共之境而隐遁起来，反正持守自己的意念状态是坚定而不动摇的，这种状态就好像龙潜在水中深藏不露一样。"

◎**解读**　此时当静守待时，不可轻举妄动。也就是意念不可随意展开，要做到能屈能伸，能隐能显，从而在言行之中随时随地自得其乐。人即使在沉潜隐忍意念之时，也要把控制意念的力量修炼到潜龙之德的高妙境界：只有强大的控制意念发动的能力，才能等待机缘巧合，因缘际会，成就事业。人内心有强大的控制意念的修为，才能够驾驭外在的顺境和逆境。人控制内心意念的境界可以修炼到非常强大的地步，不受世俗的影响，不向外追求功名利禄，每时每刻努力控制自己的内心。

按照小象辞的看法，乾阳之气被较为旺盛的阴气压抑着，不是无法发挥作用，而是应该等待时机。因为是潜伏的时候，还不到作用发挥的时刻，不是不可以发挥，当然也是可以有所作为的。而这种作为可以说主要是内向的心灵的修为，而不是外向的功业的建立。从这个角度看，内敛和深藏本身是有道德意味的，儒家把内在德行的提升看得很重要。在意向内敛之时，更可以体会继善成性的道理，观察天地之变化，涵养心意发动的生机。从因缘成事的角度来说，一个人维持自身意向的内在正向的力量是第一位的，而外在的时机可以说是第二位的。

九二曰"见龙在田，利见大人"，何谓也？子曰："龙德而正中者也。庸①言之信，庸行之谨，闲邪②存其诚，善世而不伐③，德博而化。《易》曰：'见龙在田，利见大人'，君德也。"

◎ **注释** ①〔庸（yōng）〕日常，平常。②〔闲邪〕防止邪恶之心发动与付诸邪行。③〔伐〕矜伐，自夸，夸耀功劳的心境为人所知。

◎ **大意** 问："九二爻辞'见龙在田，利见大人'，说的是什么意思？"孔子回答："这指的是持守意念具有龙那样的德行境界且还能保持中正状态的人。日常说话时能守信用，日常办事时能谨慎虔敬，起心动念真诚纯净所以能防止邪恶入侵，意念发动保持永久的诚中之意，即使对社会有贡献，也不能自我显示夸耀，心境与德行广博深厚，足以用仁人之意化育世人。《易经》说'见龙在田，利见大人'，这是君王的道德！"

◎ **解读** 坤下生二阳为临，九二互震为龙，二位为地表位。九二虽刚到地表，但通过学、问、思、辨、行的修行而知行合一，止于至善，已实现起心动念皆达到君德的境界。可谓虽无君位但有君德，德行为世人所知。九二在修炼君德，九五在践行君德，时位不同，君德一也。可见，九二、九五都是修养达到龙德和大人境界的人，只是时势地位有区别。中不中是客观的时势，不是主观觉得中就是中，没有人能够超越客观的时势地位。

九三曰"君子终日乾乾，夕惕若厉，无咎"，何谓也？子曰："君子进德修业。忠信所以进德也。修辞①立其诚，所以居业也。知至至之，可与言几②也。知终终之，可与存义也。是故居上位而不骄，在下位而不忧，故乾乾因其时而惕，虽危无咎矣。"

◎ **注释** ①〔修辞〕修正反省言辞，这里指通过修养心意和言语表达来实现人文教化。②〔几（jī）〕先几，变化之几，几微，精妙微小。

◎ **大意** 问："九三爻辞'君子终日乾乾，夕惕若厉，无咎'，说的是什么意思？"孔子的意思是说："君子要终日修己，以提升道德修养，努力树立自己的德行。意念保持忠诚信实，用以增进品德；说话讲求言辞适宜，内心真诚信实，有利于立定功业。意念随境感应到时势之中有机遇到来，就让意念与时势相合，顺应促使它到来，这就可以说意念能顺应几微从而具有先见之明了。意念之中感应到事情即将终止，就顺应而适可而止，这样就可以说是懂得什么是义而能相宜行事了。因此，处在上位不会骄矜，处在下位不会忧虑。所以能自强不息，按所处的时势条件不断警省自己，那样即使处于险境也不会有咎害。"

◎ **解读** 进德修业，修辞立诚，都是做人做事的功夫和分寸，难乎其难。诚心实意为德之始，无德则无业。外在的德行和功业一定是内在德性的彰显和延伸，一个人的言说和处事都应当进则进，当止则止，言行的分寸都应该把握得恰到好处。"知至至之"是该来的让它到来，或是知道目标就努力去实现它，做到审时度势；"知终终之"是该止的顺而止之，是说修德既要顺其自然，又要善始慎终。而几微至为关键，明白几微之妙是《周易》最深刻、最重要的学问之一。《系辞传》说："几者，动之微，吉凶之先见者也"，"君子见几而作，不俟终日"。"知至"之"至"除了理解为目标，也可以理解为每时每刻言说和处事的分寸。在下不忧是"知至至之"，在上不骄是"知终终之"。几微运用之妙，存乎一心。

九四曰"或跃在渊，无咎"，何谓也？子曰："上下无常，非为邪也。进退无恒①，非离群也。君子进德修业，欲及时也，故无咎。"

◎ **注释** ①〔恒〕常，固定不变。
◎ **大意** 问："九四爻'或跃在渊，无咎'，说的是什么意思？"孔子的意思是说：“或跃上去，或退下来，不是固定不变的，但都不是出于邪恶的动机。前进也好，后退也好，也不是固定不变的，但都不会离开自己的群类而众叛亲离。君子在提高道德修养，建立功业，总是想不错过意念与机缘相合的时机，所以不会有咎害。”

◎**解读** 人在进退有据的时候，可以一试身手。当进退失据之时，即使有才华也往往难以施展。"或"有举棋不定之意。渊之象有不同见解，有人认为以渊为龙之所安之处，是其飞跃之凭借。九四入上卦，可飞上天，飞不上去落于渊也不会有咎害，故可以一试身手。没有到进退自如的地步，想进的时候会犹疑不决，因为要进一步的机会成本，或者要付出的代价可能也是很大的，虽然不能进还可以退，但容易退回到深渊里，也就是退到了初九潜龙的状态。

九五曰"飞龙在天，利见大人"，何谓也？子曰："同声相应，同气相求。水流湿，火就燥，云从龙，风从虎，圣人作①而万物睹（dǔ）。本乎天者亲上，本乎地者亲下，则各从其类也。"

◎**注释** ①〔作〕兴作，兴起。

◎**大意** 问："九五爻'飞龙在天，利见大人'，说的是什么意思？"孔子的意思是说："声律相同就会发生共鸣，气息相同就会互相吸引。水会先向湿处流；火会先扑向干燥的地方。云总是随着龙，龙兴起则有景云出现，风总是跟着虎，虎啸则狂风起，圣人出现，万物自然能感应到，并且愿意看到他。以天为本的事物会亲近天，以地为本的事物会亲附地。万物都是如此，各自随从它自己的群类。"

◎**解读** 就出现之意而言，"利见大人"有两种解读。一、《象传》："飞龙在天，大人造也。"造是兴作、造就之意，是圣人兴作可以大有作为。二、依《文言传》"圣人作而万物睹"解为天下利见大德之人出现。

上九曰"亢龙有悔"，何谓也？子曰："贵而无位，高而无民，贤人在下位而无辅，是以动而有悔也。"

◎ **大意** 问："上九爻'亢龙有悔',说的是什么意思?"孔子的意思是说:"正如尊贵却没有职位,高高在上却不得民众,下面有贤明之人却得不到辅佐,因此一旦行动必有忧悔。"

◎ **解读** 亢龙过极必有忧悔,群龙协同不必有首。亢龙指龙太过高亢,违背了《易》的教诲,即盈则必亏,亢则必悔。不仅所有的自然现象如此变化,一切人事进退也无不如此。如果人一旦进入穷途末路,没有回旋余地,必然动辄有悔。

"潜龙勿用",下也。"见龙在田",时舍①也。"终日乾乾",行事也。"或跃在渊",自试②也。"飞龙在天",上治也。"亢龙有悔",穷③之灾也。乾元"用九",天下治也。

◎ **注释** ①〔舍〕居住,驻扎,古时行军行旅时暂住之所。②〔自试〕自我试验,自己尝试一下身手。③〔穷〕穷尽,穷困。

◎ **大意** "潜龙勿用"是处在低下的时位,不可争着出头露面。"见龙在田"是处在暂时停留很快会上去的时势中,可以崭露头角。"终日乾乾",处在不能松懈的时候,人要努力学习为人处世,精进不休。"或跃在渊"是处在进退有据的时位,可以试一试自己的身手,检验自身品德与能力。"飞龙在天"是处在高贵地位的时势,可以在上位治理天下。"亢龙有悔"是说上九处在穷极的时位穷途末路,必有灾悔。乾元"用九"是说能像乾元那样运动变化就会化不通为通,天下即可得到大治。

◎ **解读** 乾卦六爻的特点几乎可以成为解六十四卦的模板,古往今来很多解《易》的路径都从乾卦六爻的特点发挥出来,而且乾卦六爻的潜、见、惕、跃、飞、亢高度概括了六爻的时位特点,甚至对很多爻辞的解释也都离不开对乾卦六爻时位的体悟。

潜下是时机未到,需要修身养性;发展到了一个阶段,可以停下来歇口气,再继续努力前行;努力行事的一生当中,有很多危险需要提防和警惕;如果能量积累到一定程度,就可以试试自己的能力;如果因缘际会,就可以登上高位,在上治理天下;可是一旦过于高亢,就可能有灾难。乾卦六爻群龙无首,各自都能够配合天时发挥出最大的能力,万物各正性命,万国咸宁,当然有利于天下大

49

治。这是典型的儒家"修身齐家治国平天下"阶段性过程在六爻时位上的体现。

"潜龙勿用",阳气潜藏。"见龙在田",天下文明。"终日乾乾",与时偕(xié)行。"或跃在渊",乾道乃革。"飞龙在天",乃位乎天德。"亢龙有悔",与时偕极。乾元"用九",乃见天则。

◎ **大意** 初九"潜龙勿用"是因为阳气还处在潜藏之时。九二"见龙在田"是因为阳气冒出地面,万物生长,品德自然显现,天下变得光明灿烂有文彩。九三"终日乾乾"是能够伴随着时势一起前行,顺天应人,自强不息。九四"或跃在渊"是因为处于上下卦之际,是乾道发生变革之时,革潜而跃。九五"飞龙在天"是因为进居天位与天同德。上九"亢龙有悔"是因为随着时势的发展一同进入穷极之时。乾元"用九"是因为用九可以体现天道变的法则。

◎ **解读** 阳气的运行随时势的变化而适时调整,人当悟阳气之道而调整合适的状态。阳气是元气,一切皆因阳气而生。阳气潜藏之时,意念不宜发用;当阳气冒出地面,意念如太阳初生,照彻地表,德施普遍,当在努力修为之时,意念应持守恒定,不断积聚能量,等待缘分到来的时机;当有机会跃的时候,是环境发生变革的时机到了;当意念通天,起心动念皆通于天地阴阳之力,则阴阳造化,大德成就;当意念与时势一起走入极端状态,则意念发动之处即要知悔。阳气回环无端,天地生生不息,天地之则,通乎道意,以意合道、天人合一为大本大源。

《乾》"元"者,始而亨者也。"利贞"者,性情也。乾始能以美利利天下,不言所利①,大矣哉!大哉乾乎!刚健中正,纯粹精也。六爻发挥,旁通情也。"时乘六龙",以"御天"也。"云行雨施",天下平也。

◎ **注释** ①〔不言所利〕功成不居,没有什么利处可言,意即对天下万物都有利。

◎ **大意** "乾卦象征天，元始创生"，说明乾阳元气是创生天地万物的根源，使万物得以顺畅生长发育；"和谐有利，强健贞正"是乾阳创生力的本性和所发出的情状。乾阳创生力从一开始就能以善美的利益来惠济天下，却不说出它所施予天下的恩惠，这是多么巨大的恩惠啊！乾阳的创生力太伟大了！刚劲强健，居中守正，纯粹不杂，精阳至诚；六爻发动变化，可以旁通其他六十三卦，通达万物发展的情理以及自然规律，犹如顺着时节乘驾六条飞龙，驾驭大自然而巡视天空，行云布雨，万物均平接受恩泽，天下祥和太平。

◎ **解读** 二十世纪易学的最大发现之一，是贞字作为占卜之本意和对元、亨、利、贞四德的推翻，也使得二十世纪易学的主流基本上离开了传统易学以传解经的路线。如果此处把"利贞"解释成为"利于占卜"，就与性情之说没有关联，所以《周易》原初的占卜意义跟传统的以传解经的易学体系可以说分道扬镳了。关于出土文献对传统易学文本的修正的研究成果已经有很多，但基本上可以归结为传统易学的"学前易"，即传统易学之前的"易学"，脱离了传统易学的传承系统，尽管要改造传统易学的成果很多，但很难彻底改变传统易学的传承。不能说周代人就对上古的"贞"作为占卜义一无所知，毕竟有些爻辞用占卜解释基本可通，说明当时还是承认这种"贞"的本义并适时运用的，至于后来传统易学基本上以"贞"为"贞正"和"正固"等意，必定是易学演化史上完全合乎逻辑的转变，所以两千多年的传统易学主流不宜否定。

君子以成德①为行，日可见之行也。

◎ **注释** ①〔成德〕成就道德。

◎ **大意** 君子将成就德业的实践贯彻在行为当中，并且是每日精进可见的行为当中，以达知行合一。

◎ **解读** 君子起心动念之间，都把成就道德的实践活动看作是人生的根本状态，因为品德修养是人生的重点，这种修养付诸实践表现在日常可见的立身行事之中，将所学的知识运用于实践，践行美德。君子意识到自己的德性与德行相辅相成。德性的外在表现为德行，而没有完美的内在德性，就很难有通达天地的外在德行，所以君子修身修意的功夫时刻不可松懈。

"潜"之为言也，隐而未见（xiàn），行而未成，是以君子"弗用"也。

◎**大意**　初九爻辞所讲的"潜"，指的是意识当潜藏隐伏而不显现，即使有所行动也没有成形，此时君子的意念暂时无法展开，所以显得无用。

◎**解读**　"潜"是意念隐伏还没有显露出来的状态，在这样的情况下，还需要静养充实，君子的意念无法正式展开，所以显得无用于世。初九作为《周易》全书的第一爻强调"潜龙勿用"，与《论语》开篇第一章提到"人不知而不愠"有异曲同工之妙。

君子学以聚之，问以辩之，宽以居之，仁以行之。《易》曰："见龙在田，利见大人"，君德也。

◎**大意**　君子要想成就道德功业，就应该勤奋学习，积累学问，积蓄德性；积极问辩来解决疑难，明辨是非；宽裕从容地保持安守所学所辨之理；以仁恕忠厚之心行事接物。《易经》说"见龙在田，利见大人"，这是起心动念的修养皆到了君王所具备的道德水平。

◎**解读**　君子要积善成德，努力学习，聚少成多。有了疑难向人求教，不耻下问，力求辩明，以宽容的态度为人处世，以仁爱的心肠去做事。学聚、问辩、宽居、仁行，讲的是由知到行的过程：聚其所学，辩其所聚，居其所辩，行其所居，如此修养步步推展，层层深化，最终达到知行合一的境界。

九三重刚①而不中②，上不在天，下不在田，故乾乾因其时而惕，虽危无咎矣。

◎**注释**　①〔重刚〕阳爻也称刚爻，两阳爻紧邻为重刚。一说九三以阳爻居于阳位，是重刚，重刚有过刚之意。②〔中〕二爻为下卦之中位，五爻为上卦之中位，在中能具有中道。

◎ **大意** 九三刚爻与刚爻相重，又不在下卦的中间位置，既没有上达天位，又没有下到地位，所以健动不息，表现为人因所处的时势而保持自我警惕，只要审时度势，即使有危险也不会有咎害。

◎ **解读** 九三位于下卦之上，上卦之下，是"上不在天，下不在田"之象，代表上下变化交替之时机，"重刚而不中"，虽然不在中位，但是"进德修业"的好时机，因为在不稳定、不安全的状态当中，更要修身养性、坚定意志将目标指向一生的功业。

每时每刻都敏感地把握几微的分寸，进退都适可而止，当进则进，当止则止，即使在刚健进取的同时，也要随时知止。难就难在一方面要自强不息，另一方面要随时随地把握进退的分寸，通晓几微的神妙。义者宜也，可以理解为合理的分寸。所以，人在刚健进取之时，不可忘了时刻都要保持警惕，居安思危。

九四重刚而不中，上不在天，下不在田，中不在人①，故"或"之。"或"之者，疑之也，故"无咎"。

◎ **注释** ①〔中不在人〕三爻与四爻为以人为代表的万物之位。九四虽属人位，但人离开二位（地表），又在三爻人上，不接地气，所以"中不在人"，不在人的合适位置上。

◎ **大意** 九四也是刚爻与刚爻相重，也不在中位，上不到天，下不在地，又不在人的合适位置上。（可以说是处在进退不定的位置），所以爻辞用"或"来说明它。"或"有游疑不定的意思，进退均可，故无咎害。

◎ **解读** 四爻离开地面，虽然是属于人道的一爻，但有点离开地表不接地气的味道，所以也不在人的合适位置。"进无咎"当是九四可进可退，进取一试没有问题。要点在"及时"，要抓住时机，机会稍纵即逝，只属于有准备的人。因此，对九四来说，虽然上下没有固定之规，但只要抓住时机，没有邪念，不离开群类，就可以建功立业，所以可尝试一跃，进退合宜。反之，离群索居、单打独斗则很难成就道德功业。

夫"大人"者，与天地合其德，与日月合其明，与四时合其序，与鬼神合其吉凶，先天①而天弗违，后天而奉天时。天且弗违，而况于人乎？况于鬼神乎？

◎**注释** ①〔先天〕人的心思意念发动于天的提示和警告之前，即先天性，天赋。

◎**大意** 九五爻辞所说的"大人"，他发心行事与天地生养万物的德行相契合；他恩德遍布与日月普照大地的光明相契合；他治事有节与四季风调雨顺时序相契合；他经天纬地与鬼神福善祸淫的吉凶相契合。他的起心动念即使领先于天道变化的征兆，天道都会顺应他，他的思想意念如果跟随着天道变化的征兆，他会顺应天时运化。天道尚且不会违背他的意志而去顺应他，更何况一般人呢？更何况鬼神呢？

◎**解读** 一个具有宇宙意识和拥有天人合一境界的"大人"，每当意念发动，都能够调动天地阴阳之力为己所用，并与天时地利相配合，所以天与人都自然跟随，进而天地之间气化的阴阳变幻莫测之力，即鬼神，也能够加以运用来改变，这就是天地之化会顺应大人的心思意念。

"亢"之为言也，知进而不知退，知存而不知亡，知得而不知丧。其唯圣人乎！知进退存亡而不失其正者，其唯圣人乎！

◎**大意** 所谓"亢"，就如同说只知道盲进而不知道退隐，只知道生存而不知道死亡，只知道获得而不知道丧失。只有圣人吧！能知道进退存亡相互依存转化的关系而不失去中正之道，大概只有圣人能做到吧！

◎**解读** 上九是太高太满，实际上追求外在的高位和内心的自满一样过分。如果是外在的客观形势到了穷途末路，实属无奈，只能乐天知命。但如果内心走入穷途末路，骄傲自满，不可一世，那便是要动辄有悔，离覆灭不远了。这时候就需要更多地去反求诸己，从外在转入内心。内心不能把握好进退存亡的分寸，那就无法与外在的阴阳形势顺应协同，也就无法得其正，更无法恰如其分地去走中道。但上九之时位，先于天则天不配合，后于天则追悔莫及，即使有善始，恐怕也难善终，因为过了九五的时位状态。

䷁ 坤为地（卦二）（坤下坤上）

坤：元亨。利牝（pìn）马之贞。君子有攸往，先迷，后得主，利西南得朋，东北丧朋。安贞吉。

《彖》曰：至哉坤元，万物资生，乃顺承天①。坤厚载物，德合无疆②。含弘光大③，品物咸亨。牝马地类，行地无疆，柔顺利贞。君子攸行，先迷失道，后顺得常。"西南得朋"，乃与类行。"东北丧朋"，乃终有庆④。"安贞"之"吉"，应地无疆。

《象》曰：地势坤。君子以厚德载物。

◎**注释** ①〔顺承天〕 顺从秉承乾阳之力量或意念。顺承天是坤卦所当拥有的顺承品德。②〔无疆〕形容时间上久远、空间上无边。③〔含弘光大〕内涵弘博，光明远大，博施厚济。④〔"西南得朋"，乃与类行。"东北丧朋"，乃终有庆〕按照朱震《汉上易传》中的《斗建乾坤终始图》，通过十二消息卦理解一年四季阴阳消长的规律，从南至西是阴长阳退，阴在西南方伴随同类而行；从北至东是阳长阴退，阴在东北方是丧失同类朋友，而阴以阳为主，丧朋却可得主。

◎**大意** 坤卦象征地，元始化生，亨通顺畅。适宜像雌马那样持柔顺且守贞正，就会有利。君子有所前往，就像雌马，如果抢先居首就会迷失方向，如果随后顺从，就会得到有乾阳之意的主人。在西、南的阴方，与同类相伴，会找到朋友，有利；在东、北的阳方，失去同类朋友，却可以找到有乾阳之意的主人，也有利。安于柔顺，持守正道，吉祥。

《象传》说：广大至极的坤阴元气的化生之力啊！万物都依赖它才能化生，它顺从秉承乾阳才能形成阴阳合体，成就事物。坤阴象征大地深厚承载万物，它的柔顺德性与乾天刚健相合，万物生生不息，久远无边。内涵宏博，光明远大，博施厚济，万物遍受滋养，亨顺通畅。雌马与坤地都有着同样类型的柔顺德性，能在无边无际的大地上驰骋，配合天地无疆之德，它温柔和顺，利于持守正固。君子有所前往，如果抢先居首就会迷失方向，这违背阳主阴顺的常道；如果随后顺从，就会得到有乾阳之力的主人，这符合阳主阴顺的常道。在西方（坤兑）和南方（巽离）的阴方，会找到朋友，这是与同类相伴；在东方（艮震）、北方（乾坎）的阳方，失去同类朋友，却可以找到乾阳主人，最终得到喜乐吉庆。安于持守顺承乾阳正道的吉祥，这应和大地无边无际、无穷无尽的化生之力。

《象传》说：坤卦象征大地的气势，顺承乾阳，化生并包容万物。君子修行人天之意，要效法大地的气势，不断增厚德性，承载万事万物。

◎**解读** 坤卦的象辞从对坤德的顺承成就功能大加赞叹开始，因为万物都依赖坤阴，而坤阴必须秉承乾阳方能成就。坤阴通过内在深厚的道德与乾天的运行相配合，有如大地深沉博大，能够负载万物，又如善走的母马，顺应乾阳，驰骋于大地四方。君子效法坤阴，不强行居首，而是顺从乾阳来成就万物，并且安于顺承乾阳，体现出安宁、纯正、强固的状态。

象辞继续强调君子要顺应大地的势态，这样才能模仿和学习坤阴的随顺。君子效法大地之无限广博和深厚的状态，起心动念之间，以及修养转化为实践德行的每个瞬间，都要不断加深意境的广度和厚度，这样才能在融通心物的瞬间，通于包容并承载万物之意境。

初六①：履②霜，坚冰至。

《象》曰："履霜、坚冰"，阴始凝也。驯③致其道，至"坚冰"也。

◎**注释** ①〔初六〕指坤卦初爻。"六"指阴爻，见39页注①。②〔履（lǚ）〕踩，脚下踏过为履。③〔驯〕顺，循序渐进，在初六爻辞中意为顺着初六阴气凝结而由霜结冰的趋势发展下去。朱熹作"慎"讲，这是从人效法天道来说的，也就是顺天道、慎人事。

◎**大意** 初六：脚踩到霜，就要想到凝结成坚冰的严寒时节马上就要来到。

《象传》说：由踩霜到变为坚冰，是因为初六为阴爻，霜的出现说明阴气已经开始凝结，顺着这个趋势发展下去，阴气凝聚成为坚冰自然来到。

◎ **解读** "驯"通常作顺讲，意为顺着阴气凝结的天道趋势发展下去。类似顺性而为，顺其自然。朱熹解为"慎"，因为人效法天道运行的时候要顺天道、慎人事。就初六的位置来说，这也有道理，要谨慎地观察事物的微小变化，及早应对。《杂卦传》说"复小而辨于物"，这与《文言传》"非一朝一夕之故，其所由来者渐矣，由辨之不早辨也"在旨趣上很接近，也通于"勿以善小而不为，勿以恶小而为之"，即微小的状态如果任其发展下去，就可能出现大的问题。

儒家将天道运用于人事，而道家主张人事要顺天道，虽都有随顺、效法的意思，但还是有微妙的区别，如乾阳代表万物之创始，坤阴代表万物之生成，一切事物都要有乾阳的创生力与坤阴的质料相结合才能成型。坤阴之"顺"是随顺事情发展、运天道于人事的趋势，带有比较明显的儒家意味；而道家的"顺"是顺天道自然之"顺"，注重人事本来就应当顺从天道原本状态。虽然道家倾向于"反"和"下"，跟坤道之境异曲同工，但坤道之随顺乾道而成就事物，带有比较明显的儒家入世特征。

六二：直、方①、大，不习②，无不利。
《象》曰：六二之动，直以方也。"不习无不利"，地道光③也。

◎ **注释** ①〔方〕通晓大义，大气，代表格局宽广宏大。②〔习〕本义是小鸟多次练习飞行，转为重复，取义修习、练习多而熟能生巧。③〔光〕解释爻辞"大"，通"广"。

◎ **大意** 六二：大地生物正直，地体端方，包容广大，地道率性而为，顺其自然，从无刻意修习营为，万物自然化生，无所不利。

《象传》说：六二的变动，正直而端方。从无刻意修习营为，万物自然化生，无所不利，这就是大地广阔无尽的柔顺之道。

◎ **解读** 六二处于地表之位，显示出大地的状态：平直、方正而宽阔。此爻借地表之象，再次阐明坤道的顺承与阴柔。阴爻处阴位，得正适宜。相对于初爻给人的阴冷、疏远之感，六二则体现出坤道柔和而坦荡无边的一面，有容乃大，彰显亲近、温和之感。古人观天察地，认为天圆地方，其实这只是一种理念，即圆作为一种完美完满的象征，有着无限性和神圣性的特点。但生存在无限之中有不安全感，因此必须将地限定为方，这可能出于古人一种限定无边大地的边界、给自己带来安全感的需要。

六爻综合了天地人三才之道，下二爻代表地，六二处于地表之位，能够展示其特性，地道是平直、方正、大度的，这就是坤（地）卦的主爻代表地道的特点，以大地为代表的坤道深沉、博厚、光明而且广大，毫不矫揉造作，自然而然，所以无所不利。

本爻如果理解为大地的特性，那就应该是正直、方正，多样而不重复；如果理解为人的修行则是坤道的行动法则，也就是坤阴之道应随顺方正、敬义立德。正直和方正都是坤阴随顺乾道之动的特性。坤道对乾道的限定意味着知道事情的分寸和合宜的尺度。坤阴在随顺乾道的过程中，能够对乾道加以完美的理解和限定，辅助乾道的事业发挥到极致。六二强调乾道的创生需要坤道来护持前进的分寸和尺度。王弼认为"不习"就是不要刻意修营，而要任其自然，朱熹认为是不待学习，两者意思相通。六二居中正直，象征大地以端方之意形成万物，以广大之意包容含纳万物，而能有生物之利。"不习"也可以理解为不重复，不犹疑不决，不会徘徊不前，所以成就乾道的事业才不会横冲直撞，而是能脚踏实地，良好地控制事情发展的分寸和尺度，所以无往而不利。

六三：含章①可贞，或从王事，无成有终。

《象》曰："含章可贞"，以时发也。"或从王事"，知光大②也。

◎注释　①〔含章〕蕴含着章美才华。②〔知（zhi）光大〕考虑深远广大而有智慧之象。

◎大意　六三：蕴含章美心意，足以持守正道。如果顺从君王做事，即使不建功立业，也能够得到善终。

《象传》说：蕴含章美心意，足以持守正道，说明六三应该等待合适的时机再展现其心意。如果时机适宜，也要顺从君王做事，即使成功也不认为是自己所致，只不过是顺乾而成，这才是智慧广大恢宏的表现。

◎解读　从乾变坤，到六三下坤（文）主静，所以说蕴含章美心意，足以持守正道。上乾（君）下坤（臣），有跟从君王做事之象，乾天坤地，乾始坤成，所以说即使不建功立业，也能够得到善终。如果坤"章"为阴，则"可贞"为阳，是阴中有阳，而"章"和"贞"都可谓源于三爻位阳的属性。"或"虽然表示不确定，但实际上可以选择，可以择时而动，因为其中有阳动的性质。"无成有终"是从阴爻本身的特点来说，坤道广大的智慧在于择"无成"以换"有终"，即以不居功来换取好的结果，不居功自傲，能功成身退。

六四：括①囊，无咎无誉。

《象》曰："括囊无咎"，慎②不害也。

◎ **注释** ①〔括〕清代段玉裁《说文解字注》中说："括：絜也。絜者，麻一端也。引申为絜束之絜。凡物围度之曰絜。贾子度长絜大是也。束之亦曰絜。"其本义就是结、扎束，用绳或带子结扎、捆束。②〔慎〕谨言慎行。

◎ **大意** 六四：扎紧袋口，深藏不露，虽然得不到赞誉，但也不会有危害。

《象传》说：扎紧袋口，不会有危害，是因为处在六四之时位必须做到谨言慎行，不显心露意，不与人争功，以避免危害。

◎ **解读** 本爻意味着阴阳不通，天地闭塞。阴气很重，到了危险境地。坤卦六四爻变，则上卦变为震，全卦变为豫，豫有戒备之义。又卦从乾卦变来，阴爻变到四爻成观卦，观卦上卦为巽（绳），互卦为艮（手），下卦为坤（虚空，布帛），如空布袋，全卦有手拿绳子把口袋束扎起来的象，引申为深藏不露。结合"卦气说"来看观卦，观为八月，于时为秋，秋为天地闭合之象。卦的六爻里，二爻多誉，四爻因近五爻君位而多惧。伴君如伴虎，所以应该谨言慎行。这一爻阴爻处阴位，无刚美之质，又太过阴柔，有天地阴阳气息不通之气象，《文言传》说此爻"天地闭，贤人隐"，是天下无道、阴阳闭塞不通之象，所以要知道沉默是金，闭上嘴，少说话。

六五：黄裳①，元吉②。

《象》曰："黄裳元吉"，文在中③也。

◎**注释** ①〔黄裳（cháng）〕裳是下衣，衣是上衣。乾为衣，坤为裳。五位为上卦坤之中位，为中央土，土色黄。颜色配五行：黄土、青木、白金、赤火、黑水。按古代的人文观念，"黄裳"有居下、中正而美的品德。②〔元吉〕最吉，头等的吉利。"元吉"比"大吉"还好。③〔文在中〕《说卦传》："坤为文。"意为中正又具有文采之美。文在中，则采见于外。

◎**大意** 六五：身着黄色裙裳，大吉大利。

《象传》说：穿着黄色衣裳，跟各种颜色都能和谐配合，大吉大利，说明六五居于上卦中位，有中顺之德，不但外表中正和美，而且内涵有文采之美。

◎**解读** 此爻说明坤阴的极致之美。坤阴柔顺修美，如美女垂下黄色衣裙，内涵深沉，以柔处尊，辅助乾阳，极物同情，文理隆盛，事业畅通。六五得时得位，由内向外，显示阴柔之美，此处更强调内心意识的中正，接顺天机。如果在天人合一之前，还需要定义何为天、何为人的话，那么天人合一之后，当天与人完全融会贯通，就进入天人不二、物我一元的意境世界。

阴爻一路上升，知天时（初）、取地利（二）、修己慎行（三四），到黄裳元吉（五）之时，内心的品德之美无与伦比。六五有位，修身、齐家、治国、平天下，事业畅通无阻，成就无可限量。天道中正美极，人道畅通无阻，天人合一，无有间隔。坤道之极致在六五充分体现出来，畅达无碍，到达完美状态。

上六：龙战于野①，其血（xuè）玄（xuán）黄。

《象》曰："龙战于野"，其道穷也。

◎**注释** ①〔野〕郊野、远地，也有野性与生机之意，取象为上六旷远之地而彰显生性之大。

◎**大意** 上六：阴阳二龙在郊野交战，两败俱伤，流出的血青黄混杂。

《象传》说：地龙与天龙在郊野交战，是因为纯阴之道发展到了穷途末路（上六居亢极之位，处于卦外），非战不可。

◎**解读** 坤卦上六是坤道极盛之象，坤阴的增长已达到极端，物极必反，非战不可，到了穷途末路的境地。天龙、地龙在郊野作战，阳为玄，阴为黄，其血玄黄，则是阴阳调和之象。所以阴极生阳，可以理解为生生之机从绝境逢生。绝境本就是转机，天道人道皆如此。阴性到了阴极之地，反而变得阳刚强悍，有被逼到悬崖边上拼死一搏的意味。同时也象征生机重回，如诞生之阵痛，圣人转换阴阳到了关节之点，非变不可，发生质变。

上位之变易知，因为上位到了阴阳转换之时，已到尽头，阴极阳生，正应"穷则变，变则通"。野有旷远之象，郊野有阴森之象，阳气能够重生，与天地之大德相配，是阴阳交合转化之机，也是生出万物之始，开出下面的屯卦有场域感和"父母"孕育生发的意味，更是事件转化、和合的关键时刻。

用六：利永贞。
《象》曰：用六"永贞"，以大终也。

◎**大意** 用老阴之数六：利于永远持守正道。

《象传》说：用老阴之数六，有利于永久保持贞正的操守，这样才能最终成就坤阴广大的生育化成之功。

◎**解读** 乾用九，坤用六，是说明《周易》的占筮体例，用老阳之数九和老阴之数六。在具体占筮情况下，如遇爻是老阴六或老阳九，九六则爻变，就用该爻爻辞下断，而不用挑选其他爻的爻辞来断。

按《周易》之创化原理，乾阳主导创始，坤阴把这种创始转化为成就，《系辞传》说："乾知大始，坤作成物"，乾阳的作用有如播种，坤阴的作用则把种子加以孕育生长出生命。在占筮中，每一卦都是乾阳与坤阴共同作用而生成的，一卦演成之后就不变了，就以此卦来判断。

《文言》曰：坤至柔而动也刚，至静而德方，后得主而有常，含①万物而化光②。坤道其顺乎，承天而时行。

◎**注释** ①〔含〕包容，蕴含。②〔光〕通"广"。
◎**大意** 《文言》说：坤阴至为柔顺，但运行起来却很刚健，极为安静而化生之德却流布四方，随从乾阳，以乾阳为主，保持阳主阴顺的常道，化生万物，含养万物的德业广大无边。坤阴主要当顺应，它承顺乾阳的创生之力，随顺天的时序来运行。

◎**解读** 坤道相对于乾道之刚来说就是柔道，与乾道之儒家色彩相比，则有很鲜明的道家意味。坤阴的力量来自跟随乾阳的运动。坤阴在随顺中，保持相对静止而有分寸，当静则静，并于静中保存巨大力量。坤阴之意本身不能独立应事，需要跟乾阳之意配合才能够成功。坤阴之类的事物以马为喻，其实别有深意。古人以飞天之龙和行地之马代表君子品格的不同侧面。如"君子以攸往"和"君子以厚德载物"等，说明坤性、柔性、随性等也可以是君子品格的一个侧面。母马象征着阴性的事物，好像以龙象征阳性事物一样。这里用的是牝马，既代表有原则性的顺从，因为马本身是愿意受人教化的温顺之物，上下皆坤重叠，就显得更加温顺，所以用牝（母）马，代表坤的生化功能；也强调如母马一般贞定和韧劲的品格才是厚德载物的基础。可以说，不修坤道就不知如何厚德载物，人要如大地一般心胸宽广、气魄宏大，才能包容承载万物。

坤，五行属土，代表大地宽容博厚之本性，开始随顺阳意生长自然就能亨通，好像母马随从公马、地阴随顺天阳驰骋大地，既正固又无疆，坤阴之性的品格通过母马的品格表现出来。根据"十二消息卦"，全阴为坤，建亥十月，卦辞谓"西南得朋"，后天八卦坤在西南。西南方阴气生长，东北方阳气生长。

阴阳消长的十二消息卦是六十四卦的根基，六十四卦可以说是从十二消息卦变出来的。西南阴气长，阴在西南容易得到同类，所以得朋；东北阳气长，阴在东北容易失去同类，所以丧朋。但对坤阴来说，其实各有好处。也可以理解为地气或阴气的运行，在不同的时位都可以亨通。如果阴类品格的人居于主导地位，很容易迷失方向。阳气生于北方，长于东方，坤阴离开乾阳不能成就事物。

积善之家必有余庆，积不善之家必有余殃。臣弑（shì）其君，子弑其父，非一朝一夕之故，其所由来者渐矣，由辩之不早辩也。《易》曰："履霜，坚冰至"，盖言顺也。

◎**大意**　积累善意的人家，必定会有多余的吉庆留给后代；积累恶意的人家，必定会有多余的灾祸留给后代；臣子杀害君主，儿子杀害父亲，都不是一朝一夕所造成的，而是恶意长期积累逐渐发展到这般地步的，都是由于没有及早对恶意的萌芽加以辨别并尽早提防所造成的。《易经》上说：脚踩到了霜，说明凝结成坚冰的严寒时节就要来到。说的就是这种顺应坤阴凝结的趋势发展就会出现的必然结果。

◎**解读**　坤卦从乾卦变来，乾卦最下方生出一阴，全卦变姤卦，好像初霜生成，双脚踩在霜上。上卦乾（冰）可期，表示阴气虽微，可是寒冰将至之象已经突现，预示随着寒冬来临，阴气自然将越来越盛。所以应该见微知著，不可掉以轻心。

　　从另一个角度来看，任何一个意念初生的时候，都要有远见和展望，修行意念要在这"初""潜"之处，即在意识的萌发之时修炼努力反身观照、自我觉察的功夫。任何一点点善意与恶意的萌生，虽然不立即显现为行为，但在世间立刻有应和，而且会长存不去。

　　"直"其正也，"方"①其义也。君子敬以直内，义以方外，敬义立而德不孤。"直、方、大，不习无不利"，则不疑其所行也。

◎**注释**　①〔方〕形容大地端庄方正，合乎大义，有分寸和安全感。
◎**大意**　直是指六二在下卦中位，表示意念正直中正，方是合乎大义。君子学习六二爻辞，要以恭敬的态度使内心保持正直，外在行为合乎大义，从而树立敬慎合义的品德，这样德行才不会孤立无援、孤陋寡闻，而会变得德高望重。六二爻辞"直方大，不习无不利"，是说心意修养到这种境界，行为上就不会犹疑不决，自然会把事情办好。

◎**解读**　人居于地表，如果能够学习大地正直、光明、宽广的状态，适时做事，起心动念皆符合自然与宇宙节律，越是不刻意为之，便越是意顺"地道"而事半功倍。儒家认为人性继承天道自然之善，顺其本性自然之善恶，即是让意念顺着天地本然品性流露，让意念自然实化，品格完善如若天真。

　　大地之意宽厚仁爱，无所不包，无物不承。所以，"习"可引申为做、影响、控制、评价，可见，大地之本意可谓不干扰、不评价、不影响事物的自然生长发育，任天地间的事物之意各美其美，美美与共，自然而然，不加雕饰。故大地承载生成万物之意，可以尽显坤阴的厚德。

阴虽有美，"含"之以从王事，弗敢①成也。地道也，妻道也，臣道也，地道无成而代有终也。

◎**注释** ①〔弗敢〕不敢。表示坤阴之意主动选择的态度，既是受客观形势的要求而被动不敢，又是主观内在的主动选择而主动不敢。
◎**大意** 坤阴虽然有美丽的文采，但去随从君王成就功业要含蓄不能显耀，更不能有自居成功的意识，即使有功劳，也要归功于君王。坤阴是随顺地的法则，是做妻子的法则，也是做人臣的法则。大地的特性是从不自居有功，总是忠实地顺从乾天，去完成其创始生成的大业。
◎**解读** 坤阴选择"无成"以期"有终"。但"无成"有被动的"弗敢成"与主动的"无成"，主动的"无成"是发自内心地不居成；而被动的"弗敢成"是主体因为外在条件的限制而不敢成。当然，无论如何，都有"择"的味道，虽然内在的心理机制不同，但做出的选择是相似的，也都期待着"有终"的好结果。

天地变化，草木蕃①。天地闭②，贤人隐。《易》曰："括囊，无咎无誉"，盖言谨也。

◎**注释** ①〔蕃（fán）〕茂盛，蕃息滋长。②〔闭〕闭塞，意为阴阳二气不交感流通。
◎**大意** 乾坤天地阴阳二气交流运动变化，草木自然滋生蕃盛。当天地之间阴阳闭塞不通，万物凋敝，贤人就应当隐退。六四爻辞说"括囊，无咎无誉"，说的是在天地闭塞的时势下，立身处世应当小心谨慎。
◎**解读** 此爻形势不对，求功不得，说话小心，多言无益。天地之间的变化主要是阳气和阴气的交流和感通产生变化。六四的时令，如深秋之际，阴气凝聚，阴阳闭塞，天地之气不通，贤人当适时隐遁。即使还没到遁世的地步，也当谨言慎行，顺势而动，或咎或誉，悉顺自然。

君子黄中通理，正位居体，美在其中而畅^①于四支^②，发于事业，美之至也。

◎ **注释** ①〔畅〕通畅，通达，明达。②〔四支〕四肢。在文中指品德由内及外，到了外部四周。

◎ **大意** 君子像黄色那样中正，通达人情事理，立身处世摆正自己的地位，安居自身，平宁稳重，起心动念皆蕴含丰厚的文采和美德，进而在身内畅达于身体四肢，从修身扩充于事情和功业，这就达到美的极致。

◎ **解读** 君子的心思意念时时刻刻保持黄色中正的状态，心意通达宇宙，处事便明了事理，于是立身处世随时随地都自然而然地摆正自己的位置。由于君子从内到外都正当合宜，所以就显得更加中正了。心意发动美极而文，自然发用通畅于身体四肢，举手投足自然中正得当。把这种内心的美德进一步扩展到事业上，就是将心意之美发挥到极致。可见，人间之美莫过于此，内心美极举手投足处处皆美。六五可以说达到了真善美的极致境界。

阴疑^①于阳必战，为其嫌于无阳也，故称"龙"焉。犹未离其类也，故称"血"焉。夫玄黄者，天地之杂也，天玄而地黄。

◎ **注释** ①〔疑〕与"嫌"互文，有嫌疑之意。一读"凝"。

◎ **大意** 阴长到上六，全卦皆阴，为阳气所嫌，肯定会发生争战。因为有阳气不存在的嫌疑，所以爻辞称"龙"。又因为没有离开阴的类别，所以爻辞称"血"。阴为血。玄黄是天地混杂的颜色，天是玄色，地是黄色。

◎ **解读** 地处困境，不变不行，虽然战的前提在"疑"，但阴极之时揭示阳气必须存在，所以阴气太盛，又有灭阳之嫌，被阳气怀疑，导致争战。可见龙战于野也可以说是天地化生万物之始。

此爻指出阴不可能离开阳，一旦想排斥阳，"孤阴不生，孤阳不长"，一意孤行就必然出现艰难与危机。阴至极必变阳，此阴阳交战之时，阴阳混成，随之转化。阳力被排斥，有危机感，最后决战。坤阴之意到了无阳的极致，再想继续排除阳意已经是徒劳了，意境到极致必生变化，即阴意至极，阳意一定回来。

☵☳ 水雷屯（卦三）（震下坎上）

屯①：元亨，利贞。勿用有攸往，利建侯。

《彖》曰：屯，刚柔始交而难生。动乎险中，大亨贞。雷雨之动满盈，天②造③草④昧⑤。宜"建侯"而不宁⑥。

《象》曰：云雷，屯。君子以经纶⑦。

◎**注释** ①〔屯〕读tún，《广韵》《集韵》："徒浑切"，《正韵》："徒孙切"，如九五"屯其膏"，人群艰难聚集定居，屯积之意。一读zhūn，有两个含义：刚柔初交，物之初生；六二"屯如邅如"，困难之意。所以屯卦是天地始交而难生之象。六十四卦中，天地阴阳之气相交为泰，不交为否。甲骨文、金文中的"屯"，像一棵小草或者树苗之芽萌生的样子。《说文》："屯，难也，象草木之初生，屯然而难。"所以象征草木初生时脆弱、艰难的形象，而任何事物的新生都充满艰难。进而因万物生长是从无到有，又可引申出充满之意。②〔天〕天地。③〔造〕创造。④〔草〕初步草创。⑤〔昧〕昏昧。⑥〔不宁〕还未安宁。⑦〔经纶〕经是如理出丝绪般梳理头绪，纶是如编织成物般比类相合。这里是比喻经营组织、事业，治国安民。

◎**大意** 屯卦象征万物初生，初始亨通，有利于持守正道。万事万物初创之期，不利于有所前往，利于像立君建国那样建立秩序。

《彖传》说：屯卦，阳与阴开始交感，万物初生，万事初始的过程充满艰难。下卦震为动，上卦坎为险，萌动于艰险之中，想要亨通有利就必须持守正道。震雷动，坎雨聚，雷雨发动，万物复苏，天地丰盈，恰似天地草创之际，万物处于冥昧之中的情状，象征此时适宜封爵建国，努力屯聚力量，才能把不安转化为安宁。

《象传》说：上卦坎为云，下卦震为雷，组合成为屯卦。君子看到乌云密布、电闪雷鸣的云雷聚集的屯卦，发现在时局初创之际，阴阳交接之时，要努力经营筹划，意求有所屯聚。

◎**解读** 《序卦传》说："有天地，然后万物生焉。盈天地之间唯万物，故受之以屯。屯者，盈也。屯者，物之始生也。"象征天地的乾阳坤阴具有万物之始的作用和万物之父母的性质。《周易》卦序里，屯卦在万物资始的乾阳与万物资生的坤阴之后，有乾刚坤柔相交而艰难诞生之意。屯卦紧接着乾坤两卦，是乾的刚爻与坤的柔爻刚开始交流，万物刚刚生出，还处在初生的危难情境之中。事业刚刚开始，犹如草木初生，根基不稳，不应该急于求成，而要先找到立足之地，循序渐进地经营发展。如果从十二消息卦讲，应该是临卦六五跟九二换位得屯卦。刚柔始交应该是乾阳坤阴之气开始流通，虞翻之说有点刻意，离开了十二消息卦的体系。

"屯"象征事物初生的艰难，是《周易》险卦之一。《周易》把屯作为乾坤之后第一卦的象征意义在于：万事开头难，人生初始于艰困之境，而如何处困比处顺更需要人生智慧。《周易》总是在困境中给人以指导与希望，而在顺境中却给人警戒，让人居安思危，从而能够读《易》寡过。不宁的时机，不宁地做事，不可不为也不可妄为，难乎其难，非常难为。艰难地出生伴随着困难，在险难中艰难地运动，谋求生存和发展，虽然盘桓难进，但发展不已，终至通泰。

下卦震（动），上卦坎（险），震行坎水，是行于水难之中，只能盘桓前进，在险难的情境中运动发展。万物初生都是如此，无论有多大的险难，必须要生出来才能获得生命，才具备发展壮大的初始条件，然后才能各自保持合理的操守亨通发展。初九阳爻居正，虽然形势艰难，但沉稳有力，足以应对艰难的局面，可以建功立业。下卦震（雷），上卦坎（雨），合起来是雷雨发动，上天以雷雨振起滋润，万物生出，生命盈满于天地之间。天地在蛮荒中初创，人类还不到安宁的时候，最合宜的是推举侯王作为领导者，把人们组织起来，再努力向前发展。君子从云雷大作，万物生长这个卦象中体悟万物初生之道，在家国社群草创之初，要找到一个坚实的公共基石，把大家组织起来，稳定秩序，和谐发展。

以屯为乾坤后首卦还说明《周易》是一本讲究建功立业，告诉人们如何把握时机、成就功业的书。所谓经纶，本指梳理丝绪，此处可代思绪，指对事情的梳理和分寸的把握，所以经纶的根本意思就是把握好追求和进取之中的分寸，引申到治理事情上面，经是合作，纶是分工，如何合作与分工，就是管理者需要把握好的事情。事情纷杂如丝一样难以理顺，人事如织网一般繁复，因此，屯难之根本在于管理分工协作之难。在艰难创业的初期，目标是否合理，形势是否允许，都要仔细梳理把握，不可乱了分寸。

初九：盘桓①，利居贞，利建侯。

《象》曰：虽"盘桓"，志行正也。以贵下贱，大得民也。

◎**注释** ①〔盘桓〕一作"盤桓"。联绵词，盘旋不进、犹豫不决之意，也形容艰难前进的样子。

◎**大意** 初九：盘旋，观望、犹豫，有利于居正稳固，以静制动，有利于封建诸侯，打好根基。

《象传》说：虽然盘旋观望，犹豫不定，艰难前行，但前进的心愿合乎正道。初九以高贵的身份谦处卑贱之下，表示初九心志远大，亲和民众，能够获得民心支持。

◎**解读** 屯卦初九主要讲的是徘徊行正，谦下成王。万事开头难，犹豫不决也很正常。《诚斋易传》认为，初九有才无位，故只利居贞、建侯、得民。确实，初九在互坤（民）之下，阳爻居阴爻之下，强调谦卑而没有强烈有为之企图的状态。初九心志端正，行动方正，能够以贵下贱（阳爻为贵，阴爻为贱），自然大得民心，得民心者得天下，最终能够实现踏破前之坎险的志向。

雷（震）动而雨（坎）聚，雷雨发动，万物复苏，天地充盈。初爻艰难初生，刚明位低，动而有险。初至五互颐，自求口实，说明生发之前需要蓄势而为，心志深藏，固志制动，以谋建万国，亲诸侯。利于居正稳固，赢得民心。

高亨不用象辞，而把"盘桓"解为"以大石为墙"，但如果跟象辞"虽""志行正也"连起来就显得不够连贯，"志行正也"就是因为初九跟六四正应，尽管盘旋但前进的心愿合乎正道。

六二：屯如邅如①，乘马班如②。匪寇，婚媾③。女子贞不字，十年乃字④。

《象》曰：六二之难，乘刚也。"十年乃字"，反常也。

◎**注释** ①〔屯如邅（zhān）如〕屯，困难；邅，回旋。"屯邅"今作"迍邅"。如，形容词词尾，表示状态和样子。②〔班如〕盘绕回旋的样子。"班"用如盘。③〔匪寇（kòu），婚媾（gòu）〕匪，非；寇，贼寇；婚媾，结为婚姻。六二与九五正应，九五在坎中，坎为寇盗。④〔十年乃字〕字，训爱，既可指嫁，也可指孕，有生育意。六二与九五中间有互艮为阻隔；又互坤土数为十，下卦为震为反生；故女子贞定自守不生育，十年才能生育（或许嫁）。

◎**大意** 六二：初创坎坷，徘徊难进，骑马打转彷徨不前。对初九来说，六二不是强盗，而是来求婚的。女子贞定，自守正道，不答应嫁人，十年之后才应许。

《象传》说：六二徘徊难进，是因为柔爻乘驾在刚爻（初九）之上，女子（六二）十年之后才答应嫁人（初九），这是从（本意想阻碍初九）违反常理的状态回复到常道（顺应初九阳意上升）。

◎**解读** 六二乘刚又应险，故不利。乘刚是在卦变中与九五换位乘驾在初九刚爻之上，乘刚为不顺，应险是应九五于上卦坎（险）之中，又在互艮（阻）之中，有阻于险中，难以前行之象，所以行进非常艰难，骑马徘徊。但保持贞固，终有返常之日。象征虽然环境恶劣，但只要坚定不移、坚韧不拔，就能攻坚克难。

马融、郑玄和孔颖达，都认为"寇"就是初九。王弼注："志在乎五，不从于初。寇，谓初也。"《周易集解》以上坎为"寇"，因《说卦传》有坎为盗之说。上坎中爻九五与六二正应，有婚媾之象，互坤为十，但九五在互艮（阻）中被止住，所以十年之后才同意出嫁比较合理。象辞可以理解为六二对九五和初九的态度都违反常规，因为六二到最后没有选择正应九五，而是返回常道。从阻挡初九，到最后终于同意顺应初九，这是非常大的转变。

一说初九要抢九五的爱人六四，六三、六四要抢着当九五的爱人，也就是六三、六四要抢六二的爱人九五。按孔颖达解，六三找九五，而九五却要六二，九五想要六四，而六四却要正应初九，六二面对初九进逼的攻势，犹豫不决，陷入爱的困境，而且迟迟不能答复，但最后为初九所动，并委身于初九。

六三：即①鹿无虞②，惟入于林中，君子几③不如舍④，往吝。

《象》曰："即鹿无虞"，以从禽也。君子舍之，"往吝"穷也。

◎ **注释** ①〔即〕会意字，本义为人面对食器走近吃物。引申为追近，接近，挨近，靠近，追逐。②〔虞（yú）〕古代看管山林的官吏，指负责为主人打猎时做向导，也指田猎之时说明礼制规矩约束。③〔几〕几微，征兆，事情将要发生之前的微小变化，预示应当见机行事。④〔舍〕取舍，舍弃，舍得。

◎ **大意** 六三：追逐野鹿，已经挨近，却没有虞人充当向导，只会盲目钻入深山老林中去。君子见机行事，不敢轻率追踪，不如舍弃不追，如果一意孤行，前往易有吝难。

《象传》说：追逐野鹿，没有虞人充当向导，还一直紧追不舍，就是贪图猎物的表现。君子见机行事，马上舍弃，是因为知道穷追不舍定然陷入困境。

◎ **解读** 六三在互艮（山）下互坤（田）之中，又在震（麇鹿）里，有在山下的田野里打猎逐鹿之象。追逐野鹿，深入林中，已经挨近，却没有向导了。"知几"不如舍弃，"几微"是事情的征兆，事情将动未动的几微，应该见机行事，一旦发现苗头不对，见好就收，不可贪婪，否则必将徒劳无功，前往有灾难，还会被困在密林之中，迷途无返。不要穷追不舍，该舍要舍，舍不得要出大乱子，所谓"小不忍则乱大谋"。

本爻迷路失导，不妙则退。鹿引申之意为心之所欲，而前行有危险，时机并不合适，此时要知道适可而止，不宜过度追名逐利，否则会有危险。想要鹿（禄，引申功名利禄）而不可得，时机不到，而逡巡徘徊，非常形象。按照象辞，鹿与麓不能相通，所以应该取鹿象。

六四：乘马班如，求婚媾。往吉，无不利。

《象》曰："求"而"往"，明也。

◎ **大意** 六四：骑着马团团打转，犹豫要不要去求婚。如果坚定不移地前往，结果定然吉祥没有不利。

《象传》说：为求婚而坚定不移地前往追求（初九），是明智的选择。

◎**解读** 乾一索得震而为作足马，六四乘于震（马）之上，"往"为核心，表示六四应该主动而且明确地追求初九，前途明朗，一旦目标明确，志向应该坚定。虽然六四顺承于九五，但九五心属六二，故六四当舍五从初。

六四在上卦坎中，屯卦是水流坎中打旋之象，所以是骑着马团团打转，说明屯难尚未解除，形势依然严峻。又六四是阴爻，正应于初九，可以求而喜结连理。"求婚媾"是六四向初九求，初九是"利建侯"，意味着打好内在根基，只有这样才能"往吉，无不利"。一说，明有日月之阴阳结合之意，带有求而得孕之结果。

九五：屯①其膏②，小贞，吉③；大贞，凶。
《象》曰："屯其膏"，施未光也。

◎**注释** ①〔屯（tún）〕本意包起来，卷起来。这里指屯积、积聚。②〔膏〕膏泽、油脂、肥肉，引申为恩泽、恩惠。③〔贞〕有三意：一、持守，守正；二、占卜；三、收藏（能量）。

◎**大意** 九五：（屯难之时）屯聚了一点膏泽能量，此时如果小心翼翼而持守，做事就吉祥；心意如果强大而正固，就会有凶险。

《象传》说：屯聚了一点膏泽能量，是心意还不能施布广泛。

◎**解读** 九五在屯难的局面里，形势依然艰险，事业初创，虽然聚集了一些恩泽能量，却还没有到论功行赏、施布恩泽的时刻，这时候虽然可以说，占卜小事好，大事不好，或只有六二好，其他都不好，但占卜结果与事情大小没有一定的必然关系。所以应该理解为，九五之君身处险难之中，当心意持雌示弱，持守不失而转危为安；如果刚刚屯聚了一点膏泽就心志强悍、大刀阔斧，就会转聚为失，大伤元气。

此爻意味着恩泽有私不能周遍，屯难之时宁小勿大。九五在卦变中从临卦的二位〔在兑（泽，膏泽）里〕上升到五位后入坎（水）之中，有大泽之水蒸发成为团团云气却不降雨之象，所以说膏泽和能量屯聚在高处，但是施布不广，因为一是九五有私心，不愿意施布广远。九五应于六二，六二得到九五的恩泽，说明九五天子心有所私，不愿广布恩泽。二是客观条件限制了广泛施布。因为九五不是不施，只是天下初开，事业初始还未能光显于天下，不宜大动，需要静养。

上六：乘马班如，泣血涟（lián）如。

《象》曰："泣血涟如"，何可长也？

◎ **大意**　上六：骑在马上，盘旋徘徊，血泪涟涟，十分凄惨。

《象传》说：穷途末路，泪干泣血，凄惨至极，这种惨状怎么可能长久持续呢？

◎ **解读**　"乘马"就是乘刚，之所以盘旋不进，因为一方面处坎陷之极，难到了极点，一方面和九五相近，但九五小气，"屯其膏"，不把好处让给别人，所以上六处于屯极，就很艰难，血泪涟涟，十分凄惨。屯卦上卦为坎（血）。上六敌应"君子几不如舍"的六三，可谓完全没有应与相合之象，君子改过，阴爻变阳，卦象就变成阴阳相交的水火既济卦，伏离（目），互艮（手），有以手拭目流血之象。可见，九五屯聚膏泽，上六泣血无奈，上六在穷途末路之时，绝望无路，落泪无语，先流泪，再流血。象辞说得更加直白：泪干泣血，凄惨至极，这种惨状怎么会一直持续下去呢？

䷃ 山水蒙（卦四）（坎下艮上）

蒙①：亨。匪我②求童蒙，童蒙求我。初筮③告，再三渎，渎则不告。利贞。

《彖》曰：蒙，山下有险，险而止，蒙。"蒙亨"，以亨行时中也。"匪我求童蒙，童蒙求我"，志应也。"初筮告"，以刚中也。"再④三渎⑤，渎则不告"，渎蒙也。蒙以养正，圣功⑥也。

《象》曰：山下出泉，蒙。君子以果行⑦育德⑧。

◎ **注释** ①〔蒙〕蒙住，蒙昧，启蒙，解蔽。本义为缠绕覆盖草本植物的菟丝草，无叶，以刺入植物之茎，吸收营养成分而成长，如菟丝草为弟子，草本植物为师。一说"蒙"通"萌"，幼稚之义，蒙者需要教化，而不成熟的师、未开化的生都是启蒙的对象。②〔我〕代指启蒙者、施教者、老师。③〔筮〕古代学习的一种方式，不仅仅是狭义的占卜。问筮也用来比喻求教学问。④〔再〕再次，两次。⑤〔渎〕亵渎，轻慢，对他人不尊重、不严肃的态度。⑥〔圣功〕古人认为，人悟道成圣之后行为会返回初始的自然状态。儿童没有太多成见与偏执，比成人天真，所以容易修炼圣功。⑦〔果行〕果敢行动。⑧〔育德〕培育道德。

◎ **大意** 蒙卦象征因困蒙而启蒙。不是我（施教者）去求被蒙住的儿童（受教者），而是被蒙者来请教启蒙者。师道如同占筮之道，初次占筮，可以问必答；但被蒙者一而再、再而三地问同样的问题就是亵渎和轻侮启蒙者，如同再三占筮亵渎神灵一样（表示被蒙者缺乏应有的恭敬之心），启蒙者就不必继续回答了。启蒙者和被蒙者都适宜保持贞正的心意状态。

《象传》说：蒙卦的组合是上艮下坎，艮为山，坎为险，卦象是山下有险。艮又为止，遇险而止，不知所措，蒙住了。蒙卦说明通过启蒙，能够亨通顺利，打通愚昧，但施教双方都奉行中正之道，启蒙者适可而止，受教者心怀诚意，都顺应时势。不是我去求童蒙而是童蒙来求我，由于九二与六五是应爻，心意相互呼应，志同道合。初次占筮可以告诉被蒙者，是因为九二是刚爻又在中位，具备中庸之道又刚毅能断，有施教的能力和方法，故可告。一而再，再而三地占筮，是一种糊涂的做法，既蒙昧又亵渎，当然不能告诉被蒙者，说得越多越蒙昧。蒙卦揭示出被蒙者从蒙昧状态培养正道的可能性，存在开发被蒙者使之修养成为圣人的功夫。

《象传》说：上卦艮为山，下卦坎为水，卦象是山下流出泉水，这就是蒙卦。山泉清纯不杂，流出后汇为江河，但是蒙昧不知流向何处，应该显示出果敢向前的勇气。君子看这个卦象要反求诸己，培养自己的道德要从真纯清澈开始，以果敢的行为由小而大积累成圣功。

◎ **解读** 屯卦是在艰难中力求屯聚心力，蒙卦更是在险难面前被蒙住了，之后经过师（下五爻有师象）的启蒙而明了局势，找到心意生发的合适方向。对被蒙者来说，在困境中遇到一个启蒙者如得天意，所以当充分尊重和珍惜天意的引领，不可如再三占卜亵渎神灵那样亵渎启蒙者。

蒙卦主要讲蒙童稚子求学，果行育德以教。《序卦传》说："物生必蒙，故受之以蒙。蒙者，蒙也，物之稚也。"第一个"蒙"通"萌"，有幼稚之义，与最后的"稚"相呼应，因此，《序卦传》突出蒙卦的幼稚之义。蒙卦由观卦变来，观的九五与六二交换了位置变蒙，蒙卦主爻的九二从观卦的五位（上卦中位）卦变后来到二位（下卦中位），始终在中道运行。上五爻为大离（龟），大离是宝龟（参损卦六五，益卦六二），下坎（法、筮），故可用于占筮。

蒙卦强调学生学习的主动性。学生被蒙住了，不知出路，找不到合适方向，所以要卜筮，以求心灵的正确方向。但卜筮要求心诚，通过卜筮比喻人在险难面前要心意专诚，才能心开悟解，走出蒙难的困境。被蒙者（六五）要从内心里顺从启蒙者，其心底之真纯诚正是能够被启蒙的前提，又是走出蒙困之境的前提，没有这个先验（进入启蒙经验之前的）条件，被蒙者无法被启蒙。也就是说，只要被蒙者态度不尊重启蒙者（九二），那么就不能被启蒙。蒙的关键是开显内心的潜质，也可以改变意识的方向，从外境中汲取能量为己所用，找到新的方向。

"山下有险"既是山下遇有危险，也是遇险当止之象。《彖传》认为，如果想要实现"亨"通，则必然需要"时中"，这里的"时"实际有时空两重含义，"中"则读为"zhòng"，指向时空之中合理的位置。《周易》认为，只有我们的行为在时间上与空间中都是合理恰当的，才能实现所谓"亨"，亨所注重的"有序"不是指事物有序，而是指的我们的意念和行为合乎自然规律，因为自然规律的理序是先验和客观的，我们虽然有主观的能动性，但是因为人力的有限性，我们面对自然理序就应该选择领悟和顺从。自然是人最原本的老师，一切心意的秩序归根结底来自自然之序，如果被内心的私欲蒙蔽而不能领悟天道，就无法开蒙。所以启蒙要努力让自己的心意与天道自然之意相通。

初六：发蒙①，利用刑人②，用说③桎梏④，以往吝⑤。

《象》曰："利用刑人"，以正法⑥也。

◎**注释** ①〔发蒙〕启发蒙稚、蒙昧之人。②〔刑人〕"刑"通"型"，以刑正人，按照某种模型模式来塑造和培养人。让人的心意端正，方向正确。③〔说（tuō）〕通"脱"，脱落，摆脱束缚。④〔桎梏（zhì gù）〕桎，脚枷；梏，手枷；古代刑具。⑤〔吝〕好坏之间，偏向坏的状态；一说法律之吝，弊端。⑥〔正法〕把握正确的分寸为法，或行为正当为法。意识里有了正确的方向，模仿就是寻找正确方向的开始。

◎**大意** 初六：对蒙昧开发教育，最好的办法是主动树立楷模，用以脱去刑具桎梏。如果放任自流，或者急于求成，就可能遭遇吝难。

《象传》说：用树立模范的办法，对人进行处罚教育，是为了端正法规，以便遵循。

◎**解读** 此爻主要讲明刑立矩，正法发蒙。强调的是树立楷模，以身作则。人都有模仿的倾向，给被蒙住的人和迷途中的人树立模型，有助于人们通过模仿而学习，潜移默化地改变。

人受教育之后，知道遵守规矩，可摆脱刑具加身的灾害。在教育初始阶段，本爻强调要使用律法、戒条甚至刑律，这与传统儒家德治优先的思想有所不同。本爻认为，启蒙阶段要树立规矩和规范，引申为遵守律法和刑罚。所以此爻的倾向是，纪律约束比德行教化的效果明显，见效迅速。

只有去除人们的思想枷锁，才能帮助人们明确人生的方向。中西历史上皆有启蒙运动，都是为了破除民众心灵的枷锁。摆脱刑具的束缚只能避免因行为上的失误而犯错误。事实上，思想的迷茫比行为的偏失更为严重。只有人突破自己的心灵束缚，端正自己的心意方向，才能真正避开外在刑罚的约束，真正做出正确的选择，主宰自己的命运。

通过教育让蒙童避免牢狱之灾是底线伦理的要求。"桎梏"有思维之限制和环境之制约的意思，所以脱去桎梏是先突破思维束缚、解放思想，进而克服环境的制约，实现对自我命运的主宰。

九二：包蒙①，吉。纳妇②，吉。子克③家。

《象》曰："子克家"，刚柔接④也。

◎**注释** ①〔包蒙〕九二是全卦的主爻，上下有四个柔爻包围，刚明得中能断，可包容蒙昧的人。②〔纳妇〕娶媳妇，这里是象征九二与六五阴阳正应。

③〔克〕能，因为二位是大夫位，古代封建制下，诸侯有国，大夫有家，所以九二能统领众阴。④〔接〕连，接济。

◎**大意**　九二：启蒙者能够广泛地包容蒙昧的人，当然是吉祥的。正如家里娶了好媳妇那样的吉祥，教出来的儿子能持家。

《象传》说：这样包容的老师教出来的儿子能持家，说明刚爻（九二）能够胜任领导柔爻（初六、六三、六四、六五）的职责，而且九二在互震里，震为长子，故可持家，犹如家长刚柔节制适当。

◎**解读**　九二刚健处中，如卦主统治群阴，刚柔相济。爻辞取三象：开蒙之师，纳妇之夫，克家之子，各有包容众生、妻贤有福、儿子持家之吉象。又九二以阳爻居阴位，以刚居柔，是刚而有节，刚毅亲和之意，在为人处世上是有包容之心而能居下位来任上事，有其德而当其事，于蒙昧局势中犹如中流砥柱一般。从教学启蒙上讲，九二是老师卦主，六五是学生卦主，而在蒙卦当中，需要学生主动学习，可以说六五学生为实际的卦主，而老师（九二）需要有好的学生（六五）才能衬托出老师的高明。

九二处理了师生关系、夫妇关系、父子关系等多重关系，这些关系的核心在于刚柔相接。九二作为开蒙者能广容蒙者而不拒斥，对于来求发蒙的人统统都接纳教育之，同时，启蒙者也需要刚柔并济。克是能够，指儿子能持家。下卦是老师，上卦是学生，三种老师对应三种学生。九二在互震（长子）中，以阳爻居阴位，以刚居柔，这本身就是刚而有节之象。

六三：勿用取女，见金夫①，不有躬。无攸利。

《象》曰："勿用取女"，行不顺也。

◎**注释**　①〔金夫〕有钱有势刚强的男子，指九二。

◎**大意**　六三：不能娶这样败德的女子，见到有财势的美男子就会不守妇道，娶她没有好处。

《象传》说：不能娶这样的女子，因为她的行为不顺合礼节（六三阴爻乘刚），伤风败俗。

◎**解读**　六三本与上九正应，应与上九结婚，但看到九二是全卦众阴之主，众星捧月，势众富有，六三阴爻居阳位，失位不正，贪慕财势，见利忘义，悦随九二，乱了分寸，也就是六三会拜金失身，乱伦失据，由于欲望导致了蒙昧，泯灭了人性和天赋，最终顾此失彼，不会得到理想结局。与六二不同之处在于，六二指向美好姻缘，六三指向乱伦的悲剧。

在蒙卦里，六三代表没有师德的教师，见到金钱与权势就低头，忘了人师应该有教无类。

六四：困蒙，吝。
《象》曰："困蒙"之"吝"，独远实也。

◎**大意** 六四：被困在蒙昧中，犹如陷入困境之中。

《象传》说：六四在蒙卦里，只能是"困蒙"，因为六四是阴爻中唯一与刚爻毫无关系的，只有它远离刚（实）爻，犹如远离良师益友的指教。

◎**解读** 六四远离师长，不得指教，自暴自弃，停留在蒙昧状态而不前进。所以必然不太有利。《周易》以阳爻为实，阴爻为虚。全卦四个阴爻，初六与九二相比，与六四不相应，六三有上九正应，六五与九二正应，因此只有六四既无依无靠又无应援，客观上离刚爻最远，主观上又不努力寻求良师益友的指导，这样就会走入困境，被蒙住。同时自己离得远，反正没有机会，也就不去寻求指点，不努力去争取他人帮助，所以有点自暴自弃的味道。当然，相比之下，六四因为位置关系，很难争得过其他阴爻，所以比较失望伤心，只有放任自流，又可以说自我困住。

在师生关系中，六四属于无可救药的学生，不知道自己要学什么，不知道要怎么学，也没有学习的兴趣，自己蒙住了，就是名师也拿他没有办法。既有客观上离师长的助力远的外因，又有自己感觉无论如何努力都比不过周围的竞争者的内因，反正局面是又困又难，实在突破不了，就索性沉沦下去，唯有等待大局发生改变。

六五：童蒙，吉。

《象》曰:"童蒙"之"吉",顺以巽也。

◎**大意**　六五:蒙昧之人如儿童一般虚心向老师求教,这是吉祥的。

《象传》说:蒙童虚心向老师求教的这种吉祥状态,是因为柔顺进入中位,犹如受教者虚心学习,施教者如和风顺应一般循循善诱。

◎**解读**　六五主要讲的是柔顺善学,了道入圣,学致天道。蒙不仅仅是启蒙知识,更重要的是启蒙天道。天道要用生命去打通,文化之道要用生命去承担,任重而道远。"无咎"之难,犹如中道之难,如教《周易》之难,就难在教学生领悟天道。

象辞"顺以巽也"是从象上说,蒙卦由观变来,观卦上巽(入)下坤(顺)。六五从下卦中位升到上卦中位,始终没有离开中正之位,故能养成圣功。从取义上说,"顺以巽"是巽为入,受教者虚心学习,施教者谆谆善诱,这是柔顺地进入中位,拿捏中道,接受教育的良好状态。另据观卦六二顺升到五位成蒙卦,原观卦上巽下坤,变蒙上巽变互坤,都是"顺以巽也"之意。观偏政,蒙偏教,政教相通,今天还保持着这个传统。

上九:击蒙①,不利为寇,利御寇。

《象》曰:利用"御寇",上下顺也。

◎**注释**　①〔击蒙〕用较为严苛的态度对待学生,如当头棒喝、用戒尺责打等,以激发智慧,醍醐灌顶。

◎**大意**　上九:用打骂责罚的方式启蒙,但不能像寇盗那样毒打受教者,而应该采取抵御寇盗那种谨慎小心的态度才有利。

《象传》说:采取抵御寇盗那种谨慎小心的态度(如果蒙童没有恰当启蒙将来就可能成为强盗,要防止把蒙童教成未来的强盗)才有利,这样施教者和受教者双方的关系才能够理顺(上九在全卦上位,下有互坤,坤为顺)。

◎**解读**　从象上说,上九是刚爻,位置亢极,在上卦艮(手)里,大局蒙昧至极,顽固不化,就刚暴地用手来"击蒙"了。上九应爻六三在下卦坎(寇盗)

中，六三就近随悦九二，不应上九，所以上九不利于跟坎（寇）一样，反而利于非常小心地防范盗寇。

上九是教育老师的，说明驾驭学生的分寸难乎其难。上九在蒙之极致，需要别人干预才能启蒙。此时特别需要讲究方式方法，稍有不慎，儿童的蒙昧打不开，将来就可能变成强盗，所以要非常小心。从施教者的角度来说，如果不注意教学方法，过分残暴，体罚学生，也就与强盗无疑。所以既要防止孩子成为强盗，也要防止老师成为强盗，而不教不行，不好好教也不行，因此要强调教学的中道。

如果以师生关系来比喻，上九是个不太成熟的、过刚的老师，用较为严苛的态度对待学生，遇到的学生六三又很离谱（跟九二跑了），所以要"击蒙"。上九气急败坏地打了学生六三，本来是想打觉悟，但这个打的分寸太难把握了。爻辞说"不利为寇"，就是不可像强盗打人那样打学生，否则学生一被打就赶紧逃命去了，适得其反，而应该说是"利御寇"，就是用非常小心、抵抗强盗的心态去打学生，那就要见好就收，那样学生能够知错就改，打的目的也就可能达到了。"利为寇"和"利御寇"是"击蒙"的两种方式，前者是过度了，后者则是"御"，犹如"防卫性的击打"，即自身更为谨慎小心，有引导性地防卫之意。一说"御寇"是修文德以来之，通过提高自身，让学生主动学习，这样"御"就兼有引导和强制之意，即通过提升自己而高明地驾驭学生。

䷄ 水天需（卦五）（乾下坎上）

需①：有孚②，光亨，贞吉。利涉大川。

《彖》曰：需，须也，险在前也。刚健而不陷，其义不困穷矣。"需，有孚，光亨，贞吉"，位乎天位，以正中也。"利涉大川"，往有功也。

《象》曰：云上于天，需。君子以饮食宴乐。

◎**注释** ①〔需〕依彖辞"须也"是等待之意,《序卦传》认为是养育。"需"有多种意思:通常是"等待";本义为古代求雨之祭。需,从雨从而,而为天之隶变,与需卦坎上乾下相吻合,所以认为需与雨和天有关,短衣服,从帛《易》"需"做"襦"解来;据帛书把"需"解成捕鱼;胡适认为"需"即"儒",可从需卦分析儒家渊源。②〔孚〕诚信。

◎**大意** 需卦象征需要,等待,心怀诚信,光明亨通,持守正道可获吉祥。有利于涉过大川险阻而有所作为。

《彖传》说:需是等待的意思。上(前)卦是坎,坎为险陷。下卦是乾,乾为刚健。因为内心刚健,所以不会陷入险难的情境而出不来,从道理上讲不会被困在危险的境地。需要,等待,心怀诚信,光明亨通,持守正道可获吉祥,因为主爻九五在尊贵的天位,具备中正之德。有利于渡过大川险阻的难关,前往能成就功业。

《象传》说:下卦乾为天,上卦坎为云,需卦的卦象是云气上集于天(雨待时而降)。君子从中得到启示,要学会饮食宴乐,积蓄力量,等待时机。

◎**解读** 屯是始生,蒙是幼稚蒙昧,需是养育等待长成。所以需卦是养精蓄锐,修身待时,刚信行险,乐天达观。需卦从大壮变来,即大壮六五与九四换位变需卦,主爻九五卦变后占五位(天位),又是上卦中位,这基本决定需卦有诚信,光辉亨通,光明正大,无私无欲,守正吉祥。

从象上看,云上天是云气积累在天上,没有下雨而只能等着下雨之象,因而"需"有等待之义。天云下雨要等,万物生长也要等,关键是等待养育成熟,而养育又需要营养,所以既然天象只能等待雨露滋润,那么对人来说只能等待摄取营养,养精蓄锐,以待时机成熟。

从义理上看,需卦主要谈的是等待的哲学。需卦认为不能消极等待,也不能迫不及待,要待机而动,待时而行,从容自在地等。即使密云不雨,也不要等得焦心,内心乱了分寸,要安心舒适地等。所以积极等待的哲学意义非常重大。

另一方面,任何等待都有战战兢兢、急不可耐的意味在里面,很多时候要按捺心中的焦急,做好准备,等待时机,即使乌云压城的时候,还要能从容吃饭喝酒,丝毫不惧,乐天知命而无忧,才是积极向上的等待,也就是在等待中要有定力和境界。可见,等待之时需要准备该备的酒食,也要准备必要的学养,总之是要修身以待时。孟子说的"修身以俟之,所以立命也",就是说等待其实是修身的过程，而修身并不脱离人伦日用、饮食宴乐。人要于日常生活当中效天法地，在磨砺中挺立自己。

需卦所说的等待不是简单盼望，而是临事不惧、气定神闲的等待。需卦明确说内心刚健，是存天理、去人欲的刚健，纵使外有危险，犹如云上于天，乌云压城，大势不好，但面对这样的险境，反而更加凸显出一个人控制内心、分寸不乱的修养。知道时机没到，还继续饮酒作乐、养精蓄锐，并不是内心软弱的表现，不是期待甘霖普降的天真，不是自以为是不知外境的刚愎自用，而是内心强悍，不为所动，是面对复杂处境的哲人智慧，是知道面对危险要适时放松的通达明变。

初九：需于郊①，利②用恒③，无咎④。

《象》曰："需于郊"，不犯难行也。"利用恒，无咎"，未失常也。

◎ **注释** ①〔郊〕本指城外之地，这里指离水稍远的水岸之上。《周易正义》谓："'郊'者是境上之地，亦去水远也。"②〔利〕宜。③〔恒〕恒常之心，恒定的心态。④〔无咎〕无咎过，无过错，不出错。

◎ **大意** 初九：在郊远之地等待，有利于保持恒常的心态，没有咎害。

《象传》说：在郊远之地等待，不冒险去行动。保持恒常的心态并持之以恒，等待时机，因为危险还比较远，未到非常时期，有利于初九持守常心。

◎ **解读** 初九的意义在于远险稳进，蓄势待时。在等待的过程中饮食养身、安乐养心，宁神待机。不在乎一时之间的一得一失，能远险而待，不在乎眼前利益。也不因远险而躁动不安，不因远志而玩物丧志，做到"非宁静无以致远，非淡泊无以明志"。可见初九是需中之需，等中之等，要安之若素，修身养性，待时而动。初九阳居阳位，应六四之阴，有想行之意，但是有九二、九三阻隔，且九四在互坎（险）之中，只好待时而行，但离坎（险）尚远，可以安心等待。

九二：需于沙①，小有言②，终吉。

《象》曰："需于沙"，衍③在中也。虽"小有言"，以吉终也。

◎**注释** ①〔沙〕水边沙滩。《说文》："沙，水散石也。从水从少，水少沙见。"孔颖达说沙是水傍之地。九二靠近坎水，近水则有沙。②〔有言〕言语纠葛，诽谤。九二在互兑里，兑为口舌。③〔衍（yǎn）〕沙衍，水中沙。一说宽衍，宽裕。

◎**大意** 九二：在沙滩上等待，遭到小的闲言碎语，最终吉祥。

《象传》说：在沙滩上等待，九二位置在下卦中位，犹如在水中的沙洲上从容自在。虽有些闲言碎语，只要宽心等待，合理因应，最终吉祥。

◎**解读** 二爻是沙滩上等待，沙沙作响，有闲言碎语，静待而化解。九二走到水边，比初九离坎（水）之危险更近，处境不太好，又起了言语纷争（互兑为言），因为只要有需求，就一定会因利益而斗争，此时需要明观谨行。恰好九二以刚健之德而能居中示柔，宽裕自处，所以最终吉祥。因为九二刚健又处沙地，不可用刚，需轻柔自守，否则就会陷入沙中。可见遇险之时只要不陷入沙中就算吉祥。所以，九二虽有环境之忧，只要能静观慎思，纳言正行，就可逢险化吉。

九三：需于泥，致寇至。

《象》曰："需于泥"，灾在外也。自我"致寇"。敬慎不败也。

◎**大意** 九三：在泥泞中等待，（偏偏此时还）招来寇难。

《象传》说：在泥泞中等待，寸步难行，灾难（坎）就在外边，不时就来。但偏偏是自己招惹来强盗，只要敬谨审慎，高度警戒，就不会陷于危败（因为还未陷入坎险之中）。

◎**解读** 九三主要讲近险招寇，敬慎免难。九三离上卦坎（水、沟、险难）很近，可以理解为脚踩在烂泥里面，在泥里等待容易招致危险，稍有不慎将不能自拔。可是此时还招来寇难，因为坎为陷、为险、为盗，所以有临近寇盗之险。象辞说偏偏是自己招惹来了强盗，是自己以刚逼险，步步近险。这也象征着人欲望越多需求越深，危险也就越大。所以，人在满足需求的时候，有一得必有一失，付出才有回报，一味求得必招损失，进而还会遇险。九三虽近坎（险）但以阳刚当位得正，又与上六相应，所以可以恭敬谨慎而不败于寇。可见，需卦所推崇的是积极的需待，而非消极观望的需待，要在等待中时刻关注他人和外在形势，不断调整自己的内心与观念以期化解风险。

在泥中等说明等待的地方不安全，偏偏此时还可能有特别大的危险随时降临，所以只有常怀敬慎之心方可化解。在等待的过程中，自己所处的境地本身有可能存在危险，所以必须非常谨慎小心。

六四：需于血①，出②自穴③。
《象》曰："需于血"，顺以听也。

◎**注释** ①〔血〕取坎象。坎为水为血，有流血象。坎险带血，是血泊之中，危险至极。一说通"洫"，沟洫，指城下的壕沟。坎又为沟渎，为陷阱。②〔出〕卦变六四从五位出来，上卦成坎（为穴），是从穴中出来。③〔穴〕洞穴或深渊之穴，黑黝黝、深不可测的坎陷之地。

◎**大意** 六四：在血泊中等待，从洞穴中爬出来。

《象传》说：在血泊中等待，要冷静地顺从九五，随顺听命于时势而行，最后化险为夷。

◎**解读** 六四主要讲血泊求生，顺势听命，而能大难不死。六四已经在上卦坎（险）之中，有在血泊中等待之象，但是阴爻居阴位得正，而且与初九正应，并居九五之下，得上下之助，所以可以从血泊里爬出来，有惊无险。卦变中六四从五位出来，上卦成坎（穴，坑陷之地）中出来，所以说从洞穴中爬出来。血既是外在的血泊之难，又是内在的心血付出过多之象，都危险至极。流血也象征因其所需而流血付出，有得有失，但不可强求，要跳出欲望的深渊，做到心无旁骛、顺以听命。

象辞之意是坎为耳，乾为天，六四阴居阴位，上承九五，下应初九，能够顺势听命，听天由命，也能听取他人正确意见以形成合理的意向，最后化险为夷，捡回一条命。

九五：需于酒食，贞吉。

《象》曰："酒食贞吉"，以中正也。

◎ **大意**　九五：在美食宴饮中等待，安于守正可获吉祥。

《象传》说：在美食宴饮中安于守正的等待可获吉祥，是因为九五阳刚中正。

◎ **解读**　九五主要讲履险如夷，宴饮待时。本卦从下往上皆有危险，死里逃生到了九五可以庆祝一下，同时要看得开，既然进退皆有险难，那么饮食宴乐就尽量不要错过，更要以饮酒宴乐的心态来等待，知足常乐，无忧无虑，以静制动。

从象上说，五爻阳刚，居尊得正，克尽其道，可以好吃好喝，身无所需反而无欲则刚。而身处危险，依然从容自若，即使脱离险境到了一个安全的位置，仍然需要沉着冷静，一方面可以安时处顺，另一方面要善于把握时机，在险难中把握改变命运的转机。这是长期耐心修炼的境界，也是需卦教诲的关键所在。

九五居天子中正之位，犹如圣人之履居帝位，可以大行其道，德泽天下。万物需雨泽，常人需饮食，天下正需涵养之时，九五之尊当让人民休养生息，让人民乐其当乐，利其当利。可见，即使成为九五之尊，也不可激进行事，不可贪图浅近之功，而应实行王道，崇德广业，久而成教，化成天下。

君子处在九五这样有利的地位，仍要安命知时，宽以待之，在酒食之中修身养性，调养身心。九五中正又能安之以待，随时调整自己的行为，反思自己的心意，时刻保持中正之道，正位居体，老成持重，从容不迫，则终会得其所愿，取得好结果。

上六：入于穴①，有不速之客②三人来，敬之终吉。

《象》曰："不速之客来，敬之终吉"，虽不当位，未大失也。

◎ **注释**　①〔入于穴〕上六在坎（穴）上面，卦变后上六被变入坎象，故为进入洞穴。一说上六阴变阳，为巽（入）。如果把应九三讲成"入"，不太合适。②〔不速之客〕不请自到的客人。速是召请、邀请。

◎**大意**　上六：被迫落入洞穴之中，有三位不请自来的客人，对他们恭敬相待，最终获得吉祥。

《象传》说：对几位不请自来的客人恭敬相待，最终获得吉祥。说明本爻虽然所处位置不当，但敬慎小心，则不至于招致重大损失。

◎**解读**　上六主要说的是来了不速之客，礼敬无失。大壮九四与六五换位，上六入坎（穴），是被迫落入洞穴之中。需卦是等待，到了上六，就是等待到最后要付诸行动，以争取得到成果。内卦的乾（人）要刚健地突破上卦的险（难），下乾三个阳爻以刚健之德跋涉大川（上坎），因而上六会遭遇三个不速之客，即有三位不请自来的客人将要到来。因为上六是全卦穷极之位，下又乘刚，但与下乾九三正应，心志相应，可以沟通，不会阻挡刚爻上位，反而会顺利让出，可以理解为小人会主动帮助君子完成突破险难的使命，自然就没有大的过失。三阳必上升，成不速之客。上六本来当位，象辞说"不当位"既指乘九五不顺，又指六位穷极。此爻说明等待的分寸和气度难乎其难，而人生又无时无刻不在等待中，所以敬慎才能不失。

核心在于处理不速之客的意识和态度，即对他们恭敬相待，最终获得吉祥，也就是要以顺敬的态度对待事变，随时根据情境变化调整个人的意识和态度。也可以理解上六自身处于危险之地（坎），又面临"不速之客来"的意外情况，但能够以阴柔的态度宽以待人，最终化解紧张态势。从个人修养方面来说，"需于酒食"获得充分滋养，涵养魄力之后，仍然要在事上磨炼，也就是要善于处理修炼内心过程中遭遇到的突发状况，这时候对于外在的刺激应该持敬不失，把敬慎的态度延续到最后，善始善终，否则功亏一篑。这也说明了修心之艰辛，要经得起各种考验和挑战，不可出偏差。

天水讼（卦六）（坎下乾上）

讼①：有孚②，窒，惕③，中吉，终凶。利见大人。不利涉大川。

《彖》曰：讼，上刚下险，险而健，讼。"讼有孚窒惕，中吉",刚来而得中④也。"终凶",讼不可成也。"利见大人",尚中正也。"不利涉大川",入于渊也⑤。

《象》曰:天与水违行,讼。君子以作事谋始。

◎**注释** ①〔讼〕卦名。争讼,诉讼。《序卦传》:"饮食必有讼",万物生长,必有所需,为了争夺生存的物质条件,一定会有争讼。《杂卦传》:"讼不亲也",因为争讼使得人们之间不再亲合。又可见,讼是人不亲而争讼,希望通过打官司评理,所以有诉讼之意。②〔孚〕凭信,打官司的证据。下卦坎为心,上卦乾为实,心中诚实故有孚(凭证)。③〔窒(zhì),惕〕窒,郁闷,窒息,窒塞。惕,担心,警惕,戒备。因主爻九二在下卦坎里,坎为"加忧",因忧虑而戒惧。④〔刚来而得中〕卦变中遁九三下来到下卦的中位。⑤〔入于渊也〕在卦变中主爻九二从遁卦三位下到二位,下卦成坎(水),大川没有过去,反而陷入水中。

◎**大意** 讼卦象征打官司,有证据,但诚信受阻,双方互不信任,就诉诸法庭,如能持中,心有惕戒,适可而止,中途结束官司吉祥,把官司打到底凶险。有利于见到公正的法官,但不利于渡过大川险阻。

《象传》说:讼卦,上卦乾为刚健,下卦坎为险,外表险恶内心刚健,就容易引发争讼,起争端,总想打官司。所以称作讼卦。讼卦象征打官司,有证据,但诚信受阻,双方互不信任,就诉诸法庭,如能持中,心有惕戒畏惧,适可而止,中途结束官司会吉祥,因为主爻九二(刚爻)由遁卦三位下来得到下卦中位。把官司打到底凶险,因为打官司不宜纠缠不休,否则最终一定会两败俱伤。有利于见到公正的法官,因为决讼追求守正持中,希望中正的法官(九五)秉公断案。但不利于渡过大川险阻,是说恃刚乘险终将陷入深渊,任何诉讼都充满危险的变数。

《象传》说:上卦乾为天,下卦坎为水,天向上浮,水向下流,(或者太阳从东向西转动,河流自西向东流),二者方向相反,越离越远,不能亲合,相争不息,所以是个讼卦。君子见到这种相互背离的卦象,处事要从一开始就认真谋划,从源头杜绝产生争讼的可能。

◎**解读** 讼卦要说明官司凶险,争讼无利,避讼为上。一般情况下,打官司都是弱者告强者,因为强者不需要打官司,但弱者打赢官司的概率不高,往往需要靠法官大人秉持天理、秉公执法才能告赢，所以讼卦的基本意思是，即使有证据，也应该尽量不打官司。忍一时风平浪静，退一步海阔天空。讼卦的精神其实是大事化小，小事化了，最好能调解，以和为贵。可见，打官司跟乘小木船过大江一样，随时有覆灭的危险，在古人的经验中，过大河非常凶险，而打官司与此类似，打得越久越凶险，所以不可取。"涉大川"对古人来说是一件大事，所以通情达理的君子处事从一开始就要掐灭产生争讼的意向，避免争讼意向发展壮大，最后不可收拾。争讼到底，只会为怨结仇，冤冤相报何时了。所以不应该坚持诉讼到底，而应该见好就收，否则两败俱伤。这里的基本精神是讼而不讼，争讼总是不好的，进入打官司的过程，不可能有真正的赢家，宜适可而止。

象辞的意思是上卦为乾（天）要往上，下卦为坎（水）要向下，流向相背，心意相反，诚心相阻，天水越发隔绝，象征事理乖舛，他意不从己意，志不同道不合，但要力免争讼，观察源头之因，慎之又慎。"天与水违行"也可以理解为太阳作为天的代表，从东方升起往西走，而中国的大河基本上是从西流向东，所谓"一江春水向东流"，所以天水运行方向不同。

初六：不永所事，小有言，终吉。

《象》曰："不永所事"，讼不可长也。虽"小有言"，其辩明也。

◎**大意** 初六：不要久缠于争讼之中，必要时可稍作辩解，让小的闲言碎语尽快过去，最后才会吉祥。

《象传》说：不要久缠于争讼之中，因为诉讼不是长久之计。即使有一些闲言碎语，稍作辩解，是非黑白最后都可以辩别明白。

◎**解读** 初六是说如果出现争讼，应该明了事理，及早消解。此爻说明对小的事情要尽量避免诉讼，不要打官司，不可生长争讼的意念，因为诉讼越少越好，要努力息事宁人。所以，初六处于讼始，意味着从一开始就要树立讼而不讼的观念。孔子说："听讼，吾犹人也，必也使无讼乎？"初六以阴爻居阳位，不中不正，显得柔弱不争，所以不愿久缠于争讼之中。另外，打官司不是长久之计，对小事的纷争不宜各执己见，一旦打起官司，也不可长期纠缠，否则费时费事，没有好处。

从象上看，初六是被动而讼，争讼刚开始，下卦坎（耳），前临互离（明），有耳聪目明、耳朵一听就明白之象，明了事理，知道不可长期纠缠。可是因在讼卦，小的口舌是非无法避免，而且适当为自己辩解也很必要，应该申诉一下，让闲言碎语尽快过去，又初六有正应在九四，可遇大人，所以最后吉祥。

初六与九四、九二是一时难解的三角纠葛，初六引发九四和九二相争，一相应，一近水楼台，初六优柔，所以产生争讼，但此事不可长，要尽量化解。如果解释成初六与九四或者九二相斗就不是很通畅。

九二：不克讼①，归而逋②。其邑③人三百户，无眚④。

《象》曰："不克讼"，归逋窜⑤也。自下讼上，患至掇⑥也。

◎**注释** ①〔不克讼〕九二阳刚居柔位，处坎险之中，初六、六三两相为难，而不得通达；加以九二与九五相敌不应，九五在尊位，有权有势，九二肯定打不赢官司。②〔归而逋（bū）〕逋，逃。见势不妙，逃回故里。③〔邑〕采邑，诸侯给卿大夫的封地，也称为"家"。古代给诸侯的封地叫国，而家指的是卿大夫的封地，不同于今天的"家庭"。④〔眚（shěng）〕灾难。原指眼球上长出一层薄膜，白内障病。比喻没有眼见，是非不明。在本爻里，坎为隐伏，被采邑里的人隐藏起来。三百户是小势力，不可能对九五构成挑战，所以不会有灾难。⑤〔窜〕逃窜，躲藏，解释"逋"。⑥〔掇（duō）〕拾取，用双手摘。

◎**大意** 九二：不能赢得官司，逃回家躲起来，那是只有三百户人家的小村庄，不会遭到猜忌迫害。

《象传》说：官司打败了，只好逃窜回归故里。在下位的人（九二）去告在上位的人（九五），这是自己拣来的祸患。

◎**解读** 九二爻以下讼上，几必失败，此时当识时务，及时退却。从卦象上看，讼卦九五阳爻中正，居阳位、尊位、大人位、君位，而九二居于下卦中位，身份地位明显低于九五。九二与九五敌应，两方因某事发生争讼，九二当然不是九五对手。如果九二自恃己见，以为不论对方官位多高、势力多大，只要自己有理，就可以争讼一番，那么九五官高势大，九二跟九五争讼属于以下犯上，等于自取祸患，是几乎无法打赢这场官司的。还好九二阳爻居阴位，虽然失位，但是得中，在达不到争讼的目的之后，安分守己，就逃回到自己的采邑去了。由于及时示弱，以柔对刚，不继续为敌，加上逃亡及时，才没有牵连到自己故乡的三百户邑人。

本爻说明地位低下的人去与地位高上的人相争讼，祸患会来得很快，就像俯首可拾的东西，非常容易。九二作为争讼之民，是很难和九五争讼理论的，打官司必输无疑，要逃窜回家才能保住自己的封地和家族，免遭更大灾患，如果不赶紧跑回家，不但自身难保，还有可能连累家人和族人。

六三：食旧德①，贞厉，终吉。或从王事，无成。

《象》曰："食旧德"，从上吉也。

◎ **注释** ①〔食旧德〕食，饮食，引申为喜好、保持，泛指享受、食禄（或祖上的荫德）。旧德，自己旧有的功德或祖先留下的功德。九二提到邑，正好象征了古代有功之臣，得到封赏犒劳，有受封的邑地，代代相传，子孙可享先祖禄位。"食旧德"指保持旧有的功德，或蒙受祖上的余荫，吃祖宗留下的饭，有"吃老本"的意思。

◎ **大意** 六三：享用祖宗旧日积累的功德，守住正道，提防危险来临，终将获得吉祥。或跟随君王做事，但不居功成。

《象传》说：享用祖宗旧日积累的功德，因为六三能顺从阳刚尊上（上乾为君王）而获得吉祥。

◎ **解读** 六三爻说明吃老本要守正防危、不居功，顺上才能转安。吃祖宗留下的饭要保持危厉感、居安思危，因为三位虽是公侯之位，受公侯余荫，但也随时有被废除的危险。只要能小心守住正道，加上六三有上九正应，最后还是可以吉祥的。

如果六三有机会随从君王做事，自己一定不要居功自傲，即使有功也要推给君王，因为功劳本来就没你的份。爻象上六三挨着上卦乾（君王），又在下卦坎（险）里，说明跟着君王做事，能够免除危险就算不错了，更何况居功自傲的下场。

可见，享受祖上余荫的人，因其占尽先机而令人羡慕，但是，这种有利条件是来自上位君王的恩泽，自己如果不跟从君王做事，做事又不跟君王保持一致，那肯定不行，而跟从君王做事的时候，自己又不可以有争功之心，这是因为六三家族的余荫都是君王赏赐的，可以说六三整个家族的荣耀都来自君王，如果想自居有功，君王可能会收回对家族的恩赐，六三将无法延续家族的德业。这就是六三潜在的危险。所以六三既然想蒙受祖上的余荫，继续吃祖宗留下的饭，那么就要随从上乾（君王），时刻保持危厉感，坚守正道，小心行事，这样才能延续家族的荣耀。

九四：不克讼，复即①命②渝③，安贞，吉。

《象》曰："复即命，渝安贞"，不失也。

◎**注释** ①〔即〕往，就，到。②〔命〕天命，命运，命定的正道，分限。③〔渝（yú）〕变。

◎**大意** 九四：无法打赢官司，转念回复命之正道，消除争讼的意念，变得安分守正，吉祥。

《象传》说：转念回复命之正道，消除争讼的意念，变得安分守正，所以九四安顺守正不会有失误。

◎**解读** 九四爻强调认命不争的智慧，认为应该克去讼念，以转危为安。一切尽人事而听天命，消除争讼之心。九四刚爻居阴位，失位不中，显得过于刚健好胜，但与初六应，所以不是跟初九争讼，而是跟九五打官司，但与九五争讼必然失败，所以要服从判决，从想要争辩回归心平气和，回复未争讼前的限定，视之为自己命定的状态来接受，通过主动化解争端，中止争辩，应该可以安然无事。从卦象上看，九四在互巽（风，天的命令）里，相当于没有违背天命，能回复天道本然，安心守正，所以没有失误，还比较吉祥。

九五：讼，元吉①。

《象》曰："讼，元吉"，以中正也。

◎**注释** ①〔元吉〕大吉，至大之吉，劝人不兴讼，忍让不去讼，即便是无胜算而不敢讼的消极意向，也要转成更积极的仁（爱他）人而无争讼，所以元吉。

◎ **大意** 九五：明断争讼，至为吉祥。

《象传》说：判案公正，明断合宜，大吉大利，是因为九五在上乾卦中位，秉承天道，品性光明正大，有中正之德。

◎ **解读** 此爻说明，九五尊位决讼，能中正秉公断案，正大光明。作为九五之尊，在讼卦里，有想告谁就告谁，也有想怎么判就怎么判的意思，当然，这不是指九五可以乱告乱判、随心所欲，而是指九五英明能断才吉利，如果不能明断，那就不吉利了。九五处在乾卦（天），阳爻居阳位，既中且正，象征大人得位，秉持天道，心存天理，品性光明正大，有中正之德，所以能够以公正严明的态度处理讼事，争讼能够得到公正的审理。

此爻也说明，不打官司才是讼卦的精神，但需要法官英明能断才能止讼，还需要争讼的双方接受判决，所以判决的公正性非常重要，而公正的审判除了要有理，还要遇到公正的审判人员，能讲公道，有天道之公，无人欲之私，好像九五爻有位有德，严明公正，方能服众，最后才有吉利的结果。

上九：或锡①之鞶带②，终朝③三褫④之。

《象》曰：以讼受服，亦不足敬也。

◎ **注释** ①〔锡（cì）〕赐，赏赐。②〔鞶（pán）带〕大带，古代朝廷官袍腰间系的带子。古代朝廷任命官员按礼制给不同官职等级颁赐不同官服，在带钩和带上镶嵌饰物以区别官职等级，如金、玉、角、木等。鞶带是官服的重要部分，赏赐鞶带就意味着赐给相应等级的官服和官职。③〔终朝〕终日，从早到晚，一天之内。④〔褫（chǐ）〕夺，剥夺。

◎ **大意** 上九：诉讼（偶然）获胜，君王赏赐装饰有大带的官服，但一天之内会被剥夺三次。

《象传》说：因打官司获胜而得到高官厚禄，这是不足以为人所敬重的。

◎ **解读** 讼卦上九说明讼争不可败德，忍和方能走远。从象上看，上九在乾（金、玉、衣），金玉为服是鞶带之象。又乾为白昼，上九位处穷极，有剥退之象，所以一天之内被贬谪三次。根据王注、孔疏，上九处刚之极，健讼，因讼得胜，获赐爵禄，但这不是获取功名荣华的正道，更不可以此为荣，所以不会长久，很短时间之内就被剥夺。换言之，如果打官司是为了获胜以争取显要地位，这是不足以为人所敬重的，也是难保长久的，所以不应该通过争讼的方式去谋取利益。

䷆ 地水师（卦七）（坎下坤上）

师①：贞②。丈人③吉，无咎。

《彖》曰：师，众也。贞，正也。能以④众正，可以王矣。刚中而应，行险而顺，以此毒⑤天下，而民从之，吉又何咎矣。

《象》曰：地中有水，师。君子以容民畜⑥众。

◎**注释** ①〔师〕卦名，众的意思，有众多，师旅，部队之意，引申为打群架，兴师动众，军队和战争。按《序卦传》："讼必有众起，故受之以师。师，众也。"争讼之后会形成众人组成军队打仗之事。②〔贞〕师出正道。一是要打正义的战争，师出有名，打仗是为了天下苍生，不是为了个人私利。二是将领（丈人）要对国君忠贞不贰，心思和行为都不能出现一点偏差。③〔丈人〕年长而受人尊敬的人。"丈"可以理解为"杖"，"丈人"即拄杖的老人，引申为老成持重之人；杖也是权杖，有德高威重之象。总之，"丈人"应是年高德重而又显威严的三军统帅。④〔以〕率领。⑤〔毒〕荼毒，攻治。攻伐天下，打仗总会给天下人带来破坏，但要区分正义与不正义。王弼、孔颖达不认为是毒害，程颐、朱熹解释为害。⑥〔畜〕容蓄，积蓄。水再大也要容蓄在大地里，君子要学习这种包容广大的胸怀。

◎**大意** 师卦象征领兵打仗，兴师动众，善守正道，有德望、有经验的英明统帅领导军队，就能吉祥而不会有灾祸。

《彖传》说：师是部属众多，贞是善守正道。如果善于带领众多的部属行走正道，就是率领正义之师，就可以成为王者，施行王道。内心刚健中正（九二）又有人（六五）响应，从事危险之事、行进在险难之中，因顺合正道而能顺利。凭借这样的优势去荼毒天下,而人民心甘情愿跟随他,势必吉祥,又会有什么咎害呢?

《象传》说:上卦坤为地,下卦坎为水,水在地中就是师卦。君子从地中蕴藏大量的水当中得到启示,要像大地蓄水一样蓄聚民力,广容百姓,爱护群众。

◎**解读** 师卦要说明,率众行正可王,容民蓄力则吉。从象上可以有多重解释:一阳爻居下卦中位,五阴爻应而顺之,有一呼而百应的师旅之象;坤(众)坎(险),象征一群危险的人,从率众人以设伏行险角度来看是用兵之象;坤(地)坎(水),象征平地之下暗流涌动,如有兵戎之机;坤静而坎不测,表面安静而内藏不测之机谋,也是运兵之象;坎(险)坤(民,顺),用危险方式给天下带来破坏,但民众依然跟从,说明是正义之师,这样虽行险道,但民心从;地(坤)能包水(坎),象征寓兵于民,喻指全民皆兵,还暗示军民一体。对打仗来说,选择合适的将领("丈人")至关重要。

师卦由剥卦六二与上九换位而来,九二是带领三军的统帅。师卦以水居地中,水为天一所生,地六所成,以其类聚,聚则成众(上坤),师者众也。有其众而不乱,因五阴从一阳,阴阳二气相感以应。有主者,有从者,有统帅,有顺从者,故有帅象,率众而从。

总之,师卦说明打仗的第一要义是正义,第二要义是有能够代表正义的将领,第三要义是赢得民众的支持,所以师卦推崇的是正义之师,认可的是正义的战争。师卦心意运众,克敌制胜之道在于一是用兵需正,出师有名,而且必须名正言顺,经得起现世人心与历史道义的双重检验,不打非人道之仗,不打不正义之仗。王者之师,不穷兵黩武,兴义兵以安天下,顺天应人,除暴安良,不可荼毒生灵,而要厚德载物,如此可得民心,可得天下。二是点将、择帅一定要正。德高望重、武艺高强、德才兼备的丈人、长子才能取得胜利。弟子、次子原本无德小子,其才华不足以率兵征战,哪有不败的道理。师卦六爻逐步揭示用兵打仗的基本规律,初六渲染战争的正义性原则,六律鼓动,提气壮胆。九二阐明主帅的中流砥柱作用,王者应及时嘉奖褒扬。六三陈述在力量对比悬殊情况下,志大才疏,贪功冒进,必然失败,教训惨痛。六四指出迂回策略与占据有利地形之重要。六五强调狩猎习武、战俘处理的基本做法以及王者知人善任与否的不同后果。上六交代封帅点将、论功行赏、土地分配、官爵授受的原则要旨。通观六爻可掌握上古部族战争的大致特点,其内在要求与战法规律可以一直延伸到现代战争中。

初六：师出以律①，否臧②凶。

《象》曰："师出以律"，失律凶也。

◎**注释** ①〔律〕取坎水之象，因水平如法，故引申为军纪第一，乐律其次。"律"字古今说解不尽相同，主要意思是军律、军纪、军法号令。《左传·宣公十二年》："有律以如己也，故曰律。"孔颖达、朱熹也都说"律，法也"。引申为遵守纪律，因初六上承九二，临近统帅，有追随统帅、遵守纪律之象。司马贞则解为"六律"即乐律，乐队演奏的旋律，上古用兵之前，一般都有音乐仪式，以振奋士气，鼓舞军心。②〔否臧（zāng）〕否，表否定。臧，同意，称赞。打仗需要政令统一，上下一心，众志成城，如果有的同意，有的反对，意见不一致，那就破坏了纪律。

◎**大意** 初六：出师打仗全凭军律严明，军律不良必然凶险。

《象传》说：出师打仗必须纪律严明，如果失去军纪的约束必将招致凶险。

◎**解读** 师卦初六说明师出以律则吉，不守军纪则凶。初六在全卦始位，是刚开始用兵，又在下卦坎（军律）里。初六说明行军打仗要军纪严明，如果不按军法行事会非常危险。况且无规矩不成方圆，因而强调纪律的重要性。初六是军队即将出发，战斗还没有打响，但凝聚意志、统一军心、鼓舞士气非常重要。当此之时，一是师出必须有名，如果不是正义之师，就无法凝聚人心；二是必须借助于一定的祈祷、祭拜仪式以统一人心，统一军律，统一军令。在古代，军律可以包括军乐律和军纪律两方面。

战争一发动，军队的纪律就显得非常重要，军律通常是外在的约束，但也象征着军心向背，如果军人失去军律的约束，则是从民众中来的军人心力不齐不聚的表现，一旦军心动摇，庞大的军队将瞬间成为一盘散沙，那么战争的正义性就会受到质疑，而取胜的可能性就降低了。所以军队一动，其正义性首先从严整的军队纪律上表现出来。

一说初六变得临，坎（水）变兑（泽，缺），有河水被阻断之象，象征军队指挥官心意被阻，导致军纪散乱。

九二：在师中吉，无咎，王三锡命①。

《象》曰:"在师中吉",承天宠也。"王三锡命",怀②万邦③也。

◎**注释** ①〔锡(ci)命〕颁赐嘉奖的爵命。②〔怀〕胸怀,感怀。怀念德政的感化力量来臣服。③〔万邦〕万国。

◎**大意** 九二:在三军中位,吉祥,没有咎害,君王三次赐命嘉奖。

《象传》说:军中统帅持中守正就可以获得吉祥,因为承受了天子的宠信。君王多次通令嘉奖,是因为(君王)志在平定天下万国。

◎**解读** 师卦九二爻众星捧月,心怀天下,有统帅之象。"在师中"不仅是在"师"之中,更是指"在中军",如野战主帅所在之位。九二爻是师卦中唯一的阳爻,率领众阴,能够赢得众阴爻的信赖和臣服。九二处下卦之中,具备刚毅、果敢的品格和持中不偏的德性,不偏不倚,守中庸之道,既不会恃刚行险、穷兵黩武,也不会软弱无能、临阵脱逃,用这样的将领统率兵众,打仗能够吉祥顺利,而不会有过失和灾祸,不会留下战争的后遗症。九二与六五正应,以阳滋阴,得到君王的宠信,所以象辞称九二能承受天子的宠信。"赐命"是发令嘉奖,象辞解释为赐命嘉奖,万国臣服。如果解释为发布命令,则不足以让万邦来朝。王"怀万邦",说明君王志在天下,也有的解释是统帅怀万邦。

此处爻辞译法跟《象传》译法略有不同,是因为两种解释都可以说得通,不必偏执一方。"三军中位"跟"持中守正"并不矛盾,爻辞译为"三次",而象辞译为"多次",因为"三"可做"多"来理解,都行得通。区别在于,爻辞的译法应该更加精确一些,而象辞是解释爻辞的,可以做一定的发挥。

六三:师或①舆②尸③,凶。

《象》曰:"师或舆尸",大④无功也。

◎**注释** ①〔或〕很可能会。②〔舆〕大车,车厢,指战车,这里用作动词,是用战车拉。爻辞舆尸,根据《说卦传》《系辞传》,坎通大过取棺椁之象,可盛尸体,坎又为舆,所以是车拉尸体之象。③〔尸〕尸体,尸主之说不取。一说尸取坤象，虽比较形象，但证据不足。④〔大〕程度副词。

◎**大意** 六三：军队很可能会载运尸体回来，非常凶险。

《象传》说：领兵打仗的结果很可能是一车一车的尸体从战场上运回来，说明彻底败北，无功而返。

◎**解读** 《系辞传》里以大过为棺椁，坎是个缩小的大过卦。六三在下卦坎（次子）里，古代长子监军，次子名不正，言不顺，如果带兵打仗就要吃败仗，军队很可能会载运尸体回来。

师卦六三爻出师不利，形势不妙。六三爻不中、不正、下乘刚、上无应、近无比，上不在天，下不在地，失去天时地利与人和，印证了"三多凶"的说法，异常艰难。六三不自量力，刚愎自用，志大才疏，在自己能力有限、状态不好、敌我力量对比悬殊的情况下贸然出兵，很可能劳而无功，功败垂成，兵败失利。

六四：师左次①，无咎。

《象》曰："左次无咎"，未失常也。

◎**注释** ①〔左次〕左，用兵贵右，左是退舍。一说历经下三爻，意为退避三舍。次，宿营，部队驻扎。《左传·庄公三年》："凡师，一宿为舍，再宿为信，过信为次。""次"是两天以上的驻扎。古代用兵右尊左卑，"左次"就是退后三十里驻扎。一说下坎（水）之上，后天八卦过坎为左，次为艮（停止），互卦为震（木），后天八卦震在左。一说如孔颖达解释"次谓水旁"。

◎**大意** 六四：部队退后驻扎，没有灾祸。

《象传》说：率领部队撤退，当退则退，说明六四并没有失去用兵的常道。

◎**解读** 师卦六四爻主要讲打仗要进退适时，不失常道。只要没有失去用兵的常道，就不应当有灾祸。六四爻居上卦之始位，虽无阳爻，却有自知之明，能够柔顺得正，遭遇不利形势能主动撤退，不轻举妄动，等到时机成熟再发动进攻。加上六四无应，前行遇重阴之阻碍，应该暂退。打仗之时，正确判断形势，主动退兵可能比进兵更难。

六四上不在天，下不在地，处境艰难。"四多惧"也说明六四应谨慎。程颐认为左次就是退舍，因古有"军中尚右"之说，右进则左为退。另，吉事尚左，凶事尚右，《老子》曰："君子居则贵左，用兵则贵右。"《孙子兵法·行军篇》曰："丘陵堤防，必处其阳，而右背之。"六四在坎（水）旁，次可以理解为驻扎，即在水边埋锅造饭。震（行）入坤，不知深浅，不如退扎水旁，静候战机。另一说如王弼："行师之法，欲右背高，故左次之。"按上古兵法，布阵的地形原则是，左前方要低，便于随时出击，还可产生加速度；右后方要高，背后有靠山，防御据点厚实，这样才不会腹部受敌。孔颖达疏："此兵法也。故《汉书》韩信云：'兵法欲右背山陵，前左水泽。'"这是把"左次"解释为驻军方位，这样讲兵法符合易理和传统风水布阵之法。应该说两说都通，也都符合行军谨慎的常道。

另六四爻变为解卦，恰好是暂时休整部队之象，进退有度，合乎用兵之法。而部队暂时解脱，尽管是相对安全之地，但战时状态，危机四伏，充满破釜沉舟的悲凉气息，况且既然此爻进退皆是载尸而归，那就不如背水一战，置之死地而后生。一解六四爻在讲战术，象辞凸显出打仗有常道，在战场上要遵循兵法。兵法是无数人战争经验的总结，统帅要根据当下敌我力量对比和地理条件，按兵法常规布阵，才能避免不必要的损失。

总之，六四爻强调军事首领必须具备审时度势的决断力，不可违背常规用兵。遵循作战规律，审查形势、地势、天时，能攻能守，当进则进，当退则退。迂回、诱敌、欲擒故纵、暂时放弃部分土地和城池、建立敌后根据地、保存实力、不做无谓牺牲，甚至在必要时采取妥协被迫投降等，都符合作战常规，目的都是赢得最终胜利。

六五：田有禽①。利执言②，无咎。长子帅师，弟子舆尸，贞凶。
《象》曰："长子帅师"，以中行也。"弟子舆尸"，使不当也。

◎**注释** ①〔田有禽〕《说文》谓禽是"走兽总名"；也通"擒"，可指捕获猎物，引申为敌军俘虏。田地里有禽来破坏庄稼，犹如敌人侵犯自己的国家，自己一方是处于道德制高点的，此时可以大胆谈判，利于言论讨伐，则无咎。大加讨伐，之后师出有名，当然正义在我。"田有禽"之"田"象来自师卦的上卦坤（地，田，田猎，又为柄，可执）。"禽"象来自师卦下卦坎的反对卦离，或六五动则变坎，坎错卦为离卦。②〔执言〕仗义执言地捕猎。执，抓获、捕获。《说文》曰："执，捕罪人也。"执言指针对某件事用言辞质问对方，宣示己方正义。仗义执言，以正义之师喝退敌兵，如孔子夹谷会盟喝退齐武士，比真正打仗要好，不战而屈人之兵。言取震象，从二到六爻为大震象，表示说话人多，七嘴八舌，你一言我一语，大呼小叫，吵吵嚷嚷，现场混乱之象，人声鼎沸以至震耳欲聋。如此说震为言虽有理，但于象于史皆鲜有先例。一说取坤象之柔，相比动武，显得有柔声细语解决敌我争端之象，值此战争之际，执言以对，尽现柔和处理争执的风范。

◎ **大意**　六五：打猎时在田地里遇到来祸害的禽兽，可以率军仗义执言地猎获，有利，没有咎害。君王任命长子（德高望重的长者）带兵打仗好，但如果任命弟子（品德不高的人）带兵打仗，就会载尸败归。六五正固不动，会有凶。

《象传》说：任命长子（德高望重的长者）成为军中主帅，是施行中道（六五在上卦中位）。如果任命弟子（品德不高的人）为统帅，就会载尸败归，因为所用非人（六三不是长子），指挥不当。

◎ **解读**　六五爻作为君主，在决定战争的时候，要仗义执言，师出有名。此爻先描述率军打猎的场景，"田有禽"可以就字面理解为有野禽跑进田地破坏庄稼，也可以理解为打猎时在田地里捕获了前来为患的禽兽，引申为外敌入侵，可以率军讨逆仗义执言地猎获敌军俘虏，以伸张正义，维护家园，这是有利而没有咎害的事情。孔颖达说："己今得直，故可以执此言往问之而无咎也。"作为君王首先得了解有外敌来犯的情况，其次要进行外交交涉，谴责相劝，执言以对，再次派军征讨。三个步骤环环相扣，轻易不发兵，既符合实际情况，又不失仁爱怀柔之心。打仗跟打猎有相似之处，只是打猎的对象是禽兽而不是敌人，也可把敌人理解为禽兽的引申义。

君主面对打猎（打仗）的场景，选派将帅是第一位的问题。九二居阳，阳刚有力，对于君主来说，既是依靠也是威胁，虽然任用九二这个统帅（长子）比较好，但想到九二的威胁，就可能会犹豫导致换将。六五阴居阳位，失正不当，阴柔软弱，上下无比，为阴力所围，犹豫不决，导致其可能用人不当。犹豫之后可能会用六三为将，那就"弟子舆尸，贞凶"，将是错误的决定。可见，君王任命长子九二（德高望重的长者）成为军中主帅，是行施中道（六五与九二都在中位），但如果任命弟子六三（品德不高的人）带兵打仗，就会载尸而归，是用人不当。

师卦六五爻主要是要仗义执言，师出有名。仗义执言的战争是指发动者为了除暴安良，为了和平正义而战，否则公义就不会站在战争发动者这一边。战争发动之后，将帅非常重要。"长子"指九二，师卦从剥卦变来，剥卦上九下到二位，上九被六五之君下派进入下卦中位，有长子（互震）入主中军之象。弟子指六三在下卦坎（次子）。长子是世袭合法继承人，庶子不是。六五在天子之位，有任命将帅之责，可六五以阴爻占阳位不当位，而九二"能以众正，可以王矣"，如果六五正固不动，就可能遇到凶险，六五有退位让贤之象。

上六：大君有命，开①国承②家，小人勿用。
《象》曰："大君③有命"，以正功也。"小人勿用"，必乱邦也。

◎ **注释**　①〔开〕建立，开启。②〔承〕承载，世袭继承。③〔大君〕通常指天子、国君，但此处应该指先君。古代出师献捷，册封颁赐，都要在宗庙里举行仪式，表示天子要请求先王神灵的意旨，而自己不敢擅自做主。"大君"出现的不多，履卦六三有"大君"，但指代君位，这里应指先君。结合爻位为宗庙位，讲成天子虽然意思可通，但不合上位，所以解为先王更恰当。"大君有命"是君王准备对群臣封赏时，先在宗庙里面请示先王，想起或者听到了先王的告诫，也可以理解为在宗庙里先王的神启。战争结束后，国王去宗庙拜祭，有点像"家祭无忘告乃翁"，但也可能天子有想法，需要假托先王的神启，这样理解突破了易学史上的一般讲法。

◎ **大意**　上六：天子得到宗庙祖先的神启和命令，要论功行赏，给功臣封侯，建立家祠，但品德不良的小人绝不可重用。

《象传》说：先王有命令，要论功行赏，正当奖赏有功之臣，但绝对不能重用品德不良的小人，因为分封小人必会危乱邦国。

◎ **解读**　上六主要是战争结束之后，托先君言，大功告成，论功行赏，勿用小人。这是师卦最后一爻，对应战争的最后阶段：论功行赏。大功者裂土封侯，中功者也封赐土地为卿大夫，使其成家立业。至于在战争中显示出小人行径的，即使有微功，也不要重用。可见，开国承家主要是战胜方内部集团的利益分配。

要理解此爻的"小人"，就要从论功行赏开始。小人通常指代没有君子的品德修养，没有位置的人。在师卦，可以理解为一起打仗的时候，表现不够好、不够听话、争功诿过的人。简言之，德威并重，经验丰富，老成持重的是战争中的君子，反之为小人。师卦是战争，仗打完了才能立国，小人可以有能力、有军功，在战时状态下，需要团结一切可以团结的力量，小人也可加以利用。而战后论功行赏时，务必谨慎对待：小人如果在战场上的确杀敌立功，可以奖赏以钱财，但不能被分封，不可加官赐爵，切不可重用。小人是乱邦之源，没有治理国家的才能和德行，最后会把国家搞乱，不能任用他们来治理国家。

可见古代战争结束之后，最大的教训就是区分君子、小人。上六的国、家应该是取坤象。没有国的稳定，就没有小家的安宁。但小人太在乎小家的利益，不能从国的公义出发考虑问题，所以在打仗结束之后，可以给小人以钱财，却不可给他官位。

水地比（卦八）（坤下坎上）

比①：吉。原筮②，元永贞，无咎。不宁方③来，后夫凶。

《彖》曰：比，吉也；比，辅也，下顺从也。"原筮，元永贞，无咎"，以刚中也。"不宁方来"，上下应也。"后夫凶"，其道穷也。

《象》曰：地上有水，比。先王以建万国，亲诸侯。

◎**注释** ①〔比〕有亲近、亲辅、亲比和依靠、归附、辅助等意。古代五家叫一比，所以"比邻而居"带有守望相助之意。《说文》："比，密也。"亲密相靠。②〔原筮〕原，初。天下统一之后，开国之初的占筮。古时建国之后要用占筮的方法确定国策，反复询问，一探究竟，从取象上说，上卦坎为筮（见蒙卦），下卦坤为田原。③〔方〕地方、地区，这里指代不安宁者，即不安宁的诸侯国；一说为副词，指刚刚、便会，也通。

◎ **大意** 比卦象征亲近比辅，团结亲密，自然吉祥。（建国之初用占卜）推原真情，筮占厚意，占决推举一个能够永久持守正道的有德君长作为亲比的对象，帮助大家自始至终持守正道，这样就没有咎害。形势从不安宁状态中刚转过来，那些觉得不安宁者赶紧多方前来亲比，而迟迟不来亲比的就会有凶险了。

《彖传》说：亲比团结自然吉祥，团结就是力量。比是在下者心甘情愿归顺辅佐在上者。推原真情，筮占厚意，占决而推举出一个能够永久持守正道的有德君长作为亲比的对象，从而能够让大家都自始至终持守正道，不会有咎害，因为主爻九五占据上卦中位，象征着有刚健中正之德的君长。感受不到安宁的人从各个地方前来亲比，因为上下（九五与六二上下正应，与初六、六四都亲比）心意相通，不召自来，彼此响应。迟迟不来亲比的人（上六）会有凶险，因为已处在穷困之中，无路可走，无人能救。

《象传》说：上卦坎为水，下卦坤为地；卦象显示的是地上有水，这就是比卦。开国的先王从水附大地，地水无间，亲密相比，地离水成沙，水离地化气，地纳江河之象中得到启示，要封邦建国，亲合诸侯。先王以建国亲侯来亲民。

◎ **解读** 比卦主要是归附比合，及时亲辅，真诚相比。比从水亲附于地引申出比合密切无间之意，也可取地上之水向低洼之处汇聚亲比之意。有注家说"比"要读四声，以取地上附水，亲密无间之"密"闭之意。水（坎）在地（坤）上，地和水亲比，如"水善利万物而不争""江海之所以为百谷王"等表明水和地有包容、宽厚的共性。比卦从复卦变来，即复卦初九与六五换位变比卦。比卦一阳五阴，九五占据天位，象征圣明天子，其余五个阴爻都要向九五亲比归附，犹如各诸侯向天子归附之象。国一开始是部落，后来部落合并，刚开始叫邦，有万邦，逐渐变成一个国家。

比卦与师卦是一组覆卦（即师卦颠倒过来而成比卦），师是用兵打仗，比是刚从战争中不安宁的局势下过来，不安宁的各方都要来亲比。如果一些诸侯还迟疑观望，不来归附，那就是认不清形势，可能有凶险。师卦讲战争，战胜方改朝换代，比卦讲战败者对战胜者亲近归附，战败就要亲比，否则凶。还有战胜者对支持者的封赏以巩固前盟，比可以理解为结盟，是形成新利益集团的过程。仗打完了，出现新的盟主，论功行赏（师卦上六），在比卦重新结盟，从战胜者内部延伸到邦国全体。

比是一种亲密相比的关系，但是这种关系并非没有原则，而是根据时势位置来选择，不应该把比看作简单的利益交换，虽然从行为结果来说有这样的意味。比有两层含义，一是在上者亲比在下者，二是在下者亲辅在上者，两者缺一不可。所谓独阴不生，独阳不长，阴阳相应相合才亲比吉祥，双向都可亲比，上下相应。比卦讲战败方亲附战胜方，而战胜方接纳战败方。唯上六顽固不化，乘于九五至尊，居险之极而下无应，身处穷困，坐以待毙，待不宁方来，欲比而无人纳之，自得后夫之祸。

《象传》"元永贞"是比卦的中心思想和必要条件。也就是说，比的根本是"贞"，贞比即正比，从正则吉，守比合之正道。"元永贞"是对于比之道的描述，即从一开始就要自始至终持守正确的比合之道，方得无咎。比之亲密需要把握时机和分寸，否则违背比之道，成为单纯的利益交换，那么比就不过是手段。实践比之道的关键人物是九五，好比通过占决而推举出一个能够永久持守正道的有德君长作为亲比的对象，这样举国上下才能够让大家都自始至终持守正道。换言之，九五作为比的核心，实践比之道的时候，既要目标正确也要手段正义，否则无法称先王建万国。可见，比的九五中正非常重要。同样，比的时机也很重要。孔子说："远人不服，则修文德以来之。既来之，则安之。"（《论语·季氏》）从比卦的角度来看，即使是圣王修文德，也不可能所有国家都来亲附，不来亲比的，将失去大好形势，走向穷途末路，最后会有凶灾。周围的邦国在经历了不安定的状态之后，向往安定的状态，被亲比的君王可以把天下一家、四海之内皆兄弟的安宁状态传达到更远的地方。"后夫凶"有说归附慢的小人不好，有说归附地太多太杂对被亲比的君王也不好。九五是实践比之道的主体，王弼强调群党相比须遇其主才能免咎，朱熹进一步强调九五须有善有德才能当众之归而无咎。

初六：有孚①，比之，无咎。有孚盈缶②，终③来有它吉。
《象》曰："比之④"初六，"有它吉⑤"也。

◎**注释** ①〔孚〕《说文》："一曰信也。"指讲信用，诚信，取象为上卦坎为心，有心怀诚意之象，相比必须诚心诚意。②〔盈缶（fǒu）〕缶，古代常用大肚子小口的瓦器或陶制容器，也像带盖子的盆。《方言》："缶，其小者谓之瓶。"《说文》："缶，瓦器，所以盛酒浆。"十六斗为一缶，"盈缶"说明诚信很丰盈充溢，器皿（坤）上方有水（坎）是水充满丰溢的状态。③〔终〕有最终、终会两层意思。④〔之〕爻辞的"之"指代九五，象辞的"之"意为到、至。⑤〔它吉〕意外的、格外的、特殊的、非同一般的吉祥。

◎**大意** 初六：心怀诚信，心甘情愿地去亲比他，不会有咎害。如果诚信充满如盈满的水盆，实实在在，最终来亲比，终会有格外的吉祥或收获。

《象传》说：连初六那么远都来亲比，说明九五领导的邦国已经有了非同一般的吉祥。

◎**解读** 初六主要说明王道气象成型，远邦诚心亲比。师卦描述军队战争，师卦上下颠倒而成比卦，意从师卦的不安宁之中来亲附，因此比卦之不安宁当从师卦战争而得，而"民无信不立"，所以，诚与信是比卦从不安宁之中化转过来的内在前提。本爻说明，相比之初，必须以诚信为本，心怀诚信、心甘情愿地去亲比他（九五）不会有咎害。初六的诚信充满如盈满的水盆，表示它终于离开观望的状态加入亲比的行列，标志着邦国王道气象最终成型，所以对于九五和初六都会有意想不到的吉祥。初六距九五最远，初六来亲比，有如边远之地的诸侯国也受到感化前来归附，说明九五的恩德力量无边广大，波及四海。初六肯归附是国泰民安之兆。对于国家来说是非同一般的吉祥有利，对于初六本身来说也会有特别的好处。

关于本爻的主语问题，初六可以理解为边地小国，在师卦的战争状态中一直在审时度势，如今看到大局已定，才下决心真心归附。如果这样理解，"有孚盈缶"就与九五无关，而是通过进一步强调反映初六柔顺至极。另一解认为"有孚盈缶"指的是九五，这样初六有两个主语，虽然也可通，但不如一个主语连贯，所以此处不取。

初爻本在坤卦，又在最下，自然柔顺至极，表现为诚心归附，所以展现出"有孚盈缶"的亲比。既在边地原本观望最终决定归附，所以说"终来有它吉"，也可以理解为一语双关。也就是既可以说最终来亲比，也可以说终会有格外的吉祥。如果根据大象辞先王封万国之说，诚心归附之后，应该能够被封为诸侯，继续统领本部族，当然可以说是有格外的吉祥了。这样也能够解释"不宁方"，也就是说方国不是不宁，而是方国对于主国的关系表现得有所不宁。通过战争，一些方国直接归附，或投降或被灭，但还有未参与战争，经历战争而保持下来的方国，还在察言观色，踌躇不前。初六虽远，但诚心归附，不但能保住原来的邦国，更能获得新君主的赏赐，真可谓"有它吉"了。

六二：比之^①自内^②，贞吉。

《象》曰："比之自内"，不自失也。

◎**注释** ①〔之〕指代九五，意指君王。虽有作虚词解，但因为有正应，解为九五明确一些。②〔内〕内卦，自身，内心，从内在的德性出发，真诚而自然的亲比状态。

◎**大意** 六二：从内而外，真诚亲比，持守正道吉祥。

《象传》说：发自内心地、真诚地亲比九五，说明自己贞守正道，没有失误（六二位中又正）。

◎**解读** 六二爻主要说明，内心真诚亲比，从内到外，一切从自身出发，正道不失而吉祥。本爻爻辞象辞都正面肯定六二具有内心中正不失的修养。内卦六二与外卦九五阴阳正应，原本亲切相应，所以是从内卦内心出发来亲比，六二阴柔阴位得正，有自内心守正的本性，自己主动避免失误，真正做到"不言而善应，不召而自来"。联系《象传》"元永贞"，"贞"在六二身上得到最佳呈现。

从爻位和正应上来说，六二的位置明显比初六好很多。但初六"吉"而六二"贞吉"，当是时位和形势有别，初六之比有怀柔远人之象，明显是"比"之王道所具有的意义，显得"比"带有外向的特点，这也是孔颖达说六二这方面不如初六的原因。相比之下，六二本来就跟九五很亲，顺理成章地从内心出发来亲比，是从自身而言的吉祥，对他者产生的影响有限，或外在方面影响不足。因此对九五来说，初六是观望的外方，而六二是心腹嫡系，本来就行事中正，基本没有失误，自己也知道避免失误，也确实不用太担心有什么失误。

六三：比之匪^①人。

《象》曰："比之匪人"，不亦伤乎？

◎**注释** ①〔匪〕同"非"。

◎**大意** 六三：亲比的不是该亲比的、行为失正的人。

《象传》说：亲比于不仁不义、不忠不孝、行为不端的人，是找错亲比的对象，怎么不是令人伤叹的事呢！

◎**解读** 六三爻主要说明："近朱者赤，近墨者黑"，要谨慎选择亲比对象，一旦亲比不中不正，比之非人，内外皆伤，无法解脱。六三不中不正，处三位凶地有伤，既代表内心之伤，又有外在时势之伤，是伤心透顶之象。《易》例以邻近爻为比，六三向上比邻六四，向下比邻六二，与上六不相应，又不比于九五中正之爻，是六三比错人了，近不能相得，远又没有回应。所以，荀子说："君子居必择乡，游必就士，所以防邪僻而近中正也。"

从根源上讲，六三的时势说明他无法选择，比不到合适的人，既感时伤怀，境遇也确实可悲可叹。如果说他选择失误而可悲，反而有点批评太过。六三的问题最主要在于自身不中不正，然后才是比之匪人。周围各爻都不是自己应该亲比的人，这都是相对来说的，因为对六三来说，六四、六二都是非人，因二爻自修，四爻外比之，都对六三没有帮助，只有上六和它惺惺相惜，但上六"比之无首"，所以六三也会有"无首"之咎。所以说六三自己的本性不好，加上六三所处的时势不好，导致内伤加外伤。而象辞的"伤"字用得很妙，说明伤人处伤地，正是内外都伤透的状态。

关于六三的选择是本爻的根本意义所在。不好指责六三有什么选择的错误，因为这样的人在这样的时势，实在是无法选对人，所以令己令人伤悲。还有一种说法，说六三不选择，因为是阴爻，又在互坤，暗自神伤，但不选择也是一种选择，无论怎样，似乎只能暗自神伤了，而且连安慰的人都没有。至于六三的内心是否很想慎重选择亲比的对象，这并不重要，因为无论怎样选择，都所选非人。

至于跟九五的关系，虽然从初六和六二的角度来看，九五似乎恩泽广布，但对于六三来说，只是形势所致，却隔一爻就受伤，而且九五似乎也看不见、听不到六三，在某种意义上，还可以理解为六三跟其他阴爻竞争九五失败，暗自落泪。相比之下，虽然初六与九五也不合比的规则，但初六"有孚"，所以可以破格亲比于九五；而六二是自己家人，这样，九五要关心照顾的太多了，结果六三只能望洋兴叹，就是使出浑身解数也无济于事，无法与九五相亲比。

那么，难道六三就没有出路了吗？六三能否通过自强来解脱困境？虽然六三的处境是由外因和内因共同造成的，时运不济，无法自强，但六三到底能不能自强？通常来说，阴爻居三时，自强为内阴外刚，有躁进之象。当阳爻居三时，自强则为阳刚太过之象。总之，受到"三多凶"的规律，也就是在三位只要想自强就凶，那么，六三就只有好自为之了。

六三始终没有办法从形势窘迫的状态中解脱出来，原因应该是受伤时节，无法从内伤和外伤中摆脱出来，这才是六三真正的伤之所在，也就是几乎没有解脱之道。

六四：外比之，贞吉。
《象》曰："外比"于贤，以从上也。

◎**大意** 六四：向外亲比团结外面的人，守正吉祥。

《象传》说：向外亲比是亲比到贤人身上，是主动亲随顺从上面贤明领导（九五）的心志。

◎**解读** 六四主要表现追随、辅佐贤明君主，成就大业。六四顺承九五，都得位且正，处于入世大臣之位，有六四向外从上，亲比贤君之象。九五为贤王，有刚健贤明之德，能够比合天下。《象传》强调德行的重要。爻辞中的"贞"与《象传》互补，爻辞要求六四守正不屈从，而《象传》要求六四听从贤君的领导，这是从不同角度说明相通的德行。既不委曲求比于匪人，又能听从求学于上贤之人，这也正好是六三值得借鉴的一条出路。可见，王弼六四"比不失贤，处不失位"概括得极好。孔颖达解释"以从上"说："五在四上，四往比之，是以从上也。"自内之外是往。从全卦来理解，六四虽得正位但阴柔无力，处多惧之地，下无正应处险地，当不宁之时，柔弱无才，必须寻求强者庇护。显然初六不是最佳人选，所以舍初六以从上九五，既符合比卦之道，又契合爻象爻位和时机，又因为四与五为亲比之爻，本来就有相亲之道，但六四与六二相反，不能光靠自修，要主动求比，他山之石，可以攻玉。学习向善，如荀子说："君子生非异也，善假于物也。"

九五：显比①。王用三驱②，失前禽③，邑人不诫④，吉。
《象》曰："显比"之"吉"，位正中也。舍逆取顺，"失前

禽"也。"邑人不诫"，上使中也。

◎ **注释** ①〔显比〕全卦只有九五一个刚爻，非常显著。一说德积于身，自然显现。②〔王用三驱〕古代打猎相当于战争演习，追捕禽兽要讲究一定的仪式和规范。君王通过田猎三驱之礼，三面合围，前开一面之网，动物来者不拒，去者不追，不忍杀尽，向天学习好生之德，以比大公无私顺其自然之道。关于"三"的说法，马恒君认为，九五从师卦二爻升到五爻，三进到位。一说狗之所以三个月而生，是因为狗被斗所主，而斗数为三。③〔失前禽〕上六、上为前。④〔邑人不诫〕诫，警戒，惊惧而怀有戒备。因为下坤为国邑，五个阴爻都相信九五的德政。四方百姓觉得君王有仁爱诚信品德不戒惧君王，而君王也得到民心。邑人的象应该是下面的四柔爻。

◎ **大意** 九五：九五象征光明无私而最明显地得到大家拥护的亲比对象。君王用三驱之礼狩猎，网开一面，让前面跑得快的禽兽逃走。国邑里的人看到君王如此仁慈，不惊怕，不警戒，这样自然吉祥。

《象传》说：九五刚爻居刚位，得正处中，德行中正，不偏不私，以身作则使大家诚心拥护。愿意归顺的留下，不愿归顺的任他自去，不强迫他们，好像网开一面，舍去逆我而来的猎物，猎取顺我而逃的猎物。百姓看到君王的心意如此中正仁慈，便不心存警戒，也可以说是下面的阴爻愿意拥戴九五上去居于中位，作为大家归附的核心。

◎ **解读** 九五爻说明九五能够中正显耀，尽显比道，舍逆取顺，以达到天下归心。九五爻当位，中正有应，是卦主，全卦因九五而具有意义，所以九五光明正大、大公无私、显耀无比，大家都追随拥护。九五像太阳光芒无所不照，但也不强求所有的人都来归向，比如六三不当位无应，虽是六三自己的事情，跟九五无关，但六三不是没来跟九五亲比，只是因为九五关心的是如何光耀天下，对六三照顾不过来，六三想比都比不上，而且九五的阳光雨露虽然洒到六三，但对六三来说并不滋润。相对于初六的忠心耿耿来说，六三自身也不够诚心诚意，想与相近的爻亲比，是自己心意不中不正，才未能与九五相亲比。而对于九五来说，也不去强求六三，"失前禽"也好像在指六三之失。

此爻用三驱之道来比喻王者对归附者来者不拒，往者不追，来者抚之，去者顺之的大格局、大气象。舍逆取顺是指狩猎的时候，对野兽不赶尽杀绝，动物逆我而来相当于投降，舍之不杀，顺我而去相当于逃跑，则可以尽力射杀，这是仁慈的狩猎之道。九五之比不在于如何亲比他人，而在于如何接纳他人，分必须接纳、可以接纳、不能接纳，甚至还有不但不能接纳，而且给予处罚等多种类型，必须把握好分寸，没有私心，大家才服气。这就是为什么百姓看到君王心意如此中正仁慈，便不心存警戒。君王能顺其自然，百姓便自然而然，阴爻代表的臣民都愿意拥戴九五上去居于中位，作为大家归附的核心。

上六：比之无首，凶。
《象》曰："比之无首"，无所终也。

◎**大意**　上六：想亲比依靠但找不到首领，就会有凶祸。

《象传》说：上六想亲比依靠，但如果不能真心实意地以领导的心意为首来配合领导，就不会有什么好结果。

◎**解读**　上六生不逢时，心无尊长，无处亲比，不得明主。《论衡》说："操行有常贤，仕宦无常遇。贤不贤，才也。遇不遇，时也。"比卦六爻中，只有上六一爻直接说凶，可证卦辞"后夫凶"的"后夫"就是指上六。上六以阴乘阳，爻辞的"无首"正与"后夫"对应。所谓"无首"，程颐取没有早点亲比的意思，这与象辞"无终"构成互补，意为要亲比还是要趁早，而且最终结果不好，要从自身出发去找原因，如自己是否太高傲了，刚愎自用。应该说，比卦上六应该是尝试去比了，但没有领先，也没有比到，缘分浅薄，这样更加合乎比的整体意思。但是整个卦是比卦，如果上六不比，甚至没有尝试过去比，就不太合理，所以伊川说不取。不过，程颐此说的一个长处是义理的发挥，即突出了上六是自己德行不够，没有去比辅九五，所以上六要反省自己，这是他的苦心。

风天小畜（卦九）（乾下巽上）

小畜：亨。密云不雨。自我西郊。

《彖》曰：小畜，柔得位而上下应之，曰"小畜"。健而巽，刚中而志行，乃亨。"密云不雨"，尚①往也；"自我西郊"，施未行也。

《象》曰：风行天上，小畜。君子以懿②文德。

◎**注释** ①〔尚〕崇尚，同"上"。②〔懿（yì）〕美化，修美。

◎**大意** 小畜卦象征小有积蓄，亨通。天空密布浓云，却不降雨，乌云从我西边的郊外升起来。

《彖传》说：小畜卦，柔爻六四以阴爻居阴位，取得合适位置，上下五个刚爻都来跟它应合，好像把它们蓄积在一起，所以称小有积蓄。下卦乾为健，上卦巽为顺为风，不但刚健而且有顺风相助，加之上下卦中位都是刚爻，意味着内心刚健，心志能够得到推行，因此可以亨通。天空密布浓云，却不降雨，因为柔爻没有力量蓄积足够的阳气，聚拢了一点却没有下雨的实效，好像风把云吹往天上去了，还得继续往上吹。乌云从我西边的郊外升起来是说天上从西边飘来密布的浓云，但雨却降不下来，犹如蓄聚了一点恩泽，想要施布，却没有到真正付诸行动的时候。

《象传》说：上卦巽为风，下卦乾为天，小畜卦就是和风在天上飘行，导致密云不雨的卦象。君子看到乌云密布、等待下雨这样的卦象，就要效法天象，不断美化文彩，修养品德，以待时机。

◎**解读** 《序卦传》和《杂卦传》都认为小畜是小有积蓄之意。缓缓蓄聚，方可亨通。小畜从姤卦变来，姤变小畜后，上卦由乾（天）变成巽（风），原下卦巽（风）吹上了天，往上跑到了乾（天）之上，中间互离（日，丽），有风和日丽之象，又互兑（泽水）蒸发上天如风之云气，风在天下变为风（巽）在天（乾）上，泽（兑）又在风（巽）下，有天上刮风，泽水化云气被风吹走之象，所以说密云而不雨。小畜卦六四是从姤卦的初位升上来，变出互卦兑（西），下卦成乾（天，郊），所以说乌云从我西边的郊外升起来。云水生于西，水生木，东属木，泄云水之气而不降雨。

姤初六与九四换位变小畜，六四柔（小）爻得位，被刚爻夹在中间，蓄聚起来。在姤卦时柔爻位置不正，卦变小畜后柔（阴）爻来到四（阴）位得正，位置变好了，所以说取得合适的位置。全卦只有一个柔爻，物以稀为贵，自然成为五个刚爻的宝贝，当然上下五个刚爻都来跟它应合。同时，必须以谦柔之德来居位，才能四海应和。卦变前姤卦下巽（风），卦变后互离（日），有小畜之密云因为柔爻上往而变得风和日丽不下雨之象。卦变前柔爻在巽（东南），卦变后柔爻在上巽（风）下互兑（西、泽）之中，下有乾（郊）之象，所以"自我西郊"；因为柔爻往上升入四位，所以"尚往"；卦变前后风（巽）从天（乾）下到天上，雨泽不下，所以"施未行也"。象辞的意思是，巽（风）是天的号令，但风还在天的上方，还没有齐风整刷大地上的万物，令不下行，还不能把恩泽施布天下之象，因此最好是先去加强道德修养，充实自己，"至治馨香，感于神明。黍稷非馨，明德惟馨"（《尚书·君陈》）。有了好的品德修养，和气可生财，风和则日丽。

此卦关键在一阴得正而诸爻应之，阴爻当家做主，众阳之吉凶取决于与六四的位置关系。初爻与六四正应，自然得吉；二爻守中道，进而应阴，没什么问题；吵架与三四位置有关，小畜蕴示的阴阳关系在人事上与其说是夫妻关系，不如说是上下级之间的政治关系，由齐家到治国。六四之阴处于臣子位，但对于下卦三阳而言，是挡道的小人；而五爻则说明君主与四爻臣子该如何相处。上九则是全卦的总纲，表示意识有所积累，文明有所发展之后，不要继续专注于物质的积累，而要注意精神和品德的修养。

初九：复^①自道，何其咎？吉。

《象》曰："复自道"，其义^②吉也。

◎**注释** ①〔复〕恢复，复原，返回到重新生长的轨道。②〔义〕道义，适宜，道理。

◎**大意** 初九：（心念发动出错了），赶快返回自身阳刚之道，哪里会有什么咎害？这样做必定吉祥。

《象传》说：初九意识到心念发动出了偏差，能反求诸己，随时反思自己，赶快调整过来，复返自身阳刚正道，从道理上讲初九这样做是合适的，肯定容易吉祥。

◎**解读** 初九与六四正应，被六四引诱和牵引，易被欲望所陷，不可能不动心，但初九能够立即调整心思，改变观念，回复到正道上，并且立即付诸行动。卦变中初九从九四下来，跟复卦从剥上九返下都是复一个方向的道，也就是回到正道上来。初九其实还没有明显的行为上的错误，只是认识出偏，而且马上自我反省，所以是很吉利的做法，也是行事很高明的选择。孔子表扬颜渊"不贰过"，这里的"过"不仅仅是行为出错，而是心思出偏就算错，需要人及时调整自己的心思意念，及时调整风向，否则行为出错就已经晚了。阳刚为阴柔所引诱牵引，是正常现象，关键在于如何应付和处理这种情况。

初九讲"心念发动出错了"比"做错了"更到位，因为最根本的是改变念头，从源头上认识，而不仅仅是调整行为。

九二：牵^①复，吉。
《象》曰："牵复"在中，亦不自失也。

◎**注释** ①〔牵〕牵引，牵连。

◎**大意** 九二：受到牵引，能返回正道，吉祥。

《象传》说：九二受到六四的引诱和牵引，但能反复在中位，受到牵引而反思，觉得还是要走中道为好，行为中正，自己没有过失，所以没有大失误。

◎**解读** 跟初九一样，九二也受到六四的引诱，心理也有动静，由于比初九靠近六四，引诱更大，所以用"牵"。但能够返回自己的阳刚之道。九二占据下卦中位，中本来就代表中正平和而又不偏离，不但不被牵制，还能牵连牵引着别人而返回到正道，而自己又不会太偏失，所以用"亦"。一说九二跟初九相邻，初九从姤卦九四下来，牵动九二一起回复正道。被他人（初九）牵引，是因为自己一个人往往会缺乏自我意识，当局者迷，需要旁边有人来陪伴牵引和指导，才能重新判断，把握分寸，重新整理心灵的意境。如果牵连别人返回正道，是因九二善于调整主宰自己的内心，以正念征服外在的物欲，从而顺应天道，不但自己吉祥，还可以帮助他人。可见，我们可以有被动的回复觉醒，也有主动的回复。如果一个人内心丧失了自我和方向，就可能表现出一种陷溺之态，因此需要一个牵引你回归正道的人或是一种牵引你回归正道的力量。若能在意念的最深处回归而坚守正道，不忘初心，即便短暂迷失，经人点拨提醒，也能够回归本有的道路。

九三：舆说^①辐。夫妻反目。

《象》曰："夫妻反目"，不能正室也。

◎ **注释** ①〔说〕通"脱"，脱离。

◎ **大意** 九三：大车辐条脱落解体，犹如夫妻反目失和。

《象传》说：夫妻反目失和，说明丈夫（九三）不能规正妻室，把家庭关系理顺，家道失衡。

◎ **解读** 輹是固定车轴和车轮的，容易脱落。辐条是车轮中间向四周辐射而排列的木条，则不易脱，故作輹恰当些。辐条脱落感觉没有办法，大势所趋，吵也没用，车厢脱落的情况经常发生，因之吵起来的可能性就大一些。辐（辐条）和輹（车輹），先儒有认为两个字可以互相代替的，但也有认为两者含义并不相同的。如胡煦认为："辐，轮也。乾为圆，又健行，是圆而健行在下，有辐象。"而如郑刚中说："輹则车下横木，故先儒谓之车下缚。"朱震、子夏传、虞翻本把辐作輹。因輹是固定车轴和车轮的，易脱易修，驾车时需小心。全卦五个刚爻唯九三上方被一个柔爻切断，九三在上下卦衔接处，上卦巽（木、直、股），有车轮上车辐之象，九三在互兑（毁折）里，是车轮毁坏、辐条脱落之象。再加上九三刚爻居刚位，象征欲望纵横，唯利是图，又靠近六四，被欲望所陷，半途而废。

关于夫妻有几种说法。一指九三与上九，如王弼："已为阳极，上为阴长，畜于阴长，不能自复，方之'夫妻反目'之义也"。二指九三与六四，如杨万里："九三，夫道也，六四，妻道也"。三如胡瑗："乾为阳，故称夫；巽为长女，故称妻"。小畜卦从姤卦变来，乾（夫）巽（妇）变为妇（巽）上乾（夫），夫下妇上，关系颠倒，家道混乱，巽为多白眼，九三又在互离（目）里，所以说犹如夫妻反目失和。不过四爻正位，又比邻君主，受君王护佑绝非小人，四爻犹如仪态万千的贵妇，无丝毫强悍之态，而是一个长袖善舞、洞彻男性心理的贤妻，一阴统蓄五阳，得位承阳才能做到，所以不算过分强悍，但毕竟当家做主，比较有能力，能够安抚四方。

小畜卦讲容民蓄众，大畜卦讲蓄德。六四蓄众阳，下卦三阳皆不应为止所蓄，初爻远于阴，又得正位，所以能自复；二爻渐近于阴，居中位，所以能牵复；三爻迫近于阴，又过刚不中，被六四所蓄止，如舆脱辐而不能动，阴阳关系有悖于常道，所以夫妻反目。夫妻之间本应"男正位乎外，女正位乎内"，阳唱而阴和，而九三与六四与此相反，九三受蓄于六四，所以违背阴阳夫妇之道，因此有夫妻反目之象。

六四：有孚①，血②去，惕③出，无咎。
《象》曰："有孚惕出"，上合志也。

◎ **注释** ①〔孚〕真诚相助。②〔血〕流血之灾。③〔惕〕忧惕，恐惧。
◎ **大意** 六四：有阳刚（九五天意）真诚相助，得以离开流血之灾，从遗留下来的忧惧中走出来，没有太大的影响。

《象传》说：上天（九五）以诚信感化助人（六四），帮人（六四）离开了流血之灾，走出了恐惧的阴影，说明六四向上与九五（天子）心志相合。

◎ **解读** 六四有九五的保护当然处境很好。卦变中六四从初位上到四位来到九五之下，志同道合，受到九五的真诚相助。当然，六四自身也得位正直，阴柔谦虚，信誉很高，能与九五众志成城。小畜卦六四为主爻，上下卦对六四的理解不同，从下卦三阳爻来看，阴要蓄阳，而阳应守其正道，不宜为阴所蓄，阳爻宜戒。可是上卦当阴蓄阳之时，居于要位的阴应当柔顺贞静，以诚信处之。至于与谁合志，有不同的说法，如王弼认为与上九同志，因同恶而同力；程颐则认为与九五同志。

如果坚持小畜是阴蓄阳这个基本义的话，六四阴爻意图蓄止下卦三阳爻，初能自复，二则牵复，三则不能自拔，不能发动，表示受蓄不能动之象。可见，天下柔美最有吸引力，得天下男人之情者，莫过此六四，集高贵、柔美、身正于一身，风情万种，柔弱胜刚强，是用文明柔性成就文德之教的贵妇之象。

九五：有孚①挛如②，富以其邻。
《象》曰："有孚挛如"，不独富也。

◎ **注释** ①〔有孚〕全卦唯一柔爻紧承其下而有孚信，有诚信、守信、信任之意；一说是建立良好信用，以诚相待，大家都有信用，财富就得到分享。②〔挛如〕指九五与六四孚信相结，相互系恋。挛，拳拳系恋，互相牵系，攀连、固结、合体，取巽象。如，好像，形容词词尾。

◎**大意**　九五：自己心怀诚信，跟群阳携手，一起拳拳系恋一阴，与近邻共同分享阳刚之富实。

《象传》说：自己心怀诚信，跟群阳携手，一起拳拳系恋一阴，说明九五不独自享受阳刚之富实。

◎**解读**　九五是上巽（近利市三倍）中爻，下有六四，但不独自霸占六四，不但对六四有情，而且对群阳有义。九五自己讲诚信，并跟别人携手共进，用诚信感动众人，和大家心意相连，显出拳拳系恋的样子，不独自享受富贵（六四是九五的财富），而是与邻居（群阳）共同分享（六四带来的）财富，有群体感和大局观，心系周围，同甘共苦，同心同德，是个好的领导。

上九：既雨既处，尚德载①**，妇贞厉。月几（jī）望，君子征凶。**

《象》曰："既雨既处"，德积载也。"君子征凶"有所疑也。

◎**注释**　①〔载〕积习，积累，乾车为载。

◎**大意**　上九：密云已经降了雨，也停了（阳刚被释放，阴阳已经安然相处）。（得到物质滋养之后），是应该崇尚积累道德的时候了。妇女（在阳卦上位置不正）需要持守正道以防危险，要像月亮将圆而不盈满，君子此时如果还盲目进取和追求（物质财富），会（像月满则亏一样）有凶险。

《象传》说：密云已经降了雨，也停了，现在是积累道德的时候了。君子此时如果还盲目地进取和追求，就会被其周遭的情境所质疑。

◎**解读**　上九是全卦的总纲，指代全卦的小畜状态，是对小畜卦的整体理解和把握。既雨既处的雨，是阴阳相和而成雨。上九之处，有解为降雨即为安处；有解为畜成则阴阳和而无争，为安处之时；有解因巽反兑，则雨过，离（日）兑（月）乾（天），为日月丽天之晴，是雨过"既处"之象。"既雨既处"与"尚德载"前人多认为有因果关系。如孔颖达认为所以得"既雨既处"者，以"上九道德积聚，可以运载，使人慕尚"；一说因为日子过好了，就开始崇尚道德了。"月几望"若以六四为妇，则与"妇贞厉"连言；若以上九为妇，则与"君子征凶"连言。以六四为妇较少见，如朱震；以上九为妇的较常见，如胡瑗。"君子征"一是上九之征，一是九三之征。上九之征常见，如王弼；九三之征不常见，如孔颖达。"凶"因巽在乾上，妇人正固不动危险，月亮将满，君子征进凶险。一说小畜到了上九，生活小康，还拼命聚敛财富，致众人疑之。

从卦变的角度说，此卦从姤来，是初六到四位，夫下之妇骑到夫上去，不动就危险。按照纳甲，六四互兑为上弦月，是小畜将满之象；从姤来，乾变巽，满月变下弦月，所以说"月几望"。上九也对六四倾心，但位置不好，上九想变到有利位置，但无可奈何，动了就会有危险，之前九五帮助过的那些邻居，此时都对上九存疑。按照小畜卦的意思，上九的日子还可以，不该得陇望蜀，否则，大家会联合起来对付他，所以上九一动就很凶险。"月几望"是几乎快要盈满之意，表示丈夫已经全力配合妻子的物质欲望要求，快满了，满招损，月圆则亏，就要凶了。

"既雨既处"一说已经下过雨，雨已经停了。"尚德载"因积蓄品德而能够使上位者承载着德望，收敛自己的欲望，不要让人怀疑自己的动机，否则被质疑自然就会有危险发生，所以要时时自控，尤其在将成未成之时要安心忍耐，妄动即有风险。"妇贞厉"一说表面上是妇女贞固有节操，本来是好事，但因为积累的是小的阴意（物质性力量），也就是狭隘的物质观念，只追求物质文明，所以还是有危厉。而只有培养阳意（精神力）即提升品德修养，才是大的力量。一说上爻有德又载妇，是无位之贤者，有德之人继续修德就好，要改善生活反而动辄得咎，引起大家嫉妒。总之应知足常乐，如果一味继续征进，容易有凶险。

天泽履（卦十）（兑下乾上）

履虎尾，不咥①人，亨②。

《彖》曰：履，柔履刚也。说③而应乎乾，是以"履虎尾，不咥人，亨"。刚中正，履帝位而不疚④，光明也。

《象》曰：上天下泽，履。君子以辨上下，定民志。

◎**注释** ①〔咥（dié）〕吃，咬，咬噬。一说吃饭时嘴发出的声音，也是河西走廊、陕西关中一带吃的方言。②〔亨〕亨通，在经文中引申为有幸没有被咬到。③〔说〕通"悦"。④〔疚（jiù）〕内疚。

◎**大意** 履卦象征小心行事，踩到了老虎的尾巴，老虎却没有回头咬人，亨通。

《象传》说：小心行事，柔爻礼遇刚爻（犹如应对刚猛之虎，需以柔克刚，以阴柔之道来小心行事）。下卦兑为悦，上卦乾为天，内心和悦顺应刚健，所以才能踩到了老虎的尾巴，老虎却没有回头咬人，亨通。帝位上的九五是刚爻，居上卦乾的中位，阳爻居阳位位正。九五登上皇帝之位问心无愧，因为心地和行为都正大光明（上卦乾为白昼，故光明）。

《象传》说：上卦乾为天，下卦兑为泽，天在上，泽在下，上下有序，履卦象征着这种自然的秩序。君子学习履卦乾天刚健在上，兑泽柔顺承之而有礼的卦象，要深明大义，分辨上下名分，安定民心，守礼有序，安分守己，乐天知命。

◎**解读** 履卦在小畜卦之后，二者皆为一阴五阳之卦。《序卦传》曰："物畜然后有礼，故受之以履。"《管子》："仓廪实而知礼节，衣食足而知荣辱。"由小畜而物质有所蓄积，到履进入文明礼乐的时代，故"履者，礼也"。《说文》："礼，履也，所以事神致福也。""礼者，人之所履也。""履"是行为，行为之守则为"礼"。马王堆帛书本这一卦叫"礼"："礼虎尾，不咥人。"直接用礼字。可见，履的含义从鞋子、踩踏、行走、礼节，贯通下来。"履"为柔顺有礼，近"谦"，又与谦卦相错。

对于"履虎尾"，王注和《周易正义》皆认为：三以阴柔履初九、九二之刚，故曰"履虎尾"。兑（虎，口）为老虎咬人，但兑又为悦，又可以理解为不咬人，所以是踩到老虎尾巴，但没有被咬到，亨通。一说履卦的核心是教会六三以礼，六三虽柔，但以柔处刚，心志刚强，特别需要教化。

《象传》说柔爻从刚爻上踩踏过去，因履卦从夬变来，夬卦九三刚爻上往六位，柔爻礼让刚爻而下来到三位。卦变前上兑（虎）变成人生充满艰难险恶，以柔弱面对社会艰难之刚硬，需要处处留意。下兑（虎），上首下尾，故取"履虎尾"之象。下兑（悦）上乾（天），是喜悦而顺应天，以乐天知命来自强不息，尽人事而听天命，没有顾虑，所以踩到了老虎的尾巴，老虎却没有回头咬人。履卦亨通，九五刚爻居上卦之中的帝位，阳爻阳位位正。九五踏上帝王之位而无愧疚，行为光明正大。上卦乾（白昼），互离（光明），意味着帝王的心意广博而高明。

履卦主要意义是明辨出上下，守礼则幸运而文明。《象传》说明人间的礼来自于天地本然的秩序。有礼则有序。天上泽下是大自然的天然秩序，礼也是自然规律，合礼则合理并符合规律。君子要把人类社会按照天然秩序加以组织，所以人也要分高低尊卑，这就是礼的作用，让大人君子排在上面，小人平民排在下面。百姓看到社会秩序合理有序，他们的心思和意志才会安宁稳定，才能心悦诚服地学习和践行礼仪。

初九：素①履，往无咎。

《象》曰："素履"之"往"，独行愿也。

◎**注释** ①〔素〕朴素，平素，朴实无华，不失本色。

◎**大意** 初九：按平素的做法小心行事，独来独往，没有咎害。

《象传》说：保持自己纯朴的本性，不失本色地谨慎行动，专心致志想去实现自己的意愿。

◎**解读** 素（下兑为白，为素）履是质朴无华地顺着自己的本性，按照自己本来的意愿行动（初九为足，在履卦用脚行走），不为外境的改变所动，不计名利得失，淡泊明志。所以《杂卦传》说："履，不处也。" 与上不应，在卦变当中不动，毫不动摇，矢志不渝，故独行所愿。"独"一方面指遵循自己的心意去行动，是慎独之中持守心力的状态；另一方面指专一，即保持心志专一，不偏离正道，只有这样才能心志不乱，避免咎害。

历代解说或重于素，从礼不尚华的角度解释，如王注孔疏；或重于初爻之位是布衣平民之位，故当专心修德，质朴无华地按照自己的本色行动，即《中庸》所谓"素其位而行"。初九卦变中未动，索性依然故我，毫不动心，不因他人而有所改变，顺从自己的本性，毫不做作。

九二：履道坦坦①，幽人②贞吉。

《象》曰："幽人贞吉"，中不自乱也。

◎ **注释** ①〔坦坦〕心地坦荡，无外事挂心。从道路上讲是道路平坦，通天大道。②〔幽人〕九二在互离（目）下兑（毁折）中，是双目受伤，成了盲人之象。一说"幽人"是因为大环境不合适，自己幽居起来，固守自己的想法，幽静低调。"幽人"一语也出现在归妹卦九二：眇能视，利幽人之贞。

◎ **大意** 九二：履进的道路平坦宽阔，即使如盲人在幽暗之中，只要持守正道前行也能吉祥。

《象传》说：即使如盲人在幽暗之中，只要持守正道前行也能吉祥，因为九二能够坚守中位不自乱阵脚。

◎ **解读** 之前的解法前后逻辑关系不清，但应该还是可以梳理。因为道路平坦宽阔，即使盲人都可以前行而没有问题，只要他能够居中守正，内心不乱。其他讲法，如前面当社会安定、秩序良好时，履进的道路平坦宽阔，当后面大环境不好时，不如到幽暗之中，守正吉祥，虽然有理，但毕竟讲了两个方面。虽然《周易正义》说是"幽隐之人"，可是如果理解为隐士或者归隐，跟前面的关系还不够明确。但如果理解为眼盲之人，守正和中不乱就很重要了。幽暗之中的人要守正吉祥，坚守中正自己不乱（九二在下卦中位能不变守常）。"中不乱"是对贞的解释，内心正，心正则道路正。中有中爻与内心两重意思，即处在恶劣环境，以保守中道不自乱分寸为上。其实九二刚健但不当位，跟九五又不应，等于没有人保护，所以需要特别小心。要走正道，光明正大。道路平坦，但不守正是不行的。要居易俟命，安静恬淡，"君子坦荡荡，小人长戚戚"。

六三：眇①能视，跛能履，履虎尾，咥人，凶。武人为于大君。

《象》曰："眇能视"，不足②以有明也。"跛（bǒ）能履"，不足以与行③也。"咥人之凶"，位不当也。"武人为于大君"，志刚也。

◎ **注释** ①〔眇（miǎo）〕《说文》："一目小也"，指一只眼好，一只眼不好的斜眼偏盲状态。②〔不足〕不胜任。③〔与行〕一起正常行走。

◎ **大意** 六三：一只眼不好，还能看得见。拐子还能走路。在这种情况下，走路不利索，如果又踩在老虎尾巴上，就迟早会被老虎咬到，有凶祸。有武力但缺乏仁德的军人（六三），自不量力，还要向帝位履进。

《象传》说：一只眼睛快瞎了，不能看得很清楚，没法辨明事物。脚跛了，不能像正常人那样走路。踩在老虎尾巴上，有被咬到的危险，六三阴爻居阳位，位置很不妥当。有武力但缺乏仁德的军人，自不量力，想登上大君的宝位，虽为柔爻，但履进的心志比刚爻还要刚强。

◎ **解读** 六三是全卦主爻，在互离（目，明）下兑（伤）里，是眼受伤、盲眼之象，但又是互离（明）的中爻，没有完全失明，所以一只眼不好，还能看得见，但看不清楚。这种看不清包含两层含义：其一是确实眼力看不清（客观），其二是自己主动看不清，带有不计较，睁只眼闭只眼的意思。六三还在互巽（股，大腿）里，又在下兑（毁折）里，是大腿受伤之象，所以说是拐子，还能走路是因为它是履卦的主爻，还要继续往前走。六三作为下兑（虎，口）的上爻，有虎口之象，好像还踩在老虎尾巴上，老虎反身伤人，就迟早会被老虎咬到，有凶祸。从大自然中可以发现，踩到动物的尾巴是很危险的。

象辞的意思是六三阴居阳位，位置尴尬，自不量力，自以为是，所以又眇又跛，伤败不轻，虽危险至极，还心志刚猛，想凌驾刚爻继续向帝位攀升，这样的想法体现了心志过分刚强，超过了自己的本分，非常不合适。所以，老子说："自见者不明，自是者不彰。"（《老子》第二十四章）兑（虎）引申为武人，也就是军人。有武力但缺乏仁心的军人才会思路出偏，正如孔子所言："好勇疾贫，乱也。人而不仁，疾之已甚，乱也。"（《论语·泰伯》）喜好勇力的人如果怨恨自己极度贫困，就会作乱生事。对于心中没有仁心的人来说，如果厌恶嫉恨得太过分，那就是逼迫他作乱生事。如果有勇力又没有仁心的人，因为不愿意处于不合适的位置，满腹牢骚，就可能会作乱生事。

总体来说，六三以阴居阳位，能力不符职位，但强行去做，志大才疏，就容易凶，这样的武人不应该做也做不了君王。或者形势不允许，或者能力有限，此时心志过分刚强，就可能为境所伤，犹如踩到老虎尾巴，能够死里逃生就非常幸运了。

九四：履虎尾，愬愬①，终吉。

《象》曰："愬愬，终吉"，志行也。

◎**注释** ①〔愬（shuò）愬〕战战兢兢，恐惧之相，发抖的样子。

◎**大意** 九四：踩在老虎尾巴上，戒慎恐惧，终归能够吉祥。

《象传》说：戒慎恐惧，终归吉祥，说明处事小心谨慎，能够逐步推行自己的心志。

◎**解读** 九四恐惧慎行，战栗谦顺，最后虎口脱险。九四虽然处于危险境地，形势严峻，但非常戒慎恐惧，九四靠近九五，有近君之危，又在上下卦之间，在兑（虎）的虎口之上，如踩到老虎尾巴，加上以阳居阴，位不当，如果小心谨慎，柔顺谦逊，免除祸患，还是可以实现自己的愿望，心志最终将得到推行。

对于九四所履虎尾的原因，古来说法不同。王弼认为此爻逼近至尊之位，以阳承接阳，多惧。孔颖达疏："逼近五之尊位，是履虎尾，近其危也。"这是把九五作为虎，履于九五之后。朱子也认为，"九四以不中不正，履九五之刚"，以九五为虎。胡瑗《周易口义》："履六三之上，而六三以阴居阳，其志尚刚武，今九四乘之，是履虎尾也。"这是把六三刚武作为虎。二者差别在于：一个承上阳之尾；一个以乘下阳之尾。《程氏传》认为，九四履九五之尾。程颐学自胡瑗，这一点与胡氏《周易口义》不同，说明程子也认为胡瑗的说法有问题。

九五：夬①**履，贞厉。**

《象》曰："夬履，贞厉"，位正②**当也。**

◎**注释** ①〔夬（guài）〕决，有决断意；也是履卦从夬卦变来的提示。②〔正〕正好，守一而止，恰到好处。

◎**大意** 九五：果断刚决，小心行事，守正能防危厉。

《象传》说：独断专行，刚愎自用，不能灵活应对会有危险，说明九五位置中正，处尊得位，恃正可以决刚。

◎**解读** 这里用两种不同的译法来说明爻辞的意义，可以说一正一反，皆得其意。从正面的角度说，刚决的九五要守正才能规避危险；从负面的角度说，恰恰因为九五正好得位，就容易独断专行，自认为持守正道，其实是刚愎自用，反而招来危险。所以这里的九五即使要行动，也要小心谨慎地行动，这跟全卦的意旨是相配的，也说明人即使在刚强得位的时候，也要用非常柔顺的方式小心应对，好像时刻踩在老虎尾巴上一样，如履薄冰，如临深渊，不可疏忽大意。历史上大意失荆州、阴沟里翻船的案例很多，所以柔弱胜刚强，以静制动才是处世之道。

主爻六三如越过九五，爬到帝位之上，五个刚爻都无法阻挡其履进，上九与六三正应，不会主动去阻挡，全卦发展成夬卦，所以是果断刚决，小心行事。但九五在上卦中位，刚爻居刚位，位正，虽有危厉，仍可保正固，也就是可以通过守正来防止危厉。爻辞之意有"果决践行""以刚决正""履道行正"等。

上九：视履考祥①，其旋元吉。
《象》曰："元吉"在上，大有庆也。

◎ **注释** ①〔祥〕原指在祭祀大礼时献羊，用来呈盼吉祥。在爻辞里指吉凶的预兆。一说看准方向，放弃不祥的，而注重那些吉祥的。

◎ **大意** 上九：审视一路小心走来的行为，思索考察其间得失。回头看看（六三），大吉大利。

《象传》说：大吉大利在上位，一路小心走来实属不易，真是值得隆重庆祝这份修来的福气。

◎ **解读** 一般到了上位都感觉不好，但因为一路非常小心谨慎，时刻反省自己，结果到了上九回头一看，原来还跟六三正应，这样感觉就很好，尤其是跟其他爻比起来，全卦只有上九有正应，下面有人和自己心志相通，阴阳感应，所以相比之下就是最舒服最理想的状态了。虽然一路走来不容易，但最终能够善始善终，画上完美的圆圈。六三在互离（目）里，上九在上乾（首，德）里，全卦是履，有回头看来时走过的路之象，引申为审察自己的行为是否完美合适之意，有每日"三省吾身"的意味，当然大吉大利。

象辞认为人如果能够如此回头审视自己的得失，对自己的言行是否合乎天地之道，能够每天自省日新，就会珍惜自己好不容易来到的这个位置上，这是历经艰难修来的值得庆祝的福气。一说人生到了终点，一切得失成败都放下，经历的一切顺境逆境都再不重要，升起一种感激生命的情怀，达到一种圆满境界。

地天泰（卦十一）（乾下坤上）

泰：小往大来，吉亨。

《彖》曰："泰，小往大来，吉，亨"，则是天地交而万物通也，上下交而其志同也。内阳而外阴，内健而外顺，内君子而外小人。君子道长，小人道消也。

《象》曰：天地交，泰。后①以财②成天地之道，辅相③天地之宜④，以左右⑤民。

◎**注释** ①〔后〕帝位的六五是阴爻，故称后，代指君王。《说文》："继体君也。"《尔雅》："后者，君也。"一说指列国诸侯。②〔财〕通"裁"，裁节，裁断，裁定，制定。③〔辅相〕辅助赞勉，辅佐赞助。④〔宜〕适宜，适合，恰当。⑤〔左右〕率领，指挥。一说影响，或者让百姓做参考，帮助指导。一说保佑。

◎**大意** 泰卦象征安泰通顺，万物通泰，小的去往，大的到来，吉祥，亨通。

《彖传》说：泰卦，小的去往，大的到来，吉祥，亨通。这是天地阴阳二气交感，万物亨通畅达；上下相互感应交流，心意协同，志愿相通，志同而道合；阳气内葆，而阴气外发；内卦（心）刚健，而外卦（表）柔顺；内近君子（阳爻）而外远小人（阴爻）；君子之（力）道在昌盛生长，小人之（力）道在减弱消退。

《象传》说：下卦乾为天，上卦坤为地，天地阴阳二气交接感应，万物亨通，这就是泰卦。君王学习效法天地之间阴阳交流就通达，不交流就闭塞的道理，制定出合理的社会制度，助成天地化生万物的合宜运行，以此来指导佑助民众。

◎**解读** 泰卦主要讲天地交通，阴阳平衡，上下和谐。履卦上九是动心忍性，笑傲江湖，所以接下来是泰卦，阴阳交流之后就是乾宁坤清。《序卦传》："履而泰然后安，故受之以泰。泰者，通也。"

泰卦卦辞是"小往大来"，这里的小指阴，大指阳，小往大来指的是阴气消退，阳气增进。按照十二消息卦，泰卦象征春日正月，也是冬季结束之后，阴阳交泰，万物开始复苏的时间，阳气这个时候已经前进到人的位置（三爻），象征阳气开始普遍地作用于社会之上。天地交指的是乾（天）在下，坤（地）在上，天地开始交流，回归正位，在天上升而地下降的上天入地过程之中，阴阳二气发生交感，万物在阴阳交感中孕育创生，因为独阴不生，独阳不长。阴阳皆正应，代表上下心意交互，应和顺从，至诚交感，天地人相应合一。

象辞的"阳"既指阳爻，也指阳气。外（上）坤卦对应小人，不是品德意义上的小人，指社会地位卑下之人。泰卦象征社会从混乱中复苏，需要重新立"义"，要重视"君子之道"，因此小人对于社会利益的诉求就相对不那么重要了。

《象传》的"财"多理解为"裁"，表示辅助、辅佐之意，因此指君王辅助天道的运行，裁定出一种规律制度，来指导佑助百姓的行为。通达于天人合一的君子，可以把天道落实到人世当中，从而参赞天地以行其化育万物之功，达到阴阳和谐平衡、天地交泰之境。自身的阴阳融通和谐，与天地阴阳之气相和，才能让自身之阳上升通于天地之阳气，与天地阴阳运化相参，进而辅助天地之道来裁断、理顺自己的生活，不断推进天地之道在自己身边的运化，进入中和位育的崇高境界。

初九：拔①茅②，茹③以其汇④。征吉。
《象》曰："拔茅征吉"，志在外也。

◎**注释** ①〔拔〕拔起。一义同拔节的拔，植物上长。②〔茅〕茅草是靠根系滋生的草，根系蔓延，既长又多，成丛成片。《说文》："菅也。"③〔茹〕根牵连的样子，指牵连的茅根。④〔汇〕类，汇聚。

◎**大意** 初九：拔茅草的时候，连根带泥拔出来，因为根系牵连带着同类，说明跟志同道合的人一起征进吉祥。

《象传》说：拔起茅草，跟志同道合的人一起征进吉祥，说明初九的心志是向外发展。

◎**解读** 初九是泰之为泰的根本原发点，可谓牵一发动全身，见几微知大局。初爻是内卦三爻的核心，九二、九三在初九的引导下跟着动，有点像拔茅的时候，牵连根部，主要的动了周围的也跟着动，而且连根带泥一起动。下三爻都为阳爻，一起动所以可以说都是同志。初九微妙的运动会对全局产生由表及里的变化，甚至是颠覆性的效果，所以要重视变化的起始之点，也就是"几"微，事物发生的细微的变化。《周易》注重"极深而研几"，注意"几"作为量变的始点，几微的变化可能导致质变。

《象传》强调了初爻志在六四，与四爻相应。一说志在坤卦，两种说法并不矛盾。

九二：包荒①，用冯河②，不遐③遗。朋亡，得尚于中行。
《象》曰："包荒……得尚于中行"，以光④大也。

◎ **注释** ①〔包荒〕荒指代广远的、没有文化的人。"包荒"有广结善缘之意。"包荒"有几种说法：一、胸怀包容广阔，如黄寿祺、张善文、马恒君；二、广包天地，如尚秉和、傅佩荣；三、包容荒秽，宽容大度，如王弼、朱熹、苏轼；四、匏瓜，如高亨、闻一多等。"广包天地"指空间上辽远广阔；"胸怀包容广阔"指人的视界、视野；"包容荒秽"体现人包容大度的一面；至于训为"匏瓜"则是从文字音韵的角度出发，借助同音、近音、转音等声训方法加以阐释。这种语言学诠释方法将词句从卦爻中抽离出来，脱离语义背景，意思显得支离破碎。仅挖掘词句本身，不注重意象和义理的探索，更忽视了卦爻辞中所蕴含的哲学思辨、文化意蕴与人生智慧。此处取第一种解释。②〔冯（píng）河〕徒步过河，涉越。有鲁莽意，如暴虎冯河。③〔遐（xiá）〕远。④〔光〕光明，一说广大。

◎ **大意** 九二：心胸宽广，能够包容广远，连徒步过河这类人都起用，再远的人也不遗弃，同时不会有朋党以结党营私，能够保持中正之道而行，于是就能受到推崇。

《象传》说：胸怀宽广，保持中道，正道而行，受到推崇，是因为心念光明磊落，仁德高尚。

◎ **解读** 九二爻辞意思清晰一贯，但以前的注解鲜能通透。九二居中，与上下刚爻联手，与六五应，但六五为阴爻包围，在阳长的大势之下，显得有些九二（臣）强而六五（君）弱。爻辞开始说九二志在囊括天下，心胸宽广，心志广远，眼光远大，什么人都能够包容启用，连徒步涉水这样有勇无谋的人都能够使用，如《论语·述而》："暴虎冯河，死而无悔者，吾不与也。"空手偏打虎，无船硬过河，这样的人有勇无谋，可也要包容使用，所谓再远的人都不放弃，这样才能够团结最为广大的力量。中间说此人还不结党营私，没有私念，以天下苍生为念，能够保持中正之道。如果能够做到这些，当然就能够受到推崇。《象传》的意思也非常清楚，就是因为九二内心光明磊落，德高望重，所以能够做到这些。

九三：无平不陂^①，无往不复。艰贞无咎。勿恤^②其孚，于食有福。
《象》曰："无往不复"，天地际也。

◎ **注释**　①〔陂（pō）〕倾斜不平，起伏，一说所有平的其实都是不平的。②〔恤〕忧虑，担心。《说文》："恤，忧也。"

◎ **大意**　九三：没有只平坦而不起伏的，也没有只前往而不复返的。在艰难的境遇中保持合理的操守就可以免于灾害。不必忧虑自己内心通天的诚信无法得到别人的相信，只要在艰困之中保持衣食无忧就是很大的福报。

《象传》说：有去就有回，这是天地交际之处转化而然。

◎ **解读**　前半句讲一种正常的规律，后半句讲一个人如果受到挫折，在极其艰难的情境当中，应该怎样做才能够避免灾害。要相信天道回环，坏事会转化为好事，艰难时日过去之后福庆自然就会来到。要尽量维持平衡，艰难地维持不变，尽管最后一定要变，无力回天，天命难违，也明知最后会输给天道的变化，但还是应该勉力维持，在大变化之前只要能够有口福就是大福报。可见，"艰"说明九三维持平衡很艰难，但又别无选择，时势使然，它不是因为物质条件差而艰苦地安贫乐道，因为这跟物质条件本身没有直接关系。"艰"不是沉沦于艰苦之中自暴自弃，而是在困难面前不低头，不退缩，不变色，逐渐去除黑暗，迎来光明。"贞"是在艰苦困难之下，能够潜龙勿用，不易乎世，不成乎名，安于正道。人因为内心坦荡无私，就可以泰然处之，无私与九二的朋亡相呼应，就可以快足宽平，这也是自强不息，面对困境的核心理念。换言之，追寻快乐与平安，首要在于守住自身的德性。"勿恤其孚"就是确乎其不可拔，也是进德修业欲及时也。此处"孚"有中庸之至诚之意，是心意真诚到了通于天的地步。在艰难困苦的境遇之中，把饭吃饱吃好就有福气，因为诚信将自明于天下。

泰卦在十二消息卦中象征孟春之月，正是天地和同，阴阳交融，天下中和，草木萌动的时节，所以小象说是天地交际之处转化而然。象上三爻之后就进入坤卦的状态，阴阳相接。《象传》的解释就是从九三正好处于天（乾）地（坤）交接之际加以发挥，从天道的角度概括人生哲理，这本是大自然回环往复的运行规律使然，人生境遇变动不居，不要过分担心不顺的处境，要学会处之泰然，不怨天，不尤人，静静等待时机的转化，好像一个人看着远方天地交际之处，领悟天地沟通、天道好还的道理，相信境遇转化的时机很快就会到来。

六四：翩翩①，不富以其邻②，不戒以孚。

《象》曰："翩翩不富"，皆失实也。"不戒以孚"，中心愿也。

◎ **注释** ①〔翩翩〕翩翩起舞，飘飞的样子。一说小鸟飞翔的样子。六四本向下逆阳，但轻飞以求顺应于阳。《说文》："疾飞也。"《释文》："篇篇，如字。《子夏传》作翩翩，向本同，云：轻举貌。古文作偏偏。"《诗经·小雅·巷伯》："缉缉翩翩。"②〔不富以其邻〕《周易》以阴虚无阳为不富、不实，六四与其相邻之六五、上六皆阴爻，故不富。

◎ **大意** 六四：轻飘飘地下降，与邻居一样都不富裕，对近邻不加戒备，还心存孚信。

《象传》说：轻飘飘地下降，与邻居一样都不富裕，因为六四与自己相邻的六五、上六都是阴爻，阴柔为虚，都不实，所以都不富。对近邻不加戒备，还心存孚信，因为六四愿意亲近九三，是从内心深处愿意无所戒备地真诚相处。

◎ **解读** "翩翩"是轻飘飘下降的样子，阴爻代表阴气下降，上面三爻都下降，但六四轻降有顺应阳长之气而翩翩起舞之象。邻居指上面的两个阴爻，都是虚、空、不富的感觉。如果向下的话就会遇到九三，就是富，而爻辞是不富，所以是顺着阳气上扬之象，因为六四对九三不但不戒备，反而有亲近感，愿意配合阳气上扬的趋势。

关于六四是向上还是向下，关键在于，是从消息卦的角度理解阴气要向上退去合理，还是从阴阳交流的角度取阴气下降来说合理？"翩翩"的本义是飞得快，但没有讲方向，从王弼、程颐到黄寿祺，都认为是向下，这就要看对"不戒以孚"的理解。"不戒以孚"和"中心愿也"都是亲近九三的说法，所以应该取大象"天地交",阴气在下降过程中轻飘飘地保持上退的姿态,有一种亲近阳气的感觉。所以马恒君认为是向上,取消息卦的大方向。因为从消息卦的角度,阴气虽然下降与阳气相交,但最终趋势必然是退却的。可见六四无论下降还是上飞都心甘情愿,虽然必退无疑,但六四阴爻轻飘飘地顺应刚爻向上推移的趋势,正是在下降的趋势中暗合了自己心中配合阳气上升的意愿。

六五:帝乙归①妹,以祉②元吉。
《象》曰:"以祉元吉",中以行愿也。

◎**注释** ①〔归〕女子出嫁。《说文》:"归,女嫁也。"也有归宿、回归之意。②〔祉(zhǐ)〕福,福祉,福禄。

◎**大意** 六五:帝乙嫁出自己的妹妹,妹妹因下嫁而收获幸福,这是十分吉祥的事情。

《象传》说:妹妹因下嫁而收获幸福,大吉大利,是因为六五居中应阳,象征妹妹(柔爻)能够保持中正之德,从而实现长期以来的美好愿望。

◎**解读** 六五通过帝乙嫁妹与女,指出夫妇守中道,男有分女有归,则大吉大利。按照纳甲,坤纳乙,所以称帝乙。"帝乙归妹"是殷周之间的一场政治婚姻,"帝乙"既是名字,也是尊称,商代称为"帝乙"的君王有五位,所以不太明确具体指哪位国君,多认为是商纣王的父亲,也有的认为是商汤。"帝乙归妹"在古代被认为是一种礼制确立的标志,此前虽然也有公主下嫁诸侯,但没有成为一种规制,而"帝乙归妹"之后,就有了一系列规范,也就是约束双方的婚姻法则,尤其是约束公主不可因自身地位尊崇而轻视夫君。至于是嫁妹妹还是嫁女儿,这个问题颇有争议。有的考证是先嫁了妹妹,后嫁了女儿。比较得到大家认可的是帝乙之妹嫁给文王的父亲王季,女儿嫁给文王。"帝乙归妹"强调阴阳各归其位,各自遵循相应的行为准则,男女只是分工不同,没有尊卑之序。

泰卦强调阴阳交感,上下交通,婚姻是人间阴阳如同天象相感一样。六五居外卦坤之中位,象征地位尊贵的女子,品德中正且顺。六五作为一位具有贤良品德的女子,安于礼制,懂得进退,行于中道,与九二配合融洽。所以爻辞通过"帝乙归妹"强调礼制的重要性,特别是阴当顺阳。后半句的主语是帝乙嫁出的妹妹，能够收获幸福，实现愿望，而且符合六五应和九二的卦象，推行自己（帝乙和出嫁女子）心中的意愿。六五表示女子处于尊位，与九二相应，降身于九二，履顺而居中，极尽阴阳交合之吉道，居高能下，与九二阴阳呼应，彼此心心相印，共同推进心中意愿而获得福祉。

上六：城复于隍①，勿用师。自邑告命，贞吝。

《象》曰："城复于隍"，其命乱也。

◎ **注释** ①〔隍（huáng）〕没有注水的城外壕沟。《说文》："隍，城池也，有水曰池，无水曰隍。"古人筑城墙就近取土，城墙修成后城墙外就挖成大壕沟。一说指护城河，壕沟里注满水就是护城河。

◎ **大意** 上六：城墙倒塌在城外壕沟里，自己的兵力没有用了，也不去借用他国出兵。只能在自己的采邑里传递告急的命令，危难之时如果继续顽固不化必有吝难。

《象传》说：城墙倒塌在护城河里，因为天命都已经变了。

◎ **解读** 城被攻破，自己国家眼看就要灭亡，军队已没有用，其他国家发兵来救也来不及，这个时候，命令不畅，况且作用非常有限，只能在自己有限的封地或者采邑里面还管用。眼看江山不保的时候，如果还顽固不化，就会有更大的灾难发生。前说有发布罪己诏的，但已经是回天乏力的状态，罪己诏基本无用，而且反而更像是一种顽固不化的表现。

《象传》的意思就是对原来受天命保佑的王朝来说，天命已经乱了，物极必反，泰极成否，天翻地覆，城被攻破，国破家亡，连天命都不再保佑旧王朝，大势已去。

天地否（卦十二）（坤下乾上）

否之匪人①，不利君子贞，大往小来。

《彖》曰："否之匪人，不利君子贞，大往小来"，则是天地不交而万物不通也，上下不交而天下无邦也；内阴而外阳，内柔而外刚，内小人而外君子，小人道长，君子道消也。

《象》曰：天地不交，否。君子以俭德②辟③难，不可荣以禄。

◎**注释** ①〔匪人〕匪同"非"，不像个人样。在否塞的境遇里，走正道的人反而处于不利地位。一说"匪人"指没有人道。②〔俭德〕为避免祸患，压抑自己的理想和才华，不去谋求富贵，帮助小人。③〔辟〕同"避"。

◎**大意** 否卦象征闭塞不通。处在否闭无道的世道当中，不该被否塞的君子也会被折磨得失去人样，不利于君子迂腐不加变通，因为正大的阳气还在消亡离去，卑小的阴气正在生长到来。

《彖传》说：在否闭无道的世道当中，不该被否塞的君子也会被折磨得失去人样，不利于君子迂腐不加变通，因为正大的阳气还在消亡离去，卑小的阴气正在生长到来。这也就是说，上卦乾为天，下卦坤为地，天的阳气上行，地的阴气下行，天地悬隔，不能交感流通，导致万物无法生长，上下不再沟通；在上位的人不亲下，在下位的人不尊上，互不交往，天下没有安定的邦国；内部阴（爻）暗，外表阳（爻）明；内里柔弱，外表刚强；小人受宠于内，君子被排挤在外；小人之邪道在生长，君子之正道在消退。

《象传》说：乾天之卦在上，坤地之卦在下，阳气上升，阴气下降，天地之气上下不交流，死气沉沉，否塞不通，这就是否卦。君子从阴阳不交的形势当中得到启示，要暂时退隐，收敛才华，自我约束，俭损德行，躲避时灾，不可去追求利禄，谋取荣华富贵。

◎**解读** 在否卦中，阳气不断上升，阴气不断下降，天地阴阳之气越来越远，无法感应交通，最后闭塞不通。从爻的推移上说，阴爻从下息长，阳爻从上消退，代表阴长阳消的大趋势，必然否塞难通。这个时候，道德良善的人很容易遭遇不测，甚至可能被折磨得人不像人，所以君子不可以有贪恋荣华富贵之心，而要勤俭生活，退隐待时，等待时局变换，不宜轻举妄动。

初六：拔茅，茹①以其汇②。贞吉，亨。

《象》曰："拔茅贞吉"，志在君也。

◎**注释**　①〔茹〕根系牵连的样子，这里指初六牵连着六二、六三。②〔汇〕类，汇聚。

◎**大意**　初六：拔茅草的时候，连根带泥拔出，因为根系牵连带着同类，说明跟志同道合的人一起安定地持守正道而吉祥，亨通。

《象传》说：拔茅草的时候，同类相连，象征大家一起共同进取，心志都在想着君王，愿意顺应君王（九四在上卦乾，为君王，初六阴爻柔顺，与九四正应）。

◎**解读**　初六阴爻开始从下息长，物以类聚，阴类一连串一起上来，所以跟泰卦初九有类似之处，不同的是，泰卦初九是"征吉"，表示要一起积极进取，勇往直前，努力做事，就会吉祥；而这里是"贞吉，亨"，符合阴爻的特质，应该持守正道，而不是征进。"拔茅，茹以其汇"，有断为"拔茅茹，以其汇"，寓意同心协力，相约守正，在否塞的形势下一起不争名利，不求表现。也可备一说。

象辞特别说明大家的心志都在为君王着想，因为上应九四君爻，希望能够为九四排忧解难，而目前能够做到的就是守正不进，不惹麻烦。志在为君，就不可鲁莽行事。

六二：包①承②，小人吉，大人否。亨。
《象》曰："大人否亨"，不乱群也。

◎**注释**　①〔包〕包容。②〔承〕顺承，仰承，承担，承载。
◎**大意**　六二：能够包容并且顺承大人（九五），对于小人来说是吉祥的。大人能够拒绝而且否定小人（六二），就会亨通。

《象传》说：大人能够拒绝并且否定小人，就会亨通，是因为大人不会与小人一起同流合污，成为害群之马。

◎**解读**　包容承载是大地的品格，也有相对应于泰卦的九二"包荒"那种乾天包含天地的气象。"包承"一解为包容、仰承大人。《象传》提示"大人否亨"应成为一个单独的意群,如果跟前面"小人吉"连接,就多有不通,过去各家基本难以解释为什么最后又通了,所以应该把爻辞前后两部分分开理解。小人包容、仰承大人,这样对小人来说会比较吉祥,可是,如果大人这样做却会否塞。不过大人不会接受威逼利诱,所以大人最后能够亨通。既然大人否塞,为什么爻还亨通?是因为阴爻与阳爻各自的群体没有乱,上卦三阳爻,下卦三阴爻,排列严整,阳消阴长,天地阴阳分野明晰,不是杂乱无章,象征大人在小人得势之时只是退避,但不与小人同流合污,暗自维持着天下正道,使天下不乱。

象辞明确提出,大人不会跟小人同流合污,否则就会成为君子当中的害群之马,从中捣乱。前人有把"不乱群"解释成"不被群乱"的,即大人不被小人之群党搞乱,义理也通,只是语气被动了一些,还是应该倾向于大人的心意是人天之意,其意发动就不可能去助群小为乱更合适。

六三:包羞①。

《象》曰:"包羞",位不当也。

◎**注释** ①〔羞〕一说为羞耻。一说为进献。《说文》:"羞,进献也。"从甲骨文看,字体以手持羊,以表进献。一说是珍馐(朱升)。

◎**大意** 六三:被包容而为非作歹,招致羞辱。

《象传》说:被包容而为非作歹,招致羞辱,因为六三居于不正当之位。

◎**解读** 小人之道长到六三就有点无所忌惮,居于刚位,为所欲为,加上被上面的阳爻包容,更有点恃骄为非的意思。加上六三以柔爻居阳位,以小人之道居不正之位,那就几乎为非作歹,把事情搞坏,所以最后一定招来羞辱。《周易正义》认为,六三被包容为非作歹,而导致羞辱;一说六三包畜邪滥,甚为可耻(一解充满羞耻)。这里关键要看包上与包下哪个更合理。孔颖达说包容群阴而承上;荀爽认为被九四所包;苏轼说"包承群阳"。说明六三之羞都与阳有关,而且主要是包上,也就是承上,即以不当位之身承不当位之九四,犹如男女心意行为皆不正而自知会招致羞辱。目光短浅,行为丑陋,必然不当,咎由自取。

九四：有命，无咎，畴①离②祉③。

《象》曰："有命无咎"，志行也。

◎**注释** ①〔畴（chóu）〕同"俦"，同类称俦，上三刚爻为同类。②〔离〕丽也，附丽，依附。③〔祉〕福祉。

◎**大意** 九四：接受命令扭转否道，不犯过失，同类（上三爻）依附，共享福祉。

《象传》说：按照命令去做事，不会有咎害，因为上面的心志能推行（九四奉九五君命行事，同时也使自己的心愿得到了推行）。

◎**解读** 乾（君）巽（命），君命即天命，二者可以互通，天子的命令就是天命的象征。所以"有命"可释为有人授命，或者承受君命，比说成"天命"要通畅，因为这里谈论更多的是人世之道。从下往上，九四作为此卦第一个出现的阳爻，需要努力遏制阴爻不断生长的趋势，犹如得到上面的命令，带领九五、上九同类刚爻依附努力，同甘共苦，不让阴爻增长过快，捍卫上乾之福，把握住否极泰来的好机会。九四这样做既是在顺从上面的心志，也是让自己扭转局势的心志得到推行。

九四心志与九五相通，接受九五的命令，但九四同时也受到三阴爻上升的冲击，与同类刚爻一起顶住，希图扭转否闭之道，最后让阴顺承阳，小人顺承君子。九四知道上下不通，无法主动改变九五，只能等着九五的命令再改变。

九五：休①否，大人吉。其②亡其亡，系于苞桑③。

《象》曰："大人"之"吉"，位正当也。

◎**注释** ①〔休〕休止。②〔其〕语气词，表推测。③〔苞（bāo）桑〕大桑树。一解为茂，即丛生的桑树。

◎**大意** 否闭的局势休止住了，大人将获得吉祥。（但仍然要时刻保持居安思危：）可能会灭亡啊，可能会灭亡啊，这样才能就像被拴在丛生的大桑树上一样安然无恙。

《象传》说：大人能够吉祥，是因为九五居于中位，合适得当。

◎**解读** 九五暂时处于安宁的局面，阴爻升进的势头被九四给挡住了，可是大人一定要时时刻刻居安思危，忧虑警戒阴爻继续来犯，而且随时都有倾覆的危险，不可掉以轻心，所以大人虽然居于九五中正之位，看似位极人臣，似乎可以无忧无虑，其实仍然要高度警戒，不能有半点闪失。正所谓"生于忧患，死于安乐"。

九五心里感激九四，因为九四如横刀立马一般，挡住阴爻上长趋势，可谓居功至伟，不过还是后怕不已，因为阴爻上冲的力量实在太恐怖了，几乎只有一线生机的感觉（三四五互巽，有绳之象，故言系于苞桑），所以要异常小心谨慎。大人吉，就是命被救了，所以不取"弱桑"解，因为跟前面的一致性不够。互艮（山），应为山上丛生的粗壮的桑树，又为止，就是牢固地系在了桑树上。

上九：倾否^①，先否后喜。
《象》曰：否终则倾，何可长也？

◎**注释** ①〔倾否〕倾覆否闭的局势。一说既得利益者会强烈反弹，想把整个去否的力量倾覆掉。

◎**大意** 上九：困顿不通的局面将发生天翻地覆的改变，改变的一开始还会有点闭塞不顺，最后通达顺畅，皆大欢喜。

《象传》说：否塞到了极点就必然要发生倾覆，可见闭塞的局面怎么能够继续长久保持下去！

◎**解读** 闭塞困顿的局面，到了极点就一定会改变，天翻地覆，但一开始不可能很顺利，而且阻力可能非常大，只有先经历否闭之苦，才有否极泰来之甘，到后来一定要被颠覆，不可能长久保持不合理的局面。所以"不利君子贞"也意味着身处乱世，君子不可以骤正，需韬光养晦，顺待天命。同时也说明前途艰难曲折。"否极泰来"的精要在于事物到了极点会向原点返回，这是变化中的动态平衡。物极必反，否极泰来。否塞不通到了极点就会变得顺畅通达。

天火同人（卦十三）（离下乾上）

同①人于野②，亨。利涉大川，利君子贞③。

《彖》曰：同人，柔得位、得中，而应乎乾，曰同人。同人曰："同人于野，亨。利涉大川"，乾行也。文明以健，中正而应，君子正也。唯君子为能通天下之志。

《象》曰：天与火，同人。君子以类族辨物。

◎**注释** ①〔同〕聚合众人心力。《说文》："同，合会也。""同"作动词有会合、共同、聚集之意。②〔野〕在野；一说在原野，野外，《说文》："野，郊外也"，指关系较远。卦辞有政治意味，即要对在野的人一视同仁，由近及远展示推广仁爱世人之意。传统上大致有三种意思：一是宽阔的原野。"同人于野"即是在旷野中集合众人，象征在广阔的范围与人和同。杨万里、杨简、王宗传、吴澄、黄寿祺和张善文等持此说。二是引申为旷远无私、无边无际、无求之地等，强调与人和同无所偏私。如郑玄、刘向、董楷、苏轼、程颐等。三是国野之野，国外为郊，郊外为野。如来知德、金景芳和吕绍刚等。"野"的本义为"周代王畿内的特定地区"，后来泛指郊外，进而引申为旷野、荒野、边鄙、民间、质朴、粗野等含义。③〔贞〕持守正道。

◎**大意** 同人卦象征与人同心，与在野的人同心同德就会获得亨通。有利于涉越大河，有利于君子持守正道。

《彖传》说：同人卦，柔爻六二取得柔位，处下卦之中，又与上卦乾的九五相应，所以称作同人。与在野的人同心同德就会获得亨通。有利于涉越大河，这是乾阳之力与人同心的志意刚健运行的结果。内卦离为文明，外卦乾为刚健，象征秉性文明而刚健有为。主爻六二与上乾九五皆居中得正，而且阴阳正应，象征着君子持守正道，求同存异，和同于人。只有君子才能沟通和同天下人的心志，而使天下大同。

《象传》说：上卦乾为天，下卦离为火，天在高处，火势熊熊燃烧向上，与天同向，跟天相互亲和，火光冲天，与天相应，一片光明之象。离为依附，太阳依附在天上，人心和同于天光，方以类聚，物以群分，属性相同的事物彼此靠拢，这就是同人卦。君子要判断事物的类别，分辨事物的本质特性。

◎ **解读** 同人卦唯一一个六二柔爻为主爻，得位得中，上应天卦，具有好生之德，应该把五个阳爻都照顾到，争取一视同仁，所以称为"同人"。但六二爻辞说：不能大同于人，只是跟宗室的人好，是鄙吝之道，可见卦与爻讨论的角度并不完全一样。同样的问题，因为卦爻时势不同导致视角有别，判断可能就不一样。君子要判断事物的类别，分辨事物的本质特性，就是说先分类，再分辨事物的本性，这是为了更好地求同存异，进一步彼此包容。分门别类，不杂于物。一说同人卦的核心即是度化柔爻，六二居中，但局面较小，但度化起来，不惜动刀兵，也说明要度化居中尚弱的柔爻何其不易。

同人由夬卦变来，夬九二与上六换位变同人。柔爻从上位下到二位，二为柔位，中位，所以说柔爻六二取得柔位，又处下卦之中。六二与九五阴阳正应，九五在上乾（人）里，所以说又与上卦乾的九五相应，是有能力与人相应，刚爻上往（乾行）与人应合，所以叫同人卦。天视万物如一，不论高低贵贱一视同仁。天的运行永动不息，不受阻碍，所以说与在野的人同心同德就会获得亨通，有利于涉越大河。同人有会通天下民众的意志之意，君子才能沟通人心，统一思想，把人们领向同心同德、天下为公、世界大同的境界。

象辞说，同人卦是人与人同，但世界上人各有志，很难走向统一，很容易分裂，分道扬镳，各奔东西。只有认识到这种不同，并充分尊重各自的不同，才能从中找出共性，以求得大同。

初九：同人于门①，无咎②。

《象》曰：出"门""同人"，又谁咎也？

◎ **注释** ①〔门〕初、二位为家宅位，所以应该是家门，宅门。②〔咎〕本是会意字，从人从各，人人意见不同，各抒己见，互相违背。后引申为问题、过错、责怪、灾祸、灾患、咎害等。

◎ **大意** 初九：出门就能够和同于人，这没有什么问题。

《象传》说：出门就能够和同于人，又会有谁来责怪呢？（大家欢迎这样）

◎ **解读** 同人卦由夬卦变来，上六爻从上位下到二位，阴爻有"门"象，二位又是家宅位、大夫位，古时大夫有家，初九前面是六二，象征从家宅里走出来，卦变后在同人卦里，所以出门就能和同于人。爻象之意是走出家门，打开心扉，与外界交往，不再拘泥于同门同宗，能够摆脱门户之见，与人同心同德。初九与九四互不相应，心地公正而不狭隘，在同人卦里，相应为私，不相应为公。这样自然能够受到大家欢迎，也就不会有人来责怪了。

从卦变讲，六二下来成为初九之"门"。一说如果从爻向上推移讲，爻辞可以理解为没有出门，还在门内与人和同；象辞则出了门，跟六二和同"同人"了。

六二：同人于宗①，吝②。

《象》曰："同人于宗"，吝道也。

◎**注释** ①〔宗〕宗室，宗族，同一个家族。②〔吝〕鄙吝，羞吝，吝惜，憾惜，麻烦，有难。

◎**大意** 六二：只与同宗同室的亲戚、朋友、同胞同心同德，鄙吝。

《象传》说：六二与初九不同，不能大同天下之人，只跟同宗同室的亲戚、朋友、同胞打交道，走的是鄙吝之道，太可惜了。

◎**解读** 六二作为唯一的阴爻，可以跟很多阳爻交往，但只想跟九五交好，显得心胸狭隘，有所偏见。卦辞说六二柔爻柔位，并跟九五天位相应，可以说对六二赞誉有加，但六二爻辞却不无贬斥，因为卦辞从全卦取象，认为六二应该跟所有刚爻和同，这才符合同人的大局；但爻辞只讲一爻，从爻中取象，只是对某一特定时位进行判断。

在卦变中，六二从上位下到二位（家位），在同人卦里，有离开外人，回到家里，有排外思想，跟家室的人同心同德之象。如果只与同宗同室的亲戚、朋友、同胞同心同德，这样就对人亲疏有别，显得心胸狭隘，不能大公无私，自然跟同人的大格局相悖，越走越窄，所以是鄙吝之道。如果不从卦变上讲，较难明白卦辞跟爻辞何以有如此明显的区别。

六二有以阴统五阳之象，恰好有九五相应，所以要心思安宁，否则一定会扰乱群阳，贻害家国。当然，六二只跟九五相应，显得心思偏狭，容易犯党同伐异的错误。

九三：伏①戎②于莽③，升④其高陵（líng），三岁不兴⑤。

《象》曰："伏戎于莽"，敌刚也。"三岁不兴"，安行⑥也。

◎**注释** ①〔伏〕埋伏。②〔戎〕兵，兵戎，兵甲军旅。③〔莽（mǎng）〕林莽，丛木。④〔升〕登。⑤〔兴（xīng）〕兴兵，兴起，发动。⑥〔安行〕安稳健行。

◎**大意** 九三：甲兵一会儿在林莽之中埋伏，一会儿登上高陵侦察情况，折腾了三年，都不敢兴兵交战。

《象传》说：甲兵埋伏在林莽之中，因为跟对手势均力敌。折腾了三年，都不敢兴兵交战，说明九三安稳健行。

◎**解读** 九三在下离（甲胄，戈兵）互巽（草木，林莽）里，有兵器戎甲掩埋在草木丛林之下的象，所以说埋伏兵甲在林莽之中。九三与上九是刚爻与刚爻互不相应的敌应关系，说明对手刚强厉害，势均力敌。九三到上九路上有三个刚爻，得一步一步来，历经三岁，不可轻举妄动。此爻如果占筮打仗，那就是折腾了三年也不敢兴兵交战；如果占筮时运，就是三年之内不起运之意。

象辞的解释非常清楚，九三有六二顺承支持，理所当然觉得六二应该跟着它，但六二跟九五正应，九三不可强同，九五力量更大，九三就很不高兴，欲同六二，就要跟九五挑战（敌刚），采取的方式是把自己的军队集结埋伏起来，登高侦察九五的情况，但看到九五力量强于自己，三年不敢发兵，也就根本不敢动。可见九三是想打不敢打，虽有挑战之心，但无挑战之行。

传统注家除了说与九五敌刚之外，还有说与九四敌刚的，但与九五敌刚应该更加合情合理。此爻不是争九五就是争六二。一说六二因为格局太小而伏击九三，九三、九四的阶段还不能与人和同，于是九三不争，升到高处，三年不动。然而这样讲爻象的支持不够明晰。

九四：乘其墉①，弗克②攻，吉③。

《象》曰："乘其墉"，义弗克也。其"吉"，则困而反则④也。

◎**注释** ①〔墉（yōng）〕高墙，城墙。《说文》："墉，城垣也。"②〔克〕

能。③〔吉〕由于行动左右困难，反而得到好处，最终回归和平之道，坏事变好事。④〔则困而反则〕前"则"是连词，那么；后"则"为名词，法则。一说"则"通"侧"，反侧即不安之意。

◎**大意**　九四：登上城墙，决定放弃攻打对手，这是吉祥的。

《象传》说：登上城墙，从道理上说，九四没有必要去攻击对手初九。这一爻吉祥的程度不高，不过平安而已，因为九四被推上城墙，左右为难，遇到不得不打仗的窘困境遇，但知道应该返回到同人的正当原则上来。

◎**解读**　九四"弗克攻"的讲法众说纷纭，有"却不能进攻""自退不能进攻""没能发动进攻""敌人不能攻打我""没有攻击对手""不进攻而自己退兵"等。所以如果不讲卦变就无法讲清楚，到底是不去打，还是打不过；到底是打不过所以不打，还是打得过故意放敌人一马。卦变中，夬上爻与二爻换位变出互巽（绳直、高），有城墙之象，九四在墙上面，所以是"登上城墙"，或者有被推上城墙的意思。卦变中，九四从原来在城墙（上卦反巽）之外，被推到城墙（二三四互巽）之上。九四卦变前后都不得不面对与之敌应的初九，就可能要打仗。但九四为什么又不打了呢？因为九四原来在互乾（刚健）当中，卦变之后到互巽（随顺）当中，也就是九四对战争的态度从刚健转为随顺，又看到九三观望了三年，还无济于事，于是自己消解了战争的意志。象辞的意思是说，九四觉得道义上没有必要去打初九，换言之，九四虽然被推到一个不得不打的困境当中，但还是能够回到同人的大势中，遵守与人为善的大原则，也就化敌为友了。

九五：同人①，**先号咷**②**而后笑，大师克**③**相遇。**

《象》曰："同人"之"先"，以中直也。"大师相遇"，言相克也。

◎**注释**　①〔同人〕把群众聚合起来。②〔号咷（táo）〕大哭之象。③〔克〕战胜。一说相得，能够。

◎**大意**　九五：把群众聚合起来，先号啕大哭，后破涕为笑，好像大部队胜利会师。

《象传》说：把群众聚合起来，先号啕而后笑，是因为居于中位，而行为正直。大部队能够会师，是因为已经战胜了敌人。

◎**解读**　九五在上卦乾（直）中位，刚健中正。同人卦伏卦为师卦，上为缩小的姤卦。号啕是因为悲愤，正义得不到伸张，求同心愿，难以实现。大部队胜利会师是因为九五有很好的武力，可是又不能动，一动则两败俱伤，所以相克指代一种由军事实力支撑着的恐怖的平衡状态，正是这种恐怖的力量相互制衡，这样反而和平了。

我方在大战之后，士气低落，悲伤蔓延。忽然有虎狼之师前来支持，大的军队来会师，气势如虹，我方绝地逢生，众人欢天喜地。可是前来支持的大队人马，刚开始难以与我们志同道合，虎眼看人低，占了我们的营房，用了我们的炉灶，抢了我们封妻荫子的机会。这么多的压制、阻碍、排挤，都随着大队人马一起来到了。而会师之后，前来支援的大队人马克我们自己，而且是暗中克，反生灾患：克家宅，炉灶不够了，要另起炉灶；克子孙，对子孙不利；影响心情，因为被克而心情不舒畅。这种情形，往往发生在军队和大量人群互动的过程当中，尤其是民族融合的过程当中，一方面是互相支持，互相理解，但另一方面，各种矛盾随之而来，因为来支持的力量过于强大，改变了原有人群的生存境遇，原有的生存空间反而被大大挤压了。所以，同人也不容易，需要攻坚克难，相互磨合，才能成知遇之情。

汉朝人的传述大多认为，互巽（号令，号啕）在九五之先，所以先号咷大哭，以求同志。同人的伏卦是师卦。《周易》的卦画是在每一个六爻的卦画背后还隐藏着一个六爻的卦画。背后的卦画称为伏卦。伏卦（或旁通卦）就是与卦画爻的阴阳性质完全相反的卦。因为宇宙的阴阳在总体数量上是平衡的，所以外显的是阳爻，背后就会有一个阴爻；外显的是阴爻，背后就会有一个阳爻。外显的卦画是现在当值的卦画。因为阴阳是推荡变化的，当值的卦画会被背后的卦画取代。所以伏卦可以表示将来的发展状况。同人卦的上爻，又是一个缩小一点的姤卦，姤是相遇，所以说，好像大部队胜利会师。因为九五处在帝位，中正又与六二正应，背后又有大部队，将来会胜利会师，因而也有破涕为笑的希望。这一爻是大悲大喜，先苦后甜之象，《象传》阴爻中位可"直"，《系辞传》说"夫乾，其静也专，其动也直"，爻象显示的意义是中正不偏，行为正直。号啕大哭，大师克遇，不打不相识，所以最后破涕为笑。

上九：同人于郊①，无悔。

《象》曰："同人于郊"，志未得也。

◎**注释**　①〔郊〕乾为郊，邑外是郊，郊外为野。上九是全卦最外爻，是与郊野的百姓同心同德之意。

◎**大意**　上九：到郊野之外跟人同心同德，不必忧悔。

《象传》说：与荒郊野外的人和睦相处，说明上九天下大同的志向还没有实现。

◎**解读**　上九在上位，处同人卦之外，下无应爻，没人响应，得不到内部人的支持，有志不能推行，只好与下野的人交朋友。但是君子心志正固，即使没有实现，也可以行于正道，因而不会有悔恨。

䷍ 火天大有（卦十四）（乾下离上）

大有：元①亨。

《彖》曰：大有，柔得尊位，大中而上下应之，曰"大有"。其德刚健而文明，应乎天而时行，是以②"元亨"。

《象》曰：火在天上，大有。君子以遏恶扬善③，顺天休④命。

◎**注释**　①〔元〕大。程颐释为"善"。②〔是以〕因此。③〔遏（è）恶扬善〕遏止恶念，发扬善念。遏，止，阻止，抑制。扬，举，发扬。④〔休〕美，美好，吉庆，休戚与共。《尔雅·释诂》：休，美也。

◎**大意**　大有卦象征光大富有，非常亨通。

《彖传》说：大有卦，柔爻六五取得尊贵的位置，最处其中而且上下的刚爻都跟它应合，故称大有。下卦乾为刚健，上卦离为文明，所以大有卦有刚健而文明的卦德，顺应天道而且按四季的顺序规律运行，因此大亨通。

《象传》说：下卦乾为天，上卦离为火，组合在一起是火在天上，这就是大有卦。君子看到光明普照，光辉四海，照耀天下的现象，要遏止恶念，发扬善念，顺应天道赋予人的美好使命。

◎**解读**　"大有"是光大富有之意。拥有很广大的丰收，无所不有，大有所得。所以古人称丰收之年为"大有之年"。大有卦与同人卦是一组覆卦，象征同心协力，大公无私，众志成城，而成大有局面。同人卦由夬卦变来，大有由夬卦的覆卦姤卦变来，即姤卦初六与九五交换位置变大有。从卦变上看是柔爻六五取得上卦尊贵的天子位，脱离低俗，弘扬正道，柔中得正，刚柔并济，德能感物，上下刚（大）爻都跟它应合，好像众星捧月一般簇拥着核心，足以收摄天下人心，即有丰大而富有之象。卦德是内怀刚健（乾）而外表文明（离），刚健能够持之以恒，文明能够礼仪天下。日（离）在乾（天）之上的卦象显示出人意顺天，顺天理得天时，如太阳顺应节令的顺序在黄道上运行。

象辞指出，火（离）在天（乾）上，有太阳高照，光照四方，万物生长，光明富有之象。古人认为"火炎上"，火是"本乎天"，地下的火都是从天上来的。太阳把火降到地上，就会有"遏恶扬善"的作用，君子看到这样的天象，在盛大富有的时候，正好利用大有的财力，发挥正道，感化天下，富而有礼，断灭恶念，惩罚恶行，增长善念，弘扬善行，要让丑心恶行在光天化日之下无处遁形，从而弘扬美善，光明磊落，让天下人的善念如阳光一样生生不息。

初九：无交害，匪咎。艰则无咎。
《象》曰：大有初九，"无交害"也。

◎**大意**　初九：没有因交往带来害处，自然不会有过错，处境虽然艰难，但自守克己就不会有祸害。

《象传》说：大有卦初九这一爻，不会有交往所带来的害处。

◎**解读**　大有卦是一个柔爻六五被五个刚爻环拱应合，各爻之意都与六五相生，所以六五"厥孚交如"。五个刚爻中只有初九跟六五非比非应，距离最远，没有交往到害处的理由和机缘。初九与六五远隔，没有情感的真伪感通，所以是没有因交往可能带来的害处。其实初九正是"潜龙勿用"的蛰伏时期，正好是修炼品德的好时机，厚德才能承载拥有万物，可见初九所处的时势本身没有什么过错，只要自己努力自处就不会有祸害。

九二：大车①以载②，有攸往，无咎。

《象》曰："大车以载"，积中不败③也。

◎ **注释** ①〔大车〕指下卦乾，伏坤为空车，上卦离为附属物，乾为重车载物。②〔载〕装载，重物，财富，一说是要流通、与人分享之意。③〔败〕散败，败坏，出事。

◎ **大意** 九二：大车装载着重物，前往走，没有咎害。

《象传》说：大车负载重物，能把重物堆积累放在正中间，车和东西就都不会散败。

◎ **解读** 大车载的重物也可以理解为"大有"的财富。下乾为载重车，大车很结实，堆满了东西，东西装载得宜，车和东西都不会散败。这也象征了只有大德才能拥有所得。古代用马拉供人乘坐的车子，行路轻快；用牛拉供搬运载重的货车。大车就是载重的货车。从象上说，坤为大舆，是空车，乾是把空车装实了，是载重大车。《左传》说离为牛。九二在下乾，六五与九二正应，处在上卦离，可以理解为牛拉着载重大车前行。东西要放在中间堆扎实了，才不会掉出来。

从取义上说，九二为了维系大有的局面，既是实际负重，又有自我负重之意，因为六五之君阴柔明达，所以九二之臣就要自觉承载更多的责任。但是负重过多又担心引发六五君主的猜忌，既要仁义天下，又避免功高盖主，这就需要表示所有的负重都自觉居中，任重道远，积累中和的品德，不偏不倚，没有私心杂念，不把公共的重大事务和责任作为自己滥权和牟利的工具，用这样纯粹大中至正之心意来为君主和公共事务服务，所拥有的大有成就的功业才不会消散失败。

九三：公用亨①于天子，小人弗克②。

《象》曰:"公用亨于天子",小人害③也。

◎ **注释**　①〔亨(xiǎng)〕通"享",此处指天子的宴享。一说亨通;一说(王公的)朝献。②〔克〕能,担当,做到。③〔害〕祸害,危害。九三换成小人成坎,卦变睽,危害背离。

◎ **大意**　九三:公侯受到天子的宴享之礼,小人不能领受这样的礼遇。

《象传》说:公侯受到天子的宴享之礼,小人受此礼遇必有危害。

◎ **解读**　三位为三公之位,故有公侯之象。此爻《左传·僖公二十五年》有事例,九三爻变,下卦乾(天)变为兑(泽),有天子(周襄王)陷入泽困之境,等待上离(日,晋文公)来解救之象,晋文公出兵,打了胜仗之后,受到周襄王的宴享。九三在公侯之位,六五在天子位,九三到六五为互兑(口),是王公到天子那里去接受宴享。六五卦变前原是姤卦的初六,与九四正应,虽正应,但不在天子位,就不可能得到天子宴享这样的机会。卦变后进入天子位,与九三成互兑(口),是帮助九三得到天子宴享的礼遇。一说公侯在大有之时已握有权势并占有资源,知道要主动进献厚礼给天子,君子处在大有,能做到大公无私,与天下分享,而小人自私,无法克服自身的私欲,会把大有形势下的资源据为己有,最后损毁大有的形势,终致害人害己。

历来对此卦的讲解分歧较大,需要从卦变上解决。象辞说小人得到天子宴享反而有害,既危险又背离。或者小人贪财,无大志,自私自利,无法担当,不能守住大有的状态。

九四:匪其彭①,无咎。

《象》曰:"匪其彭,无咎",明辨晳②也。

◎ **注释**　①〔彭〕盛满的样子,很满,鼓鼓的状态。一说鼓受敲击发出彭彭的声音。《子夏传》作"旁",彭、旁依声得义。一说读bāng。②〔晳〕同"晰",明白,清晰。一作晢(zhé),明智。

◎ **大意**　九四:(虽然大有,但)不自恃盛大,就没有咎害。

《象传》说：不自恃盛大，就不会有祸患，这说明九四清明知止，能明辨自己的处境。

◎**解读** 九四在互离（明）里，居于盛大丰有之时，要心清目明，清醒地认识自己，知道一切都不是自己所能够成就的，理解为忠心事上，而不自以为盛大之象。九四为近臣，处于盛大富有的时势之中，容易迷失自己，所以要清醒，明白，对自己有明确的定位，自己虽然有功，但不可有丝毫自居之念，因为这一切都不是自己的，要明白自己的本分所在，不因为外在的财富、地位而动心。九四以阳居阴，能够内敛克制，不会自我标榜和彰显。九四内在的自我约束主要来自外在的形势，是外在的严峻形势促使九四谦虚谨慎，约束自己，是主动接受他律而转为自律。相比起来，内在的自我约束更为重要，因为当知晓外在的形势时方能合理应对，不能自知和反省则形势不能够对人起作用。

六五：厥①孚②交如③，威如④，吉。

《象》曰："厥孚交如"，信以发志⑤也。"威如"之"吉"，易⑥而无备⑦也。

◎**注释** ①〔厥（jué）〕其。一说本义为憋气发力，用尽全力，憋气昏厥，九四如鼓，六五鼓足士气。②〔孚〕信，诚信，信誉，信用。③〔交如〕交往、交接的样子。交是象形字，像人两腿交叉，交织在一起。如指如同、好像……的样子。④〔威如〕有威望的样子。⑤〔发志〕感化、激化、激发、引发他人共同维护大有局面的志向，自己的志向也得到抒扬。⑥〔易〕平易，一说行为简易，简单易行，不劳无为，平易近人。⑦〔无备〕六五无所防备，大家也无需戒备。一说不需有所准备。

◎**大意** 六五：频频交往且有诚信，威严庄重，吉祥。

《象传》说：诚实守信遍交上下，说明六五能以诚信引发人的心志，同时自己的心志也得到抒扬。威望庄重而得到吉祥，是因为六五平易近人，无所防备，大家也无需戒备，自然心生敬畏。

◎**解读** 六五是大有卦唯一的柔爻，跟其他刚爻能够和谐互动，不唯利是图，心系天下，普照众生，是大有之为的关键所在。从他爻的角度来说是受信任，有威望（互兑为虎威），能够主持大局，凝聚人心。在一片光明富有之中，有位有德，以柔处刚，自带威严，所带团队刚健有为。象辞的意思也可以理解为五个刚爻都愿意与它交往，因六五平易，对大家都不戒备，所以大家都诚心诚意地与他合作而不计较。

此处爻辞跟象辞的译法有区别，不同译法表示两种理解都有道理，但这种情况不多。在一阴五阳的卦中，大多失时或者失位，唯有大有六五形势大好。六五以阴居君位，有弱难克强之忧，所以有防备的问题。至于六五是否应该防备其左右上下，历来有不同说法：王注孔疏认为不用防备，有诚信即可；程颐认为不备不行；此处认为，应取备德（备己）而不防备（备人）之意，六五居君位，首在修德修己（备己）；能以一阴统御五阳，上下皆受到信任，可以无需戒备。

上九：自天佑①之，吉无不利。

《象》曰：大有上吉，"自天佑"也。

◎**注释** ①〔佑〕佑助。

◎**大意** 上九：得到上天的保佑，吉祥而无所不利。

《象传》说：大有的上九吉祥而无所不利，是有来自上天的保佑。

◎**解读** 大有是盛大富有的状态。在农业社会，"大有"意味着大丰收。而古人认为，大丰收不是人力所能为，都是天命使然，必须得到上天的保佑，即天意的庇护才行。一说上九虽然在丰盛的形势当中，但居于极位说明已经超脱世俗的得失，自然获得天意的庇护和佑助。所以代表了自我与天道合一，自强不息，天道酬勤的状态。

从象上说，五位和上位是天位，卦变中，姤卦初六从初位换到五位，上九下有互兑为西为右，上乾（天）变为离（龟），有来自天神保佑之象。故为"自天佑之"。阴爻在姤卦里，开始虽强悍但艰难。变为大有六五，上到光明（日）的乾（天）之上，等于完全翻了个身，非有天佑则不可能发生。同时，姤卦初六升为大有六五，等于脱离开姤卦的艰难局面，到一个丰足富有的王国里当皇后，这种命运的转变非天意的安排无法发生，如同受到上天的保佑一样。

地山谦（卦十五）（艮下坤上）

谦：亨。君子有终①。

《彖》曰："谦，亨"，天道下济而光明，地道卑而上行。天道亏盈而益谦，地道变盈而流谦，鬼神害盈而福谦，人道恶盈而好谦。谦尊而光，卑而不可逾②，"君子"之"终"也。

《象》曰：地中有山，谦。君子以裒③多益寡，称④物平施。

◎**注释** ①〔终〕好结果，善终。②〔逾（yú）〕超越，逾越。③〔裒（póu）〕减损，减少，义同"掊"。④〔称〕权衡，衡量。

◎**大意** 谦卦象征谦虚，有谦虚的美德就会亨通。君子谦虚办事就有始有终，会有好结果。

《彖传》说：谦卦，亨通。天道的运行规律是恩泽下施，大放光明，照应天下，地道的运行规律是位置虽然卑下，却向上生成和运行，长养万物。天道的运行使满盈之物亏损，使虚少之物增益；地道的运行使满盈之物溢出，让多余的部分流入不满之处；鬼神的运行是祸害骄满者而福佑谦虚者；人道的运行是厌恶贪得无厌者，喜欢谦让知足者。谦虚的人位于尊位就更加光彩夺目，即使处于卑下之位也无法超越，所以君子自始至终保持谦虚。

《象传》说：上卦坤为地，下卦艮为山，地中有山，高山低入大地之中，大地中隐藏着高山，虚怀若谷，这是谦卦的象征。君子因此要减损多余的，增益寡少的；权衡事物多寡，然后公平地施予。

◎**解读** "谦"是谦虚之意，谦卦从剥卦变来，即剥卦上九与六三换位，变为谦卦，九三刚爻（君子）由上位（全卦终位）下到三位（下卦终位），象征君子谦卑而下。君子能够谦虚，办事就会有始有终，还能善始善终，自然会有好结果。"君子有终"既指君子做事有头有尾，不会半途而废；一指君子会有好的结果，或者好的归宿。

谦卦有天（乾）地（坤）交流之象。天高地低是自然秩序，但卦变中天的阳气（剥上九）要下降，地的阴气（剥六三）要上腾，象征阴阳交感流通化生万物。天道运行如日中则昃，月满则亏，损有余补不足，骄盈满溢天不保佑。地道运行如高岸为谷，深谷为陵，也是损有余而补不足。鬼神运行则祸害那些自恃盈满的人，保佑那些谦卑的人；人道自然讨厌那些骄盈满溢的人，喜欢亲近谦恭居下的人。无论天道、地道、鬼道、人道，都是厌恶盈满而福佑谦下的状态，可见，人在天地之间，可以说唯有谦恭居下一条正路可走，"满招损，谦受益"，稍有自满就必然被削弱。孔颖达说谦是"诸行之善，善之最极"，后人多认可，当人身居高位而能谦虚，有若天道谦下，恩泽施布，光明绽放，荣耀倍增；如果人地位卑微而能谦虚，好像地道谦下但道德无法逾越，不被侮辱，会愈加受到尊重，还能带来福报。

象辞的意思是谦虚如高山入到低地之中，虚怀若谷，谦虚之人，海纳百川，应当先有高山一般超过众人的品性与成就，而后能够表现得谦虚平易，如地之卑微。要实现才华横溢而不自我彰显，德性崇高而不自我膨胀，功勋卓著而不骄傲自满，权势过人而平易近人，实力极强而能够谦下处世的理想状态。

初六：谦谦君子，用涉大川，吉。
《象》曰："谦谦君子"，卑①以自牧②也。

◎ **注释** ①〔卑〕谦卑，低下。②〔牧〕本义为放牧，引申为管理，牧养，培养。

◎ **大意** 初六：谦而又谦的君子，有能力涉越大河，吉祥。

《象传》说：谦而又谦的君子，能够谦卑地把自己管理好。

◎ **解读** 全卦九三为主爻，初六在谦虚君子之下，显得更加谦虚，能够自我管束，自我养成，力图永保谦虚，因为谦而又谦，所以可以平易地面对险难（二三四互坎），《周易》卦爻辞只有这一处"用涉大川"，强调积累足够的修养能量备用，积蓄的能力足以渡过大河，而"利涉大川"主要从结果说明有利于渡过大河。可见，只有非常谦虚地管理好自己，才能渡过大的险难，用谦道化险为夷。

六二：鸣谦，贞吉。

《象》曰："鸣谦贞吉"，中心得也。

◎**大意**　六二：谦虚的行为得到他人赞美鸣和，不沾沾自喜而能持守正道，可得吉祥。

《象传》说：谦虚的行为得到他人赞美，不沾沾自喜并能持守正道，可得吉祥，说明六二居中位，心里觉得谦虚很美而引发共鸣，是心中自得。

◎**解读**　九三在互震（善鸣马）之中，鸣（名）声震到六二，让六二也鸣起来，谦德远扬，谦虚而产生了共鸣，可以理解为六二因为谦虚而有名声，而且六二居中，说明谦虚来自内心，自身具备谦德，自然流露于外，是自然而然的虚怀若谷，不是做作的沽名钓誉。互震下的六二和上六都"鸣"，所以是受震而鸣之象。

九三：劳①谦君子，有终，吉。

《象》曰："劳谦君子"，万民服也。

◎**注释**　①〔劳〕功劳。

◎**大意**　九三：有功劳又谦和的君子，有好结果，吉祥。

《象传》说：有功劳又谦和的君子，天下百姓都心悦诚服。

◎**解读**　九三在坎（劳苦）中，全卦除九三之外都是阴爻，九三被众阴爻环拱簇拥，与众阴爻（民）相呼应，好比成为万民都心悦诚服的对象，深得民心。象辞的说法来自《系辞传》"阳一君而二民，阴二君而一民"，即以阳爻为君，阴爻为民。九三通过功劳谦和地征服万民，是劳苦谦虚又能自居人民之下，君子劳苦功高却能更加谦虚，所以最终会有很美好的结局，而且能让老百姓心悦诚服，因而成为万民的典范。九三从剥卦上六下来，是"天道下济"，带有谦卑下降的意味。不讲卦变，"天道下济"就没法落实在爻象上。

六四：无不利，撝①谦。

《象》曰："无不利，撝谦"，不违则也。

◎**注释** ①〔㧑（huī）〕音义同挥，发挥，挥扬，发扬，举扬，挥发，散发。一说宣，即明、智，既明智又谦逊；一说挥手，连连摆手。

◎**大意** 六四：没有不利，因为处处运用发挥谦虚的美德。

《象传》说：发挥谦虚的美德没有什么不吉利的，这是因为六四不违背自然法则。

◎**解读** 六四本身在互坎（水平，法治）之上，为水的表面，本身有法则意味，代表六四是起心动念和立身行事不违背自然法则，是从水性自然生发出来的谦虚之德。六四发挥谦德毫不做作，没有违背谦卦的大局，也就是遵守天地之道以及人神鬼共有的法则。

六五：不富①以②其邻，利用侵伐，无不利。
《象》曰："利用侵伐"，征不服也。

◎**注释** ①〔富〕朱震："阳实，富也。阴虚，贫也。邻谓四与上也。"朱震认为阴爻为虚，为贫，六五与六四、上六是比邻的爻，都是阴爻，又坤为不富，故为"不富以其邻"。②〔以〕与，用。

◎**大意** 六五：觉得因为邻居才变得不富裕，所以利用权势出兵讨伐，没有什么不利。

《象传》说：适宜利用权势出兵讨伐，是因为六五有实力去讨伐不服的人。

◎**解读** 六五觉得自己一路谦虚上来，结果因邻不富，感觉已经谦让到极致，还有人傲慢不服，就只有预备武力了。此卦众阴爻都被九三吸引，九三很富，而六五在君位，反而不富，很不是滋味，觉得是自己的邻居使自己不富，所以对周围的邻居，尤其是对九三心生不满，心想自己一路谦而又谦，坚持不懈，已经谦让到不能再让的地步了，所以只能动用天子的权势去征服九三。而九三感觉很冤枉，自己既努力又谦虚，没有功劳也有苦劳，而且万民都服了，但正是如此，恰恰功高震主，对六五构成了威胁，所以六五最后还是要出兵去征服九三。

六四和上六是六五的邻居，组成坤卦所以不富。卦变中上九下到三位，成为"万民服"的"劳谦君子"，就是要去征服那些骄傲自满不服气的人，上五爻有师卦之象，上六爻象辞也说"征邑国"，六五居中而有征伐的权力，如遇不谦之人，有责任去讨伐，并有足够的能力去征伐不服的人。

上六：鸣谦，利用行师，征邑国①。

《象》曰："鸣谦"，志未得也。可"用行师，征邑国"也。

◎**注释** ①〔邑国〕封地，天子分封的诸侯国和大夫的采邑，都受封于天子，是天子的附庸。

◎**大意** 上六：因谦虚而声名远播，利于出兵打仗，征伐邑国。

《象传》说：上六这一爻因谦虚而声名远播，但志向仍然没有实现。可以出兵打仗，是因为可以征服自己治下还不服的邑国。

◎**解读** 上六与九三相应，九三在震（鸣）之中，上六因和而鸣。上五爻有师卦之象，故可"行师"，上六从剥三爻上来，征服艮（山），上卦成为坤（国），说明柔爻上来征得了邑国。

上六地处谦卦之极，已经谦虚到了极点，还有人不服，就只好发兵打仗。但上六阴爻偏弱，位置不好，所以力量有限，基本是讨伐国内叛乱之象。或者说，上六与谦虚的行为相鸣和，是因为发扬谦虚之道而有名，但对不重视谦道的，则可以出兵打仗，征伐邑国。

雷地豫（卦十六）（坤下震上）

豫：利建侯行师。

《彖》曰：豫，刚应而志行，顺以动，豫。豫，顺以动，故天地如之，而况"建侯行师"乎？天地以顺动，故日月不过，而四时不忒（tè）。圣人以顺动，则刑罚清而民服，豫之时义大矣哉！

《象》曰：雷出地奋①，豫。先王②以作乐崇德，殷③荐④之上帝，以配⑤祖考。

◎**注释** ①〔奋〕奋发，指巨大震动领悟的振奋感。②〔先王〕内心之中怀念死去的开国先君。③〔殷（yīn）〕殷实、殷富、众多，意境盛大之状。④〔荐〕进献，祭献。⑤〔配〕配合，意念与先祖天地一起配合享受。

◎ **大意**　豫卦象征欢乐怡悦，有利于封建诸侯，兴兵征伐。

《彖传》说：豫卦，刚健之志得到应和，心志得以推行，这是心情欢乐怡悦的状态。豫卦下卦坤为顺，上卦震为动，顺应事物本性而动，所以天地的运行都会与它配合相应一样，何况是封建诸侯、行师征伐这样的事呢！天地顺自然规律和阴阳之性而运动，所以日月运行不会失去法度，四季交替不会出现差误。圣人顺人天之性而动，就会律法清明，百姓心悦诚服。豫卦欢乐怡悦所显示出来的顺应人天本性的时机化意义实在太重大了！

《象传》说：上卦震为雷，下卦坤为地，雷从地下出来，大地振作起来，奋发有为，就是豫卦象征的欢乐怡悦的状态。先王从雷在地上轰鸣，大自然充满活力，通畅和乐，生机勃勃的现象中得到启示，要创制礼乐以赞颂功德，并通过盛大的祭奠仪式进献给天帝，让历代祖先与天地一起配合共享欢乐怡悦。

◎ **解读**　豫是谦的覆卦，卦义与谦相反，谦虚倒过来是骄满喜豫，一种不知后果的盲目喜乐。《杂卦传》："豫，怠也"，"怠"本是"怡"的异体字，取意相同，喜乐之意，从不应该盲目喜乐和懈怠引申出早作预备之意。上卦震（诸侯），下卦坤（国邑），国中有侯之象，有利于封建诸侯，兴兵征伐。

豫卦由复卦变来，即复卦初九上行到四位变豫，刚健得到响应，心志得以推行。能够顺应天时和事物的内在本性而动，那样天地都跟随人的心意的变化而变化，天地与人自然和谐得宜，至于封建诸侯，兴师打仗这样的事情，更是需要顺天应人的和顺。天地顺时势而动，日月、四时皆有和谐秩序，显示出大自然的力量。圣人以其人意感通自然，能够顺其动而发起天人合一，让政通人和、四海升平。豫是顺应自然，接通人与天的自然时机化力量。好像九四阳爻不但下有初六正应，而且在五个阴爻当中，可以随时而应，感通天地阴阳的运化，时刻有新的时机出来，欢乐欣怡地面对每一个新的变化，犹如祭祀先祖，乐动如雷，天地与人贯通和谐，臻于化境。

初六：鸣①豫，凶。

《象》曰：初六"鸣豫"，志穷"凶"也。

◎**注释** ①〔鸣〕鸣叫，自鸣得意、津津乐道之意。②〔穷〕尽，到头。

◎**大意** 初六：沉溺于豫乐，自鸣得意，一定有凶祸。

《象传》说：处在一卦之初就沉溺豫乐，自鸣得意，心志已尽，凶灾在所难免。

◎**解读** 初六与九四相应，等于得到主爻九四的支持与爱护，显得顺遂愉悦，一开始便趾高气扬，在震（鸣）里，因有应而相互鸣和，不能低调处事，所以有随心所欲、得意忘形、骄满喜豫之状、之象，引申为心志穷极将尽，高傲极满，不再有高远壮志，满足与沉迷现状，还得意忘形。人无远虑，必有近忧，所以意念懈怠，凶灾随之。初六在卦初，象征做事之始，初六玩物丧志，缺乏深谋远虑，不能善始，何以善终？

六二：介①于②石，不终日，贞吉。

《象》曰："不终日，贞吉"，以中正也。

◎**注释** ①〔介〕分界，疆界，引申为耿介。本义为铠甲，一种防身的武器。②〔于〕如。

◎**大意** 六二：独立耿介，坚定不移，犹如巨石，不成天沉溺于安乐当中，守正吉祥。

《象传》说：不成天沉溺于安乐当中，守正吉祥，是因为六二居中守正。

◎**解读** 全卦唯有六二与九四卦主没有关系，等于六二在豫乐的大环境当中保持一种独立的分限，特立独行，坚持操守，持守自己的分寸，知道守于中正，犹如中流砥柱一般，耿介坚定地推进，不为无关欲望干扰所动。在互艮（石）中，乾卦九三提及"终日"，下卦为坤，乾昼坤夜，可以理解为不到一天就明白处豫之道，要不俟终日，坚贞不贰，欢乐适中，不宜过度放纵。因为六二中正，能够保持中正不阿的状态，有独立的见识，来面对因循苟且的现实，避免祸患的产生。

象辞继续说明终日的根据。乾卦九三说"终日"是因为三位是下卦之"终"，加上乾为白昼（日）。相比之下，本卦六二（"不终"）在下坤（夜）里，既不"终"又未满一"日"，没有"终日"之象，引申为不等一天结束就见机而作，也就是立刻行动起来。这是因为六二不受因循苟且的世俗影响，有自己独立的见识，善于杜绝忧患的产生，所以守正吉祥。

六三：盱^①豫，悔，迟^②有悔。

《象》曰："盱豫有悔"，位不当也。

◎**注释** ①〔盱（xū）〕睢盱。张大眼睛向上看之象，带有奉承谄媚意味，即小人喜悦佞媚之貌。②〔迟〕沉迷于享乐而延迟、迟缓。

◎**大意** 六三：媚上求欢，耽溺喜乐，导致忧悔，如果不及时悔改，就会追悔莫及。

《象传》说：用媚上求欢的方式耽溺喜乐，导致追悔莫及，是因为六三阴爻处阳位不正。

◎**解读** 六三柔爻为小，有九四比邻，是小人依附九四，乞求得乐，不能自立自强，顺从有权势的九四，而有媚上求欢之象。因不能及时悔改，则追悔莫及。六三在艮（止）之中，又在互坎（险）中，等于陷于水山蹇中，进退失据，难有作为，沉迷豫乐，一直活在九四的阴影之下，缺乏行动力，反省太迟，最后必然后悔。

此句或断为"盱豫，悔；迟，有悔"，意为纯心拍马屁的人一定会后悔；如果后悔太晚，那就连后悔都已经来不及了。可备一说。

九四：由^①豫，大有得，勿疑。朋盍^②簪^③。

《象》曰："由豫大有得"，志大行也。

◎**注释** ①〔由〕因由，由于，来由，一说从容，虞翻："由：自从也。"高亨通假为"田"。②〔盍（hé）〕如"合"，聚拢，聚合。③〔簪（zān）〕簪子，古人插入头发中的发针首饰，用来聚拢头发。

◎**大意** 九四：众人依赖九四而获得喜豫之感，会大有收获，至诚不疑，朋友们会像簪子聚合头发一样聚拢在周围。

《象传》说：大家的喜豫之感由九四而来，会大有所得，说明九四的志意得以彻底实行。

◎**解读** 九四是全卦唯一的刚爻，众阴皆因九四而欢喜快乐，所以九四是喜豫的缘由。九四虽是喜豫之根，自己却不会纵情过度，在心志实现的状态当中，能够把握好欢喜快乐的分寸，这样朋友们都会聚集过来，好像簪子聚拢头发一样，说明九四正当得志之时，心志大行而畅达。

从复卦变为豫卦，九四从初位升到四位成为主爻，全卦成豫，所以是众人依赖九四而获得喜豫感之象。象辞说九四刚爻跟上下五个柔爻应合，所以大有所得。九四在互坎（加忧、疑）里，能取得上下信赖，所以即使有疑也都可以化解，达到至诚不疑、勿须顾虑的状态。全卦五个柔爻分布上下，九四刚爻象簪子插入头发里面，把头发聚拢在一起，所以犹如把朋友们像簪子聚合头发一样聚拢起来，非常牢靠坚实。

古代男子蓄发插簪，本爻从古人生活中熟悉事物取象，取义是九四能够起到聚拢众人欢聚一堂的纽带作用，如来知德注："一阳为动之主，动而众阴悦从。"

六五：贞①疾，恒②不死。

《象》曰：六五"贞疾"，乘刚也。"恒不死"，中未亡也。

◎ **注释** ①〔贞〕正，正在，正当，也指正中之位。一解卜问。②〔恒〕长久。

◎ **大意** 六五：正在闹病，但可以长期坚持不会死亡。

《象传》说：六五正在位中却会闹病，是由于乘刚（九四）。长期坚持不会死亡，是因为六五毕竟有中位优势。

◎ **解读** 主爻九四是全卦唯一的刚爻，六五乘凌在它上面，又在互坎（心病）里，位置在上卦中位，所以是在正中之位闹心病之象。中位很少凶，但是，全卦骄满喜豫，结果把六五也带坏了，整天乐在其中，夜郎自大，刚愎自用，迟早乐极生悲而发病，不过六五还在上震（动，生）里，一直在动，所以很久也不会死去。此爻也正如孟子说的："人恒过，然后能改；困于心，衡于虑而后作；征于色，发于声，而后喻。入则无法家拂士，出则无敌国外患者，国恒亡。然后知生于忧患而死于安乐也。"

上六：冥^①豫，成^②，有渝^③无咎。

《象》曰："冥豫"在上，何可长也？

◎**注释** ①〔冥〕昏昧幽暗无明，冥顽不灵。②〔成〕终。③〔渝（yú）〕变。

◎**大意** 上六：昏昧无明地骄满喜豫，最后一定要有变化，才能没有咎害。

《象传》说：昏昧无明地耽于享乐，达到了极点，还处于上穷之位，这样的情况怎么能够保持长久呢？

◎**解读** 上六是豫卦之终，取极豫尽乐到顶之意，但如果快乐开心到了极点还不反省觉悟，继续昏头昏脑地沉溺于骄满喜豫的状态当中，那就成为昏昧无明的骄满喜豫之象了，是陶醉豫乐到了昏冥深远的地步。不过，凡事物极必反，最后一定会走向反面，所以豫到极点的坏状态还是会转好，可以变得没有什么坏处。

象辞认为，上六已达极点，非改不可，不可能天昏地暗地继续耽于享乐。上六爻的"无咎"是形势变化造成的，并不是自我醒悟而导致的。所以说，如果能自觉地尽快调整，以顺和时宜，那就更好了。

䷐ 泽雷随（卦十七）（震下兑上）

随：元亨，利贞^①，无咎。

《彖》曰：随，刚来而下柔，动而说，随。大亨贞，"无咎"，而天下随时，随时之义大矣哉！

《象》曰：泽中有雷，随。君子以向晦^②入宴^③息。

◎**注释** ①〔贞〕正。②〔向晦〕到了晚上。③〔宴〕安。

◎**大意** 随卦象征随顺适变，大为亨通，利于守正，没有咎害。

《象传》说：随卦，刚爻来到柔爻之下，又上兑柔下震刚，是刚来到柔的下面，刚健者能甘居于柔顺者之下。下卦震动，上卦兑悦，上下卦组合就是行动而能心中悦顺，所以有众人跟随。大为亨通，守持正道，没有灾祸。天下都能顺应时势而运动，随时提示的从宜适变的时机化意义实在太伟大了！

《象传》说：上卦兑为泽，下卦震为雷，雷进入大泽之中，泽水中打雷震动，泽水随着雷声而波动，这就是随卦象征的随顺、相随的状态。君子随天时而动，动静合宜，日出而作，日落而息。

◎**解读** "随"是随从、随时之意。随卦强调人要随着形势变化而变化，要从宜适变，《杂卦传》："随，无故也。"要求人们不可拘执于自己心里的成见，而要随顺时局的变化让意识观念随时更新，不断改变。不可拘泥、死板，需要随从正道，不可跟随坏人走邪路，所以能够大为亨通，利于守正，没有咎害。随卦从否卦变来，否卦上九与初六换位变出随卦。从主爻初九来说，是刚爻来到柔爻之下。

"随时"是随顺的核心，主要有两方面的意思：一方面是随顺天时，人的意识和行动变化要随顺以符合天时的变化；一方面是顺应时势，也就是意念要随顺形势的强大力量，顺着时势而动，不断日新月异，从宜适变，如果能够顺应不断变化的形势，随时调整，这样构筑的意境才符合天地之道。

象辞认为，阴历八月之时，雷随时令藏息于泽中，是一年的蛰伏季节，人看到天时都蛰伏下来，也要收敛自己的意志，随应天时作息，日出而作，日入而息，随时而动才合适。

初九：官有渝①，贞②吉，出门交有功。

《象》曰："官有渝"，从正"吉"也。"出门交有功"，不失也。

◎**注释** ①〔渝〕变，有灵活性。②〔贞〕走正道，守原则。

◎**大意** 初九：为官有权变，变又不离开正道，吉祥。出门与人交往，会有功效。

《象传》：为官有权变，随从正道吉祥。出门与人交往，会有功效，因为没有过失。

◎**解读** 初九是全卦主爻，在由否变随的卦变中来到柔爻之下，所以初九是全卦最趋宜从权、随时知变的一爻。初九在下卦震（长子、诸侯）之中，有"官"之象，能够知权达变，有"渝"之象。初九刚爻居于刚位，位正，有"贞"之象。所以初九当官施政既能灵活变通，又不离开正道，是权不离经，经能达变。可以说，是能够既坚持原则，又善于灵活处理具体问题，能够因时因地制宜。初九在互卦艮（门）之下，有"出门"之象。与上六换位，有"交"象。是初九出门交往，使得否卦闭塞不通的形势变成随宜适变的随卦，所以初九"有功"，既有功劳，又有功效。而且象辞高度肯定，说初九的随宜权变没有过失。

象辞用"正"来解释"贞"，是要强调随时权变不应该离开正道。通过卦变可以看出，初九在爻的往来中，从上六柔位交往到初位刚位，是随时变化而且走正道的。因此，根据卦象的变化，按照卦变解释，"官有渝"解释为"为官有权变"，比解释为"馆舍或职位有变化"更为准确。

六二：系小子，失丈夫。

《象》曰："系小子"，弗兼①与也。

◎**注释** ①〔兼〕兼顾，二者兼有。

◎**大意** 六二：系恋小子，失去丈夫。

《象传》说：系恋小子（初九），因为六二不能两者兼得。

◎**解读** 六二跟九五正应，本应随顺九五，但卦变中初九来到六二之下，成为全卦主爻，初九对六二主动谦下，让六二不能不有所系恋，再加上看到自己跟九五之间隔着互艮（山，阻），就近随了初九。初九在震（长子）里，所以是系恋小子，失去丈夫之象，说明六二因顾恋身边的小子而失去稍远本当正应的丈夫，终有离异之象。

象辞说六二在初九和九五之间做选择，总得选择主要随从的对象，不可能两头都随。可谓"鱼和熊掌不可得兼"。从取义上说，可以理解为因为拉拢了不成熟的年轻人，导致失去了本来很信赖自己的人，也算是因小失大了。

本爻如果不讲卦变，就很难真正讲清楚为什么会"失"，因为六二与九五正应，本来无所谓失去，只有通过卦变，初九来到六二之下，成为全卦主爻，理解了初九对六二来说有超过九五的地方，才能够理解为什么要"失"丈夫去"系恋"小子。

六三：系丈夫，失小子。随有求，得。利居贞。

《象》曰："系丈夫"，志舍下也。

◎**大意** 六三：系恋丈夫，则失去小子。追随他人有所求，能够得到，但宜于用安居守正之道来追随。

《象传》说：系恋丈夫（九四），是六三心志坚定地舍弃在下的小子（初九）。

◎**解读** 六三爻上无正应，九四爻下无正应，有旷夫怨女各自情感没有归宿而不得婚配之象，正好在随卦里，六三就近追随了九四，以九四为中心。不过，初九是随卦主爻，如果六三随从九四丈夫，就得放弃初九小子。初九在震（长子）里，有子象。然而，正因为六三、九四各自都无正应，六三追随他人（九四）有所求，而且追求就能够得到，应该是可成婚之象。但是六三阴爻居阳位，九四阳爻居阴位，位都不正，所以还是宜于用安居守正之道来追随。

象辞显然把在下位的初九解为小子，而且说六三为了系恋丈夫，抛弃初九的志向非常坚定，是痛下决心舍弃。可以说，六三阴爻阳位，随顺之道本来不正，心思诡秘，因为为了随顺、求得九四丈夫，非常坚决地抛弃了原来的"相好"初九。六三跟九四在互巽（近利市三倍）里，也是有利可图之象，如此抉择，也是形势使然。

九四：随有获，贞凶。有孚在道，以明，何咎？

《象》曰："随有获"，其义"凶"也。"有孚在道"，明功也。

◎**大意** 九四：跟随他人而自己有所收获，可是如果还正固不会权变就有凶险。如果心怀诚信，言行合乎正道，能够明辨进退，那又会有什么灾害呢？

《象传》说：跟随他人而自己有大收获，从道义上说九四应当有凶灾。但因为九四心怀诚信，能处正道，所以是因明智而有功劳。

◎**解读** 九四随着卦主九五做事情，可以说事情主要是九五成就的，但九四在互巽（近利市三倍）里，追随他人或者别人随从自己都能有所收获，这在道义上是有问题的，也容易引起九五的猜忌和怨恨，甚至受到打击报复。应该说如果九四在随卦只正固不会权变，不知变通，还一味获取，唯利是图，那就会有凶险。下四爻是缩小的中孚（内心信实）卦，是"有孚"之象；九四与主爻初九之间构成正反震（大途）或正反艮（径路）卦，取义是正看反看都在道路上，所以有"在道"之象；下四爻是一个放大的离（明）卦，有"以明"之象，取义是九四心怀诚信，言行合乎正道，随时处于正道，能够明辨进退，非常明白而且明智。

在否卦变随卦的过程中，九四原与否卦初六正应，应与初六换位，但实际上是上九下到初位，九四却没动。变化之后，又在互艮（止）里，始终不动，最后还动不了。如果在别的卦里不动还合理，但在应该随宜适变的随卦，继续正固不动就有凶险了。

象辞说九四的因应如果有丝毫差池，就会有凶险。但九四光明磊落，看得明白，做得到位，能够很准确地进退，所以最后可以避免凶祸，明哲而保身。最后说明九四非常明智，所以才有功劳，如果不够明智，就无法保住自己的功劳。

九五：孚于嘉，吉。

《象》曰："孚于嘉，吉"，位正中也。

◎**大意** 九五：相信并收获着各种嘉美之事，非常吉利。

《象传》说：对嘉美之道心存诚信，吉祥的原因是九五位置既正又中。

◎**解读** 九五处全卦尊位，在上卦中位，刚爻刚位位正，处中得正。既中又正，地位显赫，德高望重，可谓美善之至。从对九四的分析可知，九四异常明智，明白九五不但对正应六二有孚，又由于下四爻组成"中孚"之象，所以对自己身边的六三也有孚，所以必然将六三主动相让，成就九五的嘉美。九五在上卦兑（悦）里，有喜悦开心之象；在互卦巽（利）里，有大有收获之象；卦又是随，是众人追随之象。这样就几乎把各种嘉美之事都占全了，可见九五相信并收获着各种嘉美之事，非常吉利。

象辞强调九五的现实成功，来自于其中正之位，从另一个角度讲，中正之位比中正之道更加重要，因为有道无位，未必能够实现九五这样的吉祥状态。

上六：拘系^①之，乃从维^②之，王用亨^③于西山^④。

《象》曰："拘系之"，上穷也。

◎**注释** ①〔拘系〕拴缚，拘束，拘留。《说文》："拘，止也，从手句。"《广韵》："拘，执也。"②〔维〕捆绑。③〔亨（xiǎng）〕用如享。④〔西山〕即后文提到的岐山，是周王朝的发祥地。

◎**大意** 上六：好像被（九五）拘押住，拴起来，又随从（被九五随顺地）维系住，追随大王（九五）到西山去祭享天地。

《象传》说：上六所以会（宁可主动被九五）拘系起来（以便追随九五），是因为上六处在极上困穷之位，随顺到尽头（没有方向）。

◎**解读** 上六为随之终，可谓随顺到头，不知如何随顺之象。九五中正聚下，众人追随，上六本意欺凌九五，但受众人影响，主动放弃欺凌九五，又被九五感动，决意追随九五，由离到合，紧紧相依，好像被九五拘押牵系一般。上六在正反巽（绳）里，好像身上正反都绑着绳子，有被拘押捆绑之象。在上卦兑（西）里，又为口可以祭享。下有互艮（山），所以是跟随大王（九五）到西山去祭享天地。

象辞之意是解释上六之所以愿意以九五为方向，宁可主动被九五拘系起来，好像犯人被绑缚着一样，以便追随九五，是因为上六处在极上困穷之位，体验到没有方向的痛苦，自己前无所随，看到身边的九五众星捧月，也就随顺九五，从没有方向的状态当中以九五为方向了。

这一句历来有两种断句。第一种是从"乃从"之后断开，成为："拘系之乃从，维之"，如王弼和苏轼，余敦康继承了这种断句方法。"从"是动词，指服从，随从。第二种是断成："拘系之，乃从维之。"各家解释大致有：一是认为"拘系""维"都是代表了一种极致的随从状态，维乃是维系之意，如程颐、朱熹等即指此说。二是认为拘系是强迫，而维是温和的。三是认为拘系乃是强迫性措施，而维则是解开之意。从象来看，第二种断句更为合理。结合全卦来看，六二、六三爻辞提到"系"，都指该爻倾心附从其他某爻，上六之"系"，按说也有附从之意。可见,"拘系"是为了描述一种"系"之固结如同拘留一般,"乃从维之"就是乃后维之,维表示捆绑,意与系近。

此爻以周文王先被囚于羑里,被放出后到岐山去祭享天地的故事为基础。此爻之意是说明上六从随顺到头到彻底追随九五的大转折。上六转变说明民心相随,固结如绳系犯人一般,有如此牢固的民意基础,周朝王业自然走向兴盛。

䷑ 山风蛊（卦十八）（巽下艮上）

蛊①：元亨。利涉大川,先甲三日,后甲三日。

《彖》曰：蛊,刚上而柔下,巽而止,蛊。"蛊,元亨",而天下治也。"利涉大川",往有事也。"先甲三日,后甲三日",终则有始,天行也。

《象》曰：山下有风,蛊。君子以振民育德。

◎**注释** ①〔蛊〕一种害人的毒虫。从古字形上看,是多条虫在器皿之上,理解为器皿里面虫子多了,就必然"有事",《序卦传》说是"事也",事即积弊,说明社会久安之后,必然弊病丛生,应随卦之后,接蛊卦。《杂卦传》说是"饬也",是整饬修治之意。蛊的本义是蛊乱、蛊惑,象征腐败；引申为治蛊之道。

◎**大意** 蛊卦象征整饬修治,政治腐败,大为亨通,有利于涉越大河。应该在"甲"日开始前的（癸壬辛）三天准备,在"甲"日开始后的（乙丙丁）三天行动。

《彖传》说：蛊卦从泰卦变来,是泰卦初九与上六换位,刚爻往上,柔爻来下；上卦艮为阳卦,下卦巽为阴卦,阳刚在上,刚健向上,阴柔在下,柔顺居下。下卦为巽为风顺,上卦为艮为山止,好比风遇山而能止,又好比乘着顺风又有岸可止,这就是蛊卦的卦象。蛊卦大为亨通,是天下得到了治理,有利于涉越大河,克服大难,是要勇敢去干革除积弊的事情。在"甲"日开始前的（癸壬辛）三天准备,在"甲"日开始后的（乙丙丁）三天行动,这是需要整治终结旧时期,开拓新时期,任何事情都要有始有终,循环往复,这是天道运行的本然状态。

《象传》说：上卦艮为山，下卦巽为风，山下吹来大风的卦象就是蛊卦。君子从风吹叶落，世风日下，摧枯拉朽之象中发现，要振作民众、培育道德。

◎解读　蛊卦自泰卦变来，天地通泰不可能一直持续，所以必须改变。如社会长治久安，时间久了，容易溺于安乐，停滞不前，堵塞腐坏，就必须改变。泰卦是阴阳交流，天下和平，其实，阴阳交流和谐的状态，从来都相对短暂，而有事的状态，反而是常态，这应了泰卦变蛊卦，"元亨"即开始打破过度的平衡向前发展，把现有局面彻底打通，大为亨通。卦象上，艮（山，止）下有巽（木，风），互兑（泽），好像木船大泽中航行而且能够止于山边之象，所以有利于渡过大河，说明治理腐败需要决绝的态度和强大的决心。据纳甲原理，乾为甲，卦变中泰卦下乾初九从最下升到上坤最上位。下为前，上为后，所以说"先甲三日，后甲三日"。古人用"甲乙丙丁戊己庚辛壬癸"十天干计日，"甲"为天干之首，有开始之意，甲之前三日是"辛壬癸"，甲之后三日是"乙丙丁"。这是说，前三天要废除旧日积弊，后三天开始实施新政令。取义是思前想后，反复叮咛，以确保万无一失，长效有力，顺利治蛊。

因卦中无乾象，此处不讲卦变，很难明白"甲"的来源。一说震为甲，按后天八卦，艮在震先，为先甲，巽在震后，为后甲，但这样解读，三为虚指，不如从卦变入手，讲出下乾（前）三位到上坤（后）三位。一说甲日对内卦巽（木）是旺日，利于"干蛊"、利涉大川。因此，关于"甲"的出处，相对来说，卦变说最为精确到位。卦变之后，阴气在下，往下，阳气在上，往上，方向相反，阴阳不交而生蛊。

象辞是风（巽）吹山（艮）上树木（巽），山下风吹，草木回旋，残枝败叶纷纷下落，摧枯拉朽之象，还有长女（巽）下少男（艮）以蛊惑乱情之象，显示的是要荡涤颓败，世风日下。所以有清除积弊、重整旗鼓之意。

初六：干①父之蛊，有子②，考③无咎。厉，终吉。

《象》曰："干父之蛊"，意承"考"也。

◎注释　①〔干（gàn）〕整治，匡正，救治。一说指继承、顺承，父丧当先承其志。所以可以理解为在继承中救正，在批判中继承。②〔有子〕有继承大业的好儿子。③〔考〕死去的父亲。本义为老，年纪大，此处卦变后乾坤父母皆亡，取亡父有理。

◎ **大意** 初六：整治先父留下的腐败和积弊，能有继承大业的好儿子，对于亡父来说，没有祸患，虽然有一些危险，但最终会吉祥。

《象传》说：整治先父时代的腐败和积弊，这说明儿子在意识中有继承和发扬父政的生机。

◎ **解读** 父辈的积弊主要是精神性的，有问题要努力调整，要在继承和发扬父政生机的基础上，重新确定精神性的方向。如果说"干父之蛊"主要整治精神风貌的腐化，那么"干母之蛊"主要整治物质方面的腐化。

从现实角度看，"考"也指不再继续掌握实权的前任。（前任）父王传下大业，遗留下积弊，这个积弊或表现为父亲弊政遗留下来的问题，或表现为父政与现在时代和政策不相适应的问题，为了保有父辈的江山与功业，所以该改的必须改，必须改革久安之弊，励精图治，锐意进取，才算从根本上继承亡父的意志。如果不改弊政，就可能断送大业，与亡父之遗愿相悖。

泰卦下乾（父）上坤（母），父母俱在，变为蛊卦，乾坤之象全都消去，故父母皆亡。初六从上位下来到了下乾的初位，是整治先父留下的腐败和积弊。原来的初九从下乾（父）分离出来到了上位，上卦成艮（少男），这是有继承大业的好儿子，能救正亡父的遗患，救治父辈的积弊，对于亡父来说，才是真的没有祸患。但是，这样做极易招致他人非议，会有一些危险，好在符合天道，最终会吉祥。古代社会实行的是世袭制，儿子继承父亲的职位后，如果能整治父亲执政时留下的积弊，是一件好事。

象辞说初六看似阴柔无力（初爻无应，不中不正），但有强壮的势头（从泰卦上六下来而有强意），只是还没有强大的力量，爻辞提及的是有了开始整治起初的心愿，但不是说整治开始就有了真实行动。

九二：干母之蛊，不可贞①。

《象》曰："干母之蛊"，得中道也。

◎ **注释** ①〔贞〕正固，固执，强硬。

◎**大意**　九二：整治母辈所造成的腐败和积弊，要坚定但不可过分固执。

《象传》说：整治母辈所造成的腐败和积弊，因为九二在下卦中位，行事符合中道。

◎**解读**　母亲方面的积弊主要是物质方面的，所以治理家乱，要刚柔适中，恩威并施，不可拘执。九二在下卦中位，与上卦六五正应，象征以至诚之意救正六五之蛊。六五本来是卦变中消失的上坤（母）中爻，亡母之象。所以是整治母辈所造成的腐败和积弊。亡母的积弊与亡父不同，救治要把握的分寸也不一样，父蛊主要是社会问题，母蛊主要是内宫问题，即偏心溺爱、后宫作风不正、后宫干政、伦理失常等问题。所以，救治亡母这些现象要有坚定的信念，但又不能太固执。

象辞"中道"是适中得当，不偏不激，以刚居柔中，适可而止。

九三：干父之蛊，小有悔，无大咎。
《象》曰："干父之蛊"，终无咎也。

◎**大意**　九三：整治父辈的腐败和弊政，虽然还有小的忧悔遗憾，但没有太大的祸患。

《象传》说：整治父辈造成的腐败和弊政，宁可矫枉过正，最终不会有太大的祸患。

◎**解读**　九三要整治父辈积累下来的社会积弊，方法是矫枉过正，但过程不容易，定然会有过当之处，从而产生小的悔恨，但因为积弊已成，绝不能不加救治，必须靠矫枉过正来救治父辈的偏差，如果不加整治，则可能亡家丧国。

九三、九二都是刚爻，都有救治之才。九二位中，刚柔适中，不失中道。九三刚爻刚位位正，但行事过刚，易于矫枉过正，整治太过，可能会有后遗症，所以会有小的忧悔遗憾，但社会得到救治，没有太大的祸患。九三位处下卦之终，故言"终"。

六四：裕^①父之蛊，往见吝。
《象》曰："裕父之蛊"，往未得也。

◎ **注释**　①〔裕〕宽裕，宽容放纵，因循苟且，以致无所作为。

◎ **大意**　六四：宽容放任地处理父辈的腐败和弊政，长此以往会有遗憾羞吝。

《象传》说：懈怠迁就地处理父辈的腐败和弊政，听凭原样因循苟且下去，长久以往将会一无所得。

◎ **解读**　六四柔爻阴位，无应无比，乘于九三之上，互艮（阻）之下，又与下三爻组成正反巽（进退不果），游移不定，是自身柔弱，缺乏行动之力，以致进退不果，优柔寡断，宽容弊政，视而不见，听而不闻，长此以往会有遗憾。从卦变上说，泰卦变蛊卦，泰卦上六下到初位，初九升到上位，泰卦初九正应六四在卦变中不响应初九之变化，有因循守旧之象，引申为宽容放任，听凭原样，象辞说，长久以往将会一无所得。一说六四前往没有得到救正积弊的正道，对前人的弊政坐视不管，任其存在蔓延，必然会遭受吝难。

六五：干父之蛊，用誉。

《象》曰："干父用誉"，承以德也。

◎ **大意**　六五：整治父辈的腐败和积弊，用维系荣誉的方法把大业继承下来。

《象传》说：整治父辈的腐败和积弊，用维系荣誉的方法把大业继承下来，这是因为六五以美好的品德继承并传扬了先人的德业。

◎ **解读**　爻辞是用彰显父辈荣誉的方式维系和继承大业，这样的做法本身就说明六五有着美好的品德。为了救治蛊乱，先发扬父辈的优良传统，策略上先把优点发扬光大，使父辈继续保持美好的声誉，这样下一步改革补救父辈弊政之时，既能减轻前人咎责，也能使自己获得继承父政的美誉，保持好自己的美德。所以，六五可谓是一位大德君子，既能继承传统，把优秀作风发扬光大，又能整治好腐败，不留后遗症。

六五在全卦尊位，下有九二正应，上下都在中位，是一位有德而又能持盈守成的君王，做事能够守中，能以最恰当的方式处理好前人留下的弊政，以美好的品德继承大业。

上九：不事王侯，高尚其事。

《象》曰："不事王侯"，志可则也。

◎ **大意**　上九：不继续侍奉君王公侯，把自己的退隐行为看得很高尚。

《象传》说：不继续侍奉君王公侯，说明上九的高洁志向可以效法。

◎ **解读**　结合前面五爻，上九认为已经治理得差不多了，可以功成身退，不愿意继续侍奉王侯。本爻在卦变中，上九是从下乾（君王）游离出来到了互震（诸侯）之上，有不再继续侍奉君王公侯之象，自己跑到全卦最高处，艮（山）之巅，逍遥物外，不问世事，追慕高远，还把自己的退隐行为看得很高尚。象辞也推崇上九可以有退隐的想法和行为，但也特意强调，可以效法隐士追求道德完美的愿望，但不应该效法隐士退隐离世无意作为的行为。

前人有说本爻讲隐士，因为看不惯社会有蛊而不愿继续为王侯服务，放任社会积弊不管，去追求高尚的精神境界，宁可独善其身，保持自己高洁的志向不被玷污。但象辞的态度很明确，对于爻辞那种自以为高尚的行为，只是肯定其高洁志向可以效法，但消极避世的做法不可取。《周易》认为还是要积极用世，力所能及地整治社会积弊。

䷒ 地泽临（卦十九）（兑下坤上）

临①：元②亨，利贞。至于八月③有凶。

《彖》曰：临，刚浸④而长，说而顺，刚中而应。大亨以正，天之道也。"至于八月有凶"，消不久也。

《象》曰：泽上有地，临。君子以教思无穷，容保民无疆。

◎ **注释**　①〔临〕本卦中，从阳的壮大，生发出阳对阴的临逼，有阳长而临近之意，引申为光临、莅临、监临、面临、临场等意思。②〔元〕按彖辞解为"大"。

③〔八月〕临的综卦是观卦，二阳逐渐向上退却，"十二消息卦"观卦配八月时令，所以到了八月有凶祸。一说中间隔八个月。④〔浸〕用如寖，浸润，逐渐，如《程传》："浸，渐也。"

◎ **大意**　临卦象征临事知惧，大为亨通，有利于持守正固，但到（阴历）八月会有凶险。

《彖传》说：临卦是阳刚爻渐渐生长。下卦兑为悦，"说"同悦；上卦坤为顺，既喜悦又柔顺，刚爻居于下卦中位，又有六五正应。大为亨通又恰到好处，这是天道运行的本然状态。到（阴历）八月会有凶险，是因为阳气将要消退，阳刚不会存在太长久。

《象传》说：下卦兑为泽，上卦坤为地，湖泽的上面有大地，人在地上看泽，居高临下，这就是象征临事知惧的临卦。君子要从临卦中学习，要以无穷无尽的思想道德去教化民众，并以无边无际的宽广胸怀去容纳和养育民众。

◎ **解读**　"临"是两个阳爻来临。《序卦传》："临者，大也。"彖辞把"元"讲成大，是阳爻逐渐发展壮大，临逼阴爻。《杂卦传》认为"临"是"与"，指阳爻生长，象征把生命活力（阳气）给予天下。

临卦从坤卦经复卦变来。即坤下生一阳为复，复下再生一阳为临。卦画显示阳气增长的趋势。古人按阴阳消长的自然状况，把"十二消息卦"搭配在阴历一年十二个月里，认为十一月冬至开始一阳生，配复卦；十二月二阳生，配临卦；正月三阳生，配泰卦，所谓三阳开泰。临卦是二阳上长，八月配观卦，观卦已经是二阳变退的时令，所以说"至于八月有凶"。临卦为阳息阴消，不久之后，阳气就要消退，阳消阴息的状态很快就会到来，阳刚存在不会太久。

象辞从湖泽大水总要以大地为涯岸，引申出君子要像大地能包容大面积水域那样宽厚包容。五行之中，坤土主思，君子学习大地要有睿智圣明，用深沉思虑的大道之德来保育民众。

初九：咸①临，贞吉。

《象》曰："咸临，贞吉"，志行正也。

◎ **注释**　①〔咸〕同、皆、共、全、都，副词。

◎**大意**　初九：阳气一起来临，守正自然吉祥。

《象传》说：阳气一起来临，守正自然吉祥，因为初九心志和行为都是正当的。

◎**解读**　前人多把"咸"讲成"感"，但六爻就初九和九二用"咸临"，显然指初九与九二两个阳爻一同来到。初九阳爻处阳位，阳刚位正，有震起之势，不仅感动六四，而且感动其他阴爻。阳气之动，代表生命和活力，阳气来临，充满生机，万物复苏，守正自然吉祥。

象辞按照《周易》扶阳抑阴的主旨，认为阳气的生长正当，扶阳是天的心意，阳可化阴，刚可化柔，以阳刚浩然正气感化相临万物。

九二：咸临，吉，无不利。
《象》曰："咸临，吉，无不利"，未顺命①也。

◎**注释**　①〔命〕命运，天命。在《周易》中，扶阳抑阴就是天道运行的命令。

◎**大意**　九二：一起来临，吉祥，无所不利。

《象传》说：九二虽然跟初九一起来临，吉祥，没有什么不利，但形势还是阴爻主导，还没有顺从天道运行扶阳抑阴的命令。

◎**解读**　复卦只有一个阳爻初九，到临卦刚爻长到二位，九二成为主爻。复卦刚爻势单力孤，"潜龙勿用"，难有作为；到临卦刚爻有了同伴，"见龙在田"，崭露头角，取信于民，又与帝位六五阴阳正应，"利见大人"，阳爻之长欲罢不能，所以吉祥无所不利。

象辞说"未顺"是指阴爻还占多数，阳爻还在缓慢生长。"命"指阳爻九二虽有上取帝位的天命，形势看起来也非常有利，但上面还有四个阴爻，阴力强大不会很快退却，阳气之生还远远未达到变革天命的时候，还需喜悦而顺目前还未顺之命。

六三：甘①临，无攸②利。既忧之，无咎。
《象》曰："甘临"，位不当也。"既忧之"，咎不长也。

◎ **注释** ①〔甘〕甘美，甘甜。②〔攸〕用如所。

◎ **大意** 六三：甘甜自美地面对阳气的来临，没有什么好处。如果能够为当前的处境忧虑，才不会有过错灾害。

《象传》说：甘甜自美地面对阳气的来临，指六三处在柔爻将被逼退，自己却处在首当其冲的位置，另六三柔爻居刚位，都是位不当。既然能为目前面临的处境忧虑，那么咎害就不会太长久了。

◎ **解读** 六三在兑（言）里，有言语甘甜喜悦之象。但关于言的性质，有说甘美、甜言蜜语（坤为甘），还有说甜美巧佞、巧言令色（位不当），但方向不同，前者是说六三面对二阳上长的大势还美滋滋的，对危险毫无感觉，后者讲成用甜美巧佞的语言监临大众。对比之下，应该是前者更加符合临卦展示的阴阳动态的形势。也就是说，在临的大势当中，二阳上升，冲击六三，六三处境不利，应当临事而惧，内心忧虑，积极应对才合适。如果不知忧虑，就会出问题。

象辞从道理上说明，享受甜美，沾沾自喜，是不利的，只要知咎能忧，知错能改，就可以消除咎害。

六四：至①临②，无咎。

《象》曰："至临，无咎"，位当也。

◎ **注释** ①〔至〕到。②〔临〕来。

◎ **大意** 六四：（与阳力）一起到来，没有什么问题。

《象传》说：（顺着阳力上升一起来）亲临现场，当然不会有祸患，因为六四位置适当，处境得当。

◎ **解读** 临卦二刚上长，刚爻之势力影响全部的阴爻。三爻意识到自己随阳而悦会有问题，四爻则明白二刚上长的力量不可避免，乐见其长，与初九荣辱与共，尤其是与初九正应，愿意助刚力而至坤境，到达彼岸。

六四阴爻居阴位，居正得位，又不在刚爻逼退阴爻的前沿，受刚爻上长冲击力较小，但对阳力之临却体会到位。在互震（行）里，又在临卦，所以是顺着阳力上升一起亲临现场，没有祸患。

六五：知①临，大②君之宜，吉。

《象》曰："大君之宜"，行中之谓也。

◎**注释** ①〔知〕同"智"，聪明睿智，知识智慧。②〔大〕大志，大心，大气，大境界。

◎**大意** 六五：以聪明睿智君临天下，胸怀大志之君能够以合宜的方式治国理政，当然吉祥。

《象传》说：意境大明的君王以适宜的方式治国理政，指的是六五施政能够奉行中道。

◎**解读** 临卦以二刚之长为大势，六五之君在上卦中位，施政适中，虽君临天下，天人共助，但其智慧明睿天授，意境大如天，直达天人合一，且中道合宜，故气象大吉。

六五在上卦坤（土）之中，主思、主智，代表六五之智慧超群，见地深远，境界之高，心境之大，如天之明，又在帝位，胸怀天下，故有君"临"天下之感，又在中位，施政能够不偏不激，合乎中道。下有主爻九二正应，如得贤人之助。

"大君"不是大人君子，而是具有大智慧、大境界、大志向之君。

上六：敦①临，吉，无咎。

《象》曰："敦临"之"吉"，志在内也。

◎**注释** ①〔敦〕厚，敦厚，笃厚。

◎**大意** 上六：温和敦厚地统临，吉祥，没有问题。

《象传》说：以厚重的意境和品德蓄统临下，之所以吉祥，是因为上六的心志在内卦的阳爻。

◎**解读** 上六在上卦坤，坤为"厚德载物"，故有敦厚之感。从全卦二阳为主的角度来看，象辞的"在内"应该是指内卦的二阳。上六虽在坤中，但如讲成心志在邦国之内，那么心志还是指向上卦，因为坤卦处于上卦，而没有指向下卦，不足以体现情深义重。只有上爻的心志维系着二阳，才能够体现出上爻心意的厚重之感。虽然上六离二阳最远，本来可以不挂念二阳，也可以不受二阳的影响，但心志却不忘二阳，显得如此敦厚。

象辞说明地之用在蓄制泽水，水之用在能自制，皆意志内向而有力。一说上六的心意在下（卦），取义是心里装着下层民众；一说监临，表示到现场感谢大家。但二者都不能体现厚重之感。

䷓ 风地观（卦二十）（坤下巽上）

观：盥①而不荐②，有孚，颙③若④。

《彖》曰：大观在上，顺而巽，中正以观天下。"观，盥而不荐，有孚颙若"，下观而化也。观天之神道，而四时不忒⑤。圣人以神道设教，而天下服矣。

《象》曰：风行地上，观。先王以省⑥方观民设教。

◎**注释** ①〔盥（guàn）〕字形结构是两手在水盆之上，浇水洗手。指举行祭祀开始时先洗手的仪式。一说祭祀时用酒浇地以迎神。②〔荐〕进献、奉献、祭献、荐羞，进奉，献牲于神。③〔颙（yóng）〕诚敬仰望、景仰肃穆，庄严恭敬的样子。④〔若〕形容词词尾，表达事物所处的状态。⑤〔忒〕差错。⑥〔省〕省视，视察。

◎**大意** 观卦象征观察瞻仰，祭祀时洁敬洗手，进献祭品的仪式还没开始，内心就无比虔诚，表现得庄严恭敬，诚敬肃穆。

《彖传》说：主爻九五刚爻为大，居天位在上，上九也高居在上，气势宏大可观；下卦坤为顺，上卦巽为入，教化能顺利地深入人心；九五在上卦中位，刚爻居刚位，位正，九五以下的三、四爻为人位，初、二爻为地位，都在天下。九五能以中正之道居高临下以观天下，这就是观卦。进献祭品的仪式还没开始，内心就无比虔诚，表现得庄严肃穆，在下的臣民看到主祭人的精诚深深地受到感化，这是道德虔诚的感化力量。仰观上天自然神妙莫测的大道，考察天体运行，发现四季交替分毫不差，从不失度。圣人效法自然神妙的天道来设立教化，这样天下的人民就会信服。

《象传》说：上卦巽为风，下卦坤为地，风在地上吹行，无孔不入就是观卦。先王从风在地上形成风气、风俗中得到启示，就要巡视四方，考察民情风俗，设立教化。

◎**解读** 卦名"观"有看、示之意。《序卦传》说"可观"，有可看的内容，或看起来有意义。《杂卦传》说是"求"，指看看就可以从中求取对自己有益的内容。观卦有宗庙之象，卦辞讲宗庙祭祀活动。主祭的天子，内心就无比虔诚，表现得庄严恭敬，诚敬肃穆。于是臣民都受到了感化。古代在宗庙里祭祀天地祖先，礼仪繁盛。大致说来，主祭人先要散斋七日，可不在净室，但要洁净饮食、仪容、声色。之后斋戒三日，吃素并住在净室里，焚香沐浴，才开始祭祀。祭祀时先迎尸主入庙，主祭人洗手，把手伸在水盆上方，洗手时由侍从用匜（特制水壶）盛水，侍从用匜向手上浇淋来洗叫"盥"。然后才酌酒献尸主，尸主把酒浇在茅草上，象征被神享用叫"灌"。再后摆供品，"三献而荐腥，五献而荐熟"，每一步都很讲究，而最重要的是要对神怀着无比的虔诚，精诚洁齐以感动天地人心。

观卦从乾卦经由否卦变来。即否柔爻再上长一位变观卦。否卦为上乾（天、父）下坤（地、母），象征天地父母在世。否卦变观卦，乾坤化去，天地父母都不在了，有祭祀之象。观卦是放大的艮卦，像高大的门阙，不在世的先考先妣与天地都进了高大的门阙，故观有宗庙之象。互艮（手）在下坤（器皿）之上，有手在器皿之上洗手之象，所以说"盥"。盥在献牲之前，是进献祭品的仪式还没开始之前洁敬洗手。九五下有四个柔爻，显得孚信充盈，内心无比虔诚。仪式可观，主祭人诚敬肃穆，对神灵庄严恭敬。在祭祀过程中，主祭人的虔诚恭敬是营造"观"的氛围，大家观察主祭人的虔诚，犹如感受到春风吹拂，都受到感化。九五有君王中正观天下，臣民顺服观上之象，象征君王观察领悟天地神秘莫测的大道，遵循自然生机来建立教化，使天下百姓感应到大道的生机充盈，进而心悦诚服。

象辞进一步说明君王上观天意，下观民情，心系天下如春风消融坚冰，能吹彻寰宇，民众深受感动，悦顺于君王的意念。可见，政令作为君王的心意，只要真心实意为天下苍生着想，就足以教化臣民。

初六：童观，小人无咎，君子吝。
《象》曰：初六"童观"，"小人"道也。

◎**大意** 初六：像儿童一样观察事物，对小人来说没有什么过失，但对君子来说就有羞吝。

《象传》说：初六像儿童一样看问题，这是小人之道。

◎**解读** 全卦是一个大艮（少男，童）。初六在一卦之初，表明看问题仅能看表面。初六距主爻九五最远，对九五的德政教化、道德礼仪、政策法令等都看不清，理解最肤浅，有点像儿童观察事物，懵懵懂懂。但初六柔爻，又在最下位，阴柔无应，柔爻为小人，小人有儿童一般的见识，合乎小人之道，对小人来说没有什么过失。但君子如果有这样的见识就不合情理，会有吝难。也有学者把"童观"理解为谦虚地观察世界，可备一说。

六二：窥①观，利女贞。
《象》曰："窥观，女贞"，亦可丑也。

◎**注释** ①〔窥〕小视，窥视，从小孔或门缝里偷看。

◎**大意** 六二：从门缝里向外窥视，对女子来说是正当的。

《象传》说：透过门缝向外偷看，对女子而言，贞操矜持，守正则有利，不过这样做终究不太光彩。

◎**解读** 六二阴柔，是坤（阖户）中之女，在观卦，如女子从门（大艮）缝往外偷窥，古代女子受条件所限，只能以如此有限的视野来看世界，看到的世界狭小有限，也是正常的。但如果男子看世界的视角也如此狭隘，不敢大大方方，也偷偷摸摸地看，那就是鼠目寸光，根本没有远见卓识，是令人羞愧可丑的事情。

六三：观我生①，进退。

《象》曰："观我生，进退"，未失道也。

◎ **注释** ①〔生〕代表念头之生，民心民意之生。

◎ **大意** 六三：观察我的生民的情况，决定进还是退，是通过观察风俗民情制定政策。

《象传》说：观察体会人民追求的想法和所生的念头，决定进还是退，不失正道（六三能按风俗民情，以神道设教，故为"未失道"）。

◎ **解读** 此爻既可观外，又可察内，王弼强调观风，朱子、船山重视内省，有"观察他的行为""反省自己的行为""观察我的未来"等不同讲法，所以需要看象。六三在下坤（民）之中，上邻巽（进退），从象上讲，四爻为观察国家的盛典，三爻是观察生民，即百姓的一些生活念想，可进可退，而观察生民或民心民意的想法，即体察百姓的意愿与要求，调整政令与教化之策，让决策者的政策战略思想与百姓所向往的相符合，所以合乎正道。而观民不是把民作为外在的观察对象去观察，而是在民生的情形之中去体会百姓的诉求和夙愿，从而为国家政策进退做参考。

六四：观国之光，利用宾于王。

《象》曰："观国之光"，尚宾也。

◎ **大意** 六四：观看国家礼仪盛典的光辉气象，有利于成为君王的座上宾客。

《象传》说：能观仰王朝盛世的辉煌生机，说明眼见开阔，六四已经是君王尊贵的座上宾客。

◎ **解读** 此爻是通过观礼（如国家庆典）来仰观国家的光辉盛治和光明前途，从典礼仪式当中体验大国景象。观卦从否卦变来，是否下卦的三个柔爻又向上长到四位，六四是下柔的代表，长入否卦乾（君王）里，居于坤（国）之上，全卦变观，观为大艮（大门），六四长入门阙之内，紧邻九五，九五为天子。六四进入宫阙，承接天颜，参加观礼，享受贵宾礼遇，观看国礼，有利于成为君王的座上宾客。

象辞的宾应该是贤宾，而且是内宾贤才，不是外宾，因为是从内部升上来的。能观天下的政治教化，领悟君王的心境。

九五：观我生^①，君子无咎。
《象》曰："观我生"，观民也。

◎**注释** ①〔生〕生民，有生机的民众，或民众向往的生活。
◎**大意** 九五：观察我的生民，可使君子不犯错误。
　《象传》说：观察我的生民，就是观察我心与民心相通之处。
◎**解读** 九五是全卦主爻，蔚为可观。象辞说他尊贵中正，身为天子，下有四个柔爻拥戴，是道德可观、万民悦服的天子，全卦仰望观瞻的对象。所以观看者是下面的柔爻（民），观察自己的百姓来体察民情，了解民意，因情制宜地施政设教，符合观卦之道。观察我的生民，这样可以使君王不犯错误。
　象辞的意思是观察我的生民的生活状态，就可以去观察民情、体恤民情了。

上九：观其生，君子无咎。
《象》曰："观其生"，志未平也。

◎**大意** 上九：观察他所治理的生民，君子就可以不犯错误。
　《象传》说：观察他（九五）所治理的生民，因为上九担心自己的雄心壮志难以实现。
◎**解读** 全卦仅有两个刚爻比邻在上。九五在尊位，是天子，九五"观生"是观自己的百姓，也就是观察他所治理的民众。上九已退出尊位，相当于太上皇，上九"观生"就是观九五的百姓，所以说观察他（九五）所治理的生民，也就是为九五观察民俗风情，作执政的顾问。上九这样做符合观卦之道，这样九五的君王就可以更好地去治国平天下而不犯或少犯错误，为百姓多做事，对得起天下苍生。
　象辞是说，上九担心自己平生的雄心壮志难以实现，因为上九到了极位，可能要倾覆，内心忐忑不安，但还是能够念念不忘，不仅观察自己，并体察九五。

一说上九不能继续观察审视自己，而要观察九五的情况如何。结果发现九五站不住了，就得靠上九挑大梁，但如果预先估计九五撑不住的话，现在就要好好观察九五的表现到底如何，并及时帮助，协助九五。带着担心忧虑，即担心九五不能够体现民意，也担心九五的心意不足以支撑起天下百姓的心意。

䷔ 火雷噬嗑（卦二十一）（震下离上）

噬嗑①：亨。利用狱②。

《彖》曰：颐中有物，曰"噬嗑"。"噬嗑"而"亨"。刚柔分，动而明。雷电合而章③。柔得中而上行，虽不当位，"利用狱"也。

《象》曰：雷电，噬嗑。先王以明罚敕④法。

◎**注释** ①〔噬嗑（hé）〕噬是用牙齿啮咬，如《杂卦传》说："食也"。嗑是上下牙对合，如《序卦传》说："嗑者，合也。"颐卦卦画像嘴，噬嗑是在嘴里咬着九四。被咬住是很难受的，用囚犯在狱中做比喻，所以噬嗑又可看成身带刑具的在押犯人，有利于处罚量刑，听讼治狱。②〔狱〕古代主要指诉讼的案件，后发展成监狱之意。③〔章〕同"彰"，彰显。④〔敕（chì）〕敕正，命令，告诫。

◎**大意** 噬嗑卦象征梗碍刑狱，亨通，有利于处罚量刑，听讼治狱。

《彖传》说：口腔里有食物卡住就是噬嗑卦要说明的处境。有东西梗碍在口中，为什么还会亨通，是因为噬嗑卦从否卦变来，卦变中刚柔爻分开交错，变得刚柔相济；下卦震为动，上卦离为明，下震动而上明丽，有行动光明之象，所以能亨通。下卦震为雷，上卦离为闪电，雷电交加，电闪雷鸣，有强大的震慑威力和明察秋毫的光照效应。（噬嗑卦由否卦变来，即否卦九五与初六换位，否卦的初六柔爻上行到上卦的中位，卦变为噬嗑卦。）卦变的意义是柔爻柔顺地上进到中位且具有中道，六五虽然是柔爻取得刚位，位不当，但办案理冤不需要刚暴，所以利于处罚量刑，决断讼狱。

《象传》说：下卦震为雷，上卦离为闪电，组合在一起就是象征雷电交加的噬嗑卦。先王从电闪雷鸣的卦象中得到启示，要彰明刑罚，饬正法令。

◎**解读** 噬嗑卦是颐卦（口腔）里有东西（食物），而亨通是因为否卦刚爻和柔爻分开，又有下震动而引发明丽光亮，显得行动光明。下卦震（动）相当于下牙床动有咬食之象，引申为犯人。噬嗑卦讨论的是量刑断狱。

彖辞"柔得中而上行"有三解：一、坤之初六，上升乾五，如侯果；二、五虽在尊位，还要进取上行，如孔疏；三、柔居上体，则言上行，如金景芳。噬嗑卦应由否卦变来，否卦是上乾下坤，变为噬嗑，把否卦那种刚柔相分的状态分开，使刚柔交错。取义是能刚能柔，刚柔相济才亨通；虽然五爻以阴居阳位不当，但仍然有利于使用刑罚。

雷电，依大象之体例应为电雷。如云雷屯、山下出泉蒙等，都是先上卦后下卦，此处雷电则为先下卦后上卦。程传："象无倒置者，疑此文互也。"柔爻向上象征办案能不刚暴急躁而断得公平。雷有赫赫之威的震慑威力；电有烨烨之明的照邪难逃的作用；雷电二者象征国家法治恢恢严正，不容罪恶、妖邪逃脱，纤毫必究。所以先王端正法治的时候，要效法雷电。

噬是咬，嗑是咬断，所以噬嗑卦是如鲠在喉，不得不断。九四之断，说明矛盾应尽可能化解，即使对方硬来，也不要蛮干。英明和专横往往是一体两面，最后是看化解的力道和结果来确定的，所以出手就要考虑结果如何，咬与咬断取决于双方力道的互动，想咬断就要想到是否会被反咬，受到伤害。

初九：屦①校②灭③趾，无咎。

《象》曰："屦校灭趾"，不行也。

◎**注释** ①〔屦（jù）〕用麻、葛做成的鞋子，作动词时意为穿带上。②〔校〕校械，古代刑具，锁犯人的木枷。在手上的称梏，相当于手铐；在脚上的称桎，相当于脚镣。③〔灭〕淹没，覆灭，遮盖住。

◎**大意** 初九：脚上套着脚枷，遮没了脚趾，没有太大的罪过。

《象传》说：脚上套着脚枷，遮没了脚趾，是因为初九受到惩戒，走不动路了，也不可以再继续前行犯错了。

◎**解读** 连同上九爻辞"何校灭耳"来看，爻辞从全卦整体卦画取象。初九在全卦最下位，对应人体的脚，脚上横亘一刚爻相当于给脚上带上脚枷。下震（趾），互坎（水），有趾被淹没，即足枷遮住脚趾之象。初九刚爻刚位位正，可见这个囚犯行为正当，被带上脚枷是受了冤屈，可释放，没有太大的罪过。这一爻有羁绊之难，但最后没有咎害。身陷囹圄也会获释脱难。

象辞一说初九受到的刑罚不重，只是被略施惩罚，不能继续做坏事，也应该不会继续犯错了，可备一说。

六二：噬肤①灭鼻，无咎。

《象》曰："噬肤灭鼻"，乘刚也。

◎**注释** ①〔肤〕带皮的肉。

◎**大意** 六二：咬食带皮的肉，连鼻子都陷没到肉里去了，没有过错。

《象传》说：像咬啮带皮的肉一样施刑，连鼻梁都打陷，好像没到肉里去了，是因为六二柔爻乘驾在初九刚爻之上，好比以欺凌的态度施用严刑峻罚。

◎**解读** 六二柔乘刚为不顺，所以象也不好看，从吃态来说，是吃相难看，出乖露丑，一口咬下去，连嘴和鼻子都淹没到肉里，胡吃海塞，目无旁人。从义理来说，是哪怕严刑峻罚也都可以使用的意思。六二代表施刑人，如果处罚过分，不择轻重，就可能把自己弄得很难堪。

这是从嘴咬食物的卦画取象。九四是嘴中咬住食物。六二与九四互艮（肤），艮的卦画上刚爻为肉皮，下两柔爻为皮下软肉，艮又为鼻，六二也在互坎（水）里，是坎水在鼻子上，鼻子没入水下，有连鼻子都陷没到肉里去之象。艮又为黔喙之属（黑嘴头的动物），黑嘴头的动物吞食东西，常把鼻子也探进食物中去，本性如此，无可厚非。但人如果这样吃东西，则食相不雅，当然也只是露丑而已，不能称为过错。

六三：噬腊肉①，遇毒，小吝，无咎。

《象》曰："遇毒"，位不当也。

◎ **注释** ①〔腊（xī）肉〕腌制后再经风干或烘烤制作而成的可长时间存放的肉。

◎ **大意** 六三：咬食坚硬的腊肉，遇到毒物，有小的麻烦，却不会有大的灾害。

《象传》说：遇到毒物犹如受刑者不服，原因是六三阴爻占据阳位，位置不适当，所以受刑者心生怨恨。

◎ **解读** 六三以阴爻处阳位，不中不正，外示柔而内实刚，外阴险而内狠毒，所以不好治，要施刑，困难挺大，就像吃存放很久的腊肉，结果还遇上了有毒的。艮在离下，肉被火烤干，坎为毒，干肉有毒，但毒性不强，有小麻烦，无大碍。古注多认为象征打死也不招、坚决死硬的坏人（有时其实是真好人）。

九四：噬干胏①，得金矢②。利艰贞，吉。

《象》曰："利艰贞，吉"，未光也。

◎ **注释** ①〔胏（zǐ）〕骨上残肉，连骨的干肉。《玉篇》解释为"肉带骨也"。②〔金矢〕金属箭头，有双重含义，象征犯人骨头硬如金矢，或是审判者刚正如金矢，"艰贞，未光"或是因为两者都硬。

◎ **大意** 九四：咬食干硬带骨的肉，却意外得到骨中的金属箭头，有利于在艰难处境中持守正道，可获吉祥。

《象传》说：有利于在艰难中持守正道，可获吉祥，但是九四还难以发扬刑罚之威力和光明。

◎ **解读** 九四是彖辞讲的"颐中有物"之物，横亘于口齿之间，也在互艮（肉）里，但比六三更接近上卦离（火），接近火就烤得更干。既然刚爻是横亘之物，所以只能是咬食干硬带骨的肉。九四在互坎（弓轮）上离（戈兵）里，有弓上戈兵（箭）之象，而骨中之箭只能是箭头，说明咬食时意外得到骨中的金属箭头。坎为险难，此事有艰险，有利于在艰难处境中持守正道。啃骨头能意外地得到金属箭头，是有意外收获之喜，可获吉祥。

179

古代人吃田猎射到的禽兽之肉，从骨肉中找到箭头是生活中常有的事。从象上可解释金矢的意义，引申为刚直之意，是判官能够刚直守正地处理狱讼，当能获吉；或是将九四理解为刑罚之正，金矢就表示以刚直之道处置狱讼，虽然艰难，只要坚持，定当获吉。这样的解释方式比朱熹的方式要高明。

朱熹则认为，《周礼》中的"钩金束矢"是在"禁民狱讼"的思想下，为减少或阻止狱讼采取的方法，"得金矢"本意是指告状双方要想狱讼，必须凑齐金、矢，才能打官司，普通百姓因送金、矢有难度而及早停止，这样就无法诉讼了。

爻辞带有还未能度过刑狱的艰难时期，还没有看到光明的意思。而象辞说明，九四作为审判者，位置还不够有力，所以艰难。如果把九四作为审判人，从这个角度来看，案子要审判公正，不仅需要刚正的九四，更需要贤明的六五，因为九四位置不够，所以"未光"，难以发扬刑罚的威力和光明。

王注孔疏认为此爻的含义是刑罚虽不能服人，但其所代表的刚直之道可取，要坚韧不拔，也要正直到底，保持公正不阿。这样的解释对后世影响较大，注家多认为金属箭头既象征审判时的刚直严正，又象征审判骨头硬如金矢的犯人十分艰难。

六五：噬干肉，得黄金。贞厉，无咎。
《象》曰："贞厉无咎"，得当也。

◎**大意**　六五：咬食干肉，意外得到黄金。在艰难之中，能持守正道，不会有咎害。

《象传》说：在艰难之中而能持守正道，不会有咎害，是因为六五在上卦中位，施刑治狱能够持中守正，分寸得当（所以最后有意外收获）。

◎**解读**　这是全卦最好的爻，有意外的收获。黄金比金矢更硬，当然也更有价值，审判非常艰难，六四没有突破，到六五这里终于突破了，因为"坚持（贞）"，所以"得当"，最后得到黄金一样的意外收获。

六五下临艮（肉），上卦离（火），是咬食被火（离）烤干的肉（艮）。否变噬嗑之前，上卦乾（金），六五从否卦的下坤（中央土，色黄）升上来，乾坤交错变成噬嗑的上离，所以是意外得到黄金之象。互坎（险），所以危险艰难，但不会有咎害。

象辞解释不会有咎害的原因，是因为六五在上卦中位，施刑治狱能够持中守正，分寸得当，所以最后有意外收获。象辞说六五柔爻占据了阳位而位不当，但小象辞却说其能够持中守正，分寸得当，是角度不同。象辞是指处境不当，小象辞是指方式得当。

一说九四是实际审判者，六五的分寸得当，就是应该保持轻松，不要干扰具体的审判过程。

上九：何①校灭耳，凶。

《象》曰："何校灭耳"，聪不明也。

◎ **注释** ①〔何（hè）〕同"荷"，肩扛。

◎ **大意** 上九：肩上扛着颈枷，遮没了耳朵，有凶祸。

《象传》说：肩上扛着颈枷，遮没了耳朵，是因为上九像耳不聪、目不明的聋子瞎子，犯下大错，被迫接受重刑。

◎ **解读** 上九在互坎（耳）和上离（目）之上，好像是颈上的木枷，比耳目还高，把耳朵、眼睛都遮住了。又处全卦之终，穷途末路，所以有凶祸。

全卦三个刚爻，初九刚爻为足枷，上九刚爻为颈枷，九四刚爻不取手枷象，主要是因为古代的颈枷与手枷连在一起，枷上有三个窟窿，一个锁脖子，另两个锁手。因此，上九取颈枷，九四虽仍有手枷之象，但可省略。

聪是耳朵灵，明是眼睛亮，象辞说的"聪不明也"不是说聪而不明，而是互文，即耳朵遮住就不可能聪。初九枷遮住了脚，象辞说走不了了，只是无法行动，有劝勉、告诫收手之意。上九枷遮住耳朵眼睛，比初九更糟，难逃牢狱之灾。

䷕ 山火贲（卦二十二）（离下艮上）

贲（bì）：亨。小利有攸往①。

《彖》曰："贲亨"，柔来而文刚，故"亨"。分刚上而文柔，故"小利有攸往"。刚柔交错②，天文③也。文明以止，人文也。观乎天文，以察时④变；观乎人文，以化成天下。

《象》曰：山下有火，贲。君子以明庶⑤政，无敢⑥折狱。

◎**注释** ①〔小利有攸往〕有理解为在小的方面，对小的、柔小的有利，也有理解为小是形容词，形容前往有小利。此卦是文饰之意，文饰只是表面，并不实在，靠文饰不可以做大事，只能获取小利。②〔刚柔交错〕有的本子没有，有些有。据《周易正义》补。③〔文〕纹理，交错。④〔时〕天时，四季。⑤〔庶〕众。⑥〔敢〕能，能愿动词。

◎**大意** 贲卦象征文饰装扮，亨通。向前去做事可以有小的利益。

《彖传》说：贲卦亨通，柔顺者来文饰刚强者（贲卦由泰卦上六与九二换位变出，卦变中柔爻从上位下来，使刚爻交错开，是柔来而文刚），所以贲卦亨通。刚健者分开而上去文饰柔顺者（卦变中，泰下卦乾的刚爻被分开，九二到上位去文饰柔爻，使上卦坤的柔爻得到交错，刚柔互济）。向前去做事可以有小的利益（在卦变中柔爻从上位来到下卦中位，刚爻从乾天中位到上位，刚爻代表天来文饰柔爻，柔爻为小）。阳刚与阴柔交错，这是天的文章和文采。下卦离为文明，上卦艮为止，用文明来规范限制人们的行为，就是人的文化和文明。观测天的文章和文采，就可以察知时间和季节变化之道；观察人的文化与文明，就可以推行教化成就天下隆盛昌明。

《象传》说：上卦艮为山，下卦离为火，山下燃烧着火焰就是贲卦的象征。君子从这种火光照亮山上万物，光芒足以文饰的景观中受到启示，要通过文饰来让政治昌明，文化昌盛，但不可以依靠文饰来判决讼狱之事。

◎**解读** 《杂卦传》说贲是没有颜色，《序卦传》说贲是文饰。总的说，贲是在素白的基础上加以美化，质素才可以彩画，涂满颜色就无法美化了，这就是"绘事后素"（《论语·八佾》）的意思。所以，所有的文饰，都离不开质，质是根本，有了质，文才能修饰，因此序卦强调文，杂卦强调质。贲卦是噬嗑的覆卦，推演到社会意义上，噬嗑讲法治，贲讲文明。文明与法治是社会组织不可或缺的两个方面。法治主要是强制少数犯罪分子回到社会秩序上来，文明是教化大多数人在正常秩序中生活和活动。文明包括文化、礼仪、秩序、风俗等方面，潜移默化地帮助人们形成道德判断和行为约束。从这个角度看，文明是对人性的修饰，是对自然社会状态的美化，这正是贲卦之文明主题。

贲卦柔（小）爻取得中位（见《彖传》），所以在小的反面可以做一些修饰，向着文明美化的方向前去做事可以有小的利益。天文刚柔交错，是天地之大文，自然合乎中道。但人文需要知道限度（止），不知止则容易文过饰非，文的内容不当，或者文的方式不当，特别是文得过度，铺张浪费，泛滥不堪，这都是文化需要特别重视的问题。一说此卦谈婚姻，而婚姻必要文饰，又不能文饰过度。下离（红）上艮（黄），也是喜庆之色，但喜庆之文饰，更需要适可而止。《论语》提及没有文饰流于粗野，但过分文饰就"史"（通饰），假大空，所以要"文质彬彬，然后君子"，君子要在文与质之间把握好修饰的分寸。关于彖辞"分刚上而文柔"，传统的说法认为下卦离为阴卦，上卦艮为阳卦，是刚在上而柔在下衬托，虽然有理，但意思还是不明，应该用卦变才能讲明白。

象辞以"山"与"火"来表示天文地文的景观，古代天子穿的龙袍上画有日、月、星、山、龙、花、虫、虎、藻、火等，主要是用来表示天文地文宣明教化（见《尚书·益稷》）。本卦不可能把这些象都表示出来，所以用"山"和"火"来代表。象辞的意思是说文明道德对罪犯没有作用，罪犯如果认同文明礼法也就不会走上犯罪道路。

初九：贲^①**其趾，舍车而徒。**

《象》曰："舍车而徒"，义弗乘也。

◎ **注释** ①〔贲〕文饰，打扮。

◎ **大意** 初九：文饰脚趾，舍弃车子不坐，徒步行走。

《象传》说：舍弃车子不坐，而徒步行走，因为初九所处的地位，按照礼仪来说不应该去乘坐大车。

◎ **解读** 象辞有解为从道理上说或者从常理上说就不必乘车，因为脚收拾好了，或者鞋子文饰好了，都是为了走路。如果文饰好了却不走路，反而去乘车，道理上说不通，所以不取。此爻舍车而步行，是根据当时的情势需要去掉不应当的修饰。

车从何来？二爻来而文刚，二爻应该是乘车的。近比初九，邀请初九乘车，为初九所拒。初九在互坎（车）之下，是舍去车子，下车步行，也是自己打扮文饰之象。自己选择，觉得按道理（客观的形势和自己的原则）不应该坐车，也是有意让周围人看到自己修饰打扮好的美丽灿烂的脚。

象辞之义直接通脚跟，接地气，女人修饰脚，男人修脚，都为了舍车，"修饰"是为了给人看，"修"是为了更好地走，没车也可以走得很好。君子的脚跟要接地气，站得稳才能行得正，这是脚跟接地气的（本）义。

六二：贲其须①。

《象》曰："贲其须"，与上兴②也。

◎**注释** ①〔须〕胡须。一说等待，一说妾，不取。②〔兴〕动，兴起。

◎**大意** 六二：文饰他的胡须。

《象传》说：六二是文饰九三的胡须，因为六二随着上边九三一起兴起来文饰。

◎**解读** 九三到上九有颐象，即颐卦缩小一点的形象，六二在颐（嘴）下边，是嘴下胡须，九三就是下巴，更形象地讲就是文饰下巴九三。象辞的意思是说：胡须不会自己动，要随着上边的嘴动。同时，六二与九三相比，有同心而高兴之象，六二因为装饰了下巴九三，就与之结成了一个命运共同体。

九三：贲如①，濡②如，永贞吉。

《象》曰："永贞"之"吉"，终莫之陵也。

◎**注释** ①〔如〕形容词词尾。如同……的状态。②〔濡（rú）〕润泽，沾湿。

◎**大意** 九三：文饰得光鲜亮丽的样子，润泽水灵的样子，能够相濡以沫、长久持守正固自然吉祥。

《象传》说：爱情如果能够长久持守正固，自然吉祥，因为世间最终没有什么能凌驾在九三（坚贞的爱情）之上。

◎**解读** 二爻与三爻一同兴起，有同是天涯沦落人那种命运共同体的味道，有意气相投、情感相和、执手相依、琴瑟和鸣之象,彼此互相照亮、文饰、润泽,共同成就相濡以沫的境界。

九三在下卦离(光彩)里,又在互坎(水)之中,是水灵灵、光彩照人的样子。九三阳爻居阳位,位置适当,只要能够长久持守正固,自然吉祥。把贲理解为文饰,那么九三的地位是最理想的,其他各爻都比不上,上卦为艮为止,那就是到九三为止了,所以最终也没有人能凌驾于自己之上。

六四:贲如皤①**如,白马翰**②**如。匪寇,婚媾。**

《象》曰:六四,当位疑也。"匪寇婚媾",终无尤③**也。**

◎ **注释** ①〔皤(pó)〕形容白色。《周易集解》:"亦白,素之貌也。"一作老人须发银白。②〔翰(hàn)〕天鸡,就是白雉。《说文》:"长老者曰翰。"③〔尤〕怨忧,忧虑,怨恨。

◎ **大意** 六四:文饰得淡雅美素、白净无瑕的样子,所骑白马又是那样纯白无杂的样子,(向初九飞奔而来);(初九)发现前方来的(六四)并非寇盗,而是来求婚联姻的佳偶。

《象传》说:六四阴爻居阴位,正当多疑的位置,所以六四开始怀疑,后来(初九)发现前方来(六四)的不是寇盗,而是来求婚联姻的佳偶,(六四)到最后不会有什么抱怨和忧虑。

◎ **解读** 六四本处于疑位(如乾九四),加上互坎为疑,所以疑心很重,六四先怀疑九三,又怀疑初九。当然六四阴爻得正,自然非轻浮之人,又为艮卦初爻,有止之德,所以没有给九三任何机会,九三即使有意也很快放弃,还是选择了六二。一说六四居正,心虽疑,但行得正,能以素心素行应对得当,使得九三放弃了抢婚(如屯卦六四)的念头。九三情深于六二,刚柔合为一体,对六四即使有意也远弱于六二,不会成为他人婚姻道路上的羁绊,王注孔疏以九三为寇的说法当否定。

六四先没有给九三机会,看到九三与六二如此恩爱,而自己却身处坎(危险)之中,自然开始对自己和远方之应爻初九有所怀疑。但最终疑心解除,心寇烟消云散,涣然冰释,因六四与初九也情投意合,一个舍车而徒志趣高洁,一个白马翰如贞洁自守,心心相印,终成眷属。当然,互坎意味着六四因深爱而盲目,可能还会有危险。

卦象上这一爻主要突出白色文饰,用了很多可爱的白色事物作比喻。"贲"先是素白的,还有白色的须发(颐嘴有须,六四在小颐卦里),白马(互坎为美脊马),白雉(下离)等,一幅文饰得淡雅美素、白净无瑕的图景,而且连坐下白马都纯白无杂。

象辞说六四在互坎(疑,寇盗)中,正当多疑之位,自然会有疑心。不过全卦只有六四与初九能阴阳正应,其他爻都无正应,故对初九来说,先疑六四为寇盗,但后来发现,前方来的六四虽在坎中,却并非寇盗,而是来求婚联姻的佳偶(九四为坎中,代表一心恒定),跟自己惺惺相惜,佳偶天成。

此爻注家对"翰"字的解释众多,主要有:一、洁白色:见《周易正义》王弼注;二、马飞驰状:见《周易本义》;三、高昂着头:高亨先生引《释文》有言;四、马毛长:高亨;五、壮硕等。关于"白马翰如"所描述的对象,大抵有两种观点,一种认为指初九;另一种则认为指六四,如王弼、朱熹等即持此说。本爻六四,所以应取六四。取义即互坎(马)既是白色,又朝初九飞奔而来。对于初九来说,先看到坎象,以为是盗寇,后来看到六四对自己一心一意(坎中刚爻代表内心恒稳),才知道六四是来求婚的。

总之,"白马"是强调白马洁白无瑕,取坎象,应该问题不大。马恒君认为,六四在互坎(美脊马)中,所以"白马翰如"指六四,今从。只是"翰如"的解释,如果仅仅是说明白色的样子,似乎跟后面"匪寇婚媾"的联系不够紧密,如果理解为不仅仅是白马白色之状,更是白马飞驰之状,就与后半句联系密切多了。如果马没有飞驰起来,就很难有"匪寇婚媾"的判断,判断一匹静止的白马或骑白马休息的人,不会有那么大的失误,所以还是取飞奔之意为上。

注家对于贲卦"匪寇婚媾"的理解有多种:王弼、朱熹等人认为指九三;马恒君、傅佩荣认为指六四;黄寿祺认为"匪寇婚媾"指初九,但是却认为"白马翰如"指六四;余敦康则认为"匪寇"指九三,"婚媾"指初九,但是他却同样认可"白马翰如"指六四。李光地《周易折中》认为"白马翰如"与"匪寇婚媾"二者均指初九,这在象上并没有坚实的依据。历代注家这些解析说明"白马翰如"与"匪寇婚媾"所指对象可能并不一致,所以有不同的理解。

六五:贲于丘园①,束帛②戋戋③。吝,终吉。

《象》曰：六五之"吉"，有喜也。

◎ **注释**　①〔丘园〕山丘田园。此处由自然景观引申出隐士等意，也有作家园、乡村、国家之喻的。②〔束帛〕成捆的布帛礼品，古代用于馈赠的礼物。《文选·东京赋》李善注："古招隐士必以束帛，加璧于上"。③〔戋(jiān)戋〕少貌。

◎ **大意**　六五：（君王）意图文饰装扮大好河山的丘山田园，以轻微的束帛礼品招贤纳士，虽然有点不成敬意，但最后一定会国事呈祥。

《象传》说：六五的吉祥是因为必有喜庆，既因为六五位置好，也因为六五虚怀若谷，招贤纳士，一定会有喜事。

◎ **解读**　本爻强调礼轻情重，刚柔相济。六五高居尊位，阴柔得中，上承阳刚，虽无下应，正好专心亲比上九。上九为高贤隐士，在艮（山）上，故取山丘田园为象。聘请高贤隐士，本想首重诚意，聘以丝帛，因高贤必然看轻财货，所以无需太多，毕竟以江山相托，本身就大有诚意。

前人解释众说纷纭，有"文饰于丘园之地""以浑朴的山丘园圃为饰""装扮自己的庄园""文饰丘墟园圃""一束束洁白的丝帛装饰着山上的园圃""文饰招贤馆"等不同的译法。六五在上卦艮里，如果取山象，就是文饰山野园林；如取馆象，所以是文饰招贤馆。但取馆象不如山象，所以还是以山丘里的庄园为妥。当然，以轻微的束帛礼品招贤纳士，认为是招贤馆也有一定道理。在山里招贤纳士，礼品又少，开始的时候不会太顺利，但六五位置好，柔顺居下，虚怀若谷，天下英才皆向往而归之，最后的结果一定是好的。

然而，从象上分析，六五柔爻占据刚位，看似不当位，会不太顺利，但《系辞传》说"三多凶，五多功，贵贱之等也"，五位多功，所以最后一定吉祥。

上九：白贲，无咎。

《象》曰："白贲，无咎"，上得志也。

◎ **大意**　上九：文饰装扮到了极致境界而洗尽铅华，返璞归真，没有什么问题。

《象传》说：在素朴虚白的大地上文饰装扮，没有什么问题，因为上九实现了它想上来文饰装扮坤地的志向。

◎**解读** 前五爻"贲"之前都没有文字,贲本身就解释为文饰装扮的意思,强调的是装扮的样子,或者后面跟宾语,表示装扮什么东西,所以"白贲"不应该理解为用白色来装扮,"用纯净洁白的颜色文饰""素白无华的文饰",应该是装扮素朴和虚白。卦变中,上九从泰卦的下乾中位分出来,到全卦最上位,来装扮原坤卦,这样大地从素朴虚白的状态得到美化,由质素而变得灿烂辉煌,光彩夺目。上九上来的目的就是来文柔,心志实现,内心满意,也可以理解为在上位心志得意、如愿以偿。此爻目前只有用卦变较清楚地解释了象辞。

按照象传"关乎人文,以化成天下",也可以说是装扮大地,以文饰质,从而在六五那种装扮天地的境界上更进一步,家国拉高到天下,实现了装修天下的伟大志向。

䷖ 山地剥(卦二十三)(坤下艮上)

剥①:不利有攸往。

《彖》曰:剥,剥也。柔变刚也。"不利有攸往",小人长也。顺而止之,观象也。君子尚消息盈虚,天行也。

《象》曰:山附于地,剥。上以厚下安宅。

◎**注释** ①〔剥〕有剥削、剥落之意,象征剥蚀掉落。

◎**大意** 剥卦象征剥蚀掉落,不利于有所前往。

《彖传》说:剥就是剥蚀掉落的意思。是阴柔上长即将变去阳刚之体。不利于有所前往,是因为小人的势力正在不断扩张。下卦坤为顺,上卦艮为止,全卦是五阴逼退一阳的架势,阳爻应该顺势抑止小人之道的成长,这从观察卦象就可以看出来。君子处事崇尚消息进退、盈盛亏虚的转化哲理,这也是顺从天的运行法则。

《象传》说:上卦艮为山,下卦坤为地,山被剥蚀掉落附在大地上就是剥卦。在上位的君子看到大山被剥蚀将尽、山石掉落在地面上的卦象受到启发,担心根基不固，要增厚宅基，安稳而居；同时厚待百姓，让他们安居乐业。

◎**解读** 剥卦不利于前往，宜静不宜往，意味着盲目乱动都是不利的，也就是处于一个剥蚀掉落的危难时势当中，到处都有剥落下来伤害自己的因素存在，所以不论怎样行动都充满危险，要以静制动，守时待命，方可拨乱反正，如果真要行动也一定要特别小心。

五阴来决一阳，阳气处于绝对的弱势，随时有可能被剥去性命，此时只能顺势而为，不可以逆势而动，不可强势抗拒，要适可而止，顺止观象，审时度势。当然，顺势而为并不是同流合污，自甘堕落，而是符合天道运行的普遍规律。

前人很少有能讲清楚剥卦卦象的。山在地上，本来是非常安稳的，可为什么又会剥落，而且几乎是最为危险的卦？其实，这指的是大山附于地面，地面的阴气和山体的阴气不断上长，把山体表面的草木土石剥蚀将尽，山石纷纷掉落，重压在地面之上，这是非常危险的情况，好比山边的房子面对山体滑坡的危险一般。

初六：剥床以足，蔑①贞②，凶。
《象》曰："剥床以足"，以灭下也。

◎**注释** ①〔蔑（miè）〕通"灭"，腐蚀灭掉。②〔贞〕正。一说生生不息的生命力。
◎**大意** 初六：从床脚开始剥蚀，邪道开始侵蚀正道，必有凶险。

《象传》说：从床脚下面开始剥蚀，就是要从根基开始毁灭。
◎**解读** 床以足为安，剥床之足，是灭下之道。程颐说："以床为象者，取身之所处也。"马恒君说："考之卦画，巽像一张床，下有床腿，上有床板。"初爻还有足象。一说，"床"泛指卧具。床在人下，足在床下，剥蚀床足，就是要灭掉下面，灭掉元气根基，根基不固，大业倾，地基不稳，高楼崩，基础不实，学业毁。所以是阴剥阳，柔变刚，邪侵正，小人消君子，所以"凶"。卦象以山之剥为喻，爻辞以床之剥为喻。

床本接地气之物，地气被剥蚀就凶。此时不宜前行，应该顺时而止。必须对邪道侵蚀正道的迹象非常重视，否则越来越危险。但此爻，守正未必能够防止危险，只能减低危险的程度。所以象辞说：从根基上毁灭基础，是非常凶险恐怖的。这一爻一上来就指明了剥卦的凶险。

一断为"剥床以足，蔑，贞凶。"尚秉和认为贞当为"卜问"，即占卜有凶。他同意初爻的"蔑"应释为"灭"，但又进一步征引《说文》"灭，尽也"，认为"剥床以足蔑者，言床足被剥尽也，故卜问凶"。

六二：剥床以辨①，蔑贞，凶。

《象》曰："剥床以辨"，未有与②也。

◎**注释** ①〔辨〕床腿。依郑玄说"足上称辨"。从"辨，分也"的角度说，更接近花纹，雕刻。可引申为眼花缭乱，需要分辨是非。一说在床席下的床板。从象上看，应该不是床腿就是床腿上面一点点。还有解为床头、床端、床干等。②〔与〕赞同，支持，一起，相与，相助，正应。

◎**大意** 六二：继续剥蚀床腿，邪道继续侵蚀正道，越来越凶险。

《象传》说：继续剥蚀床腿，是六二孤立无援，没有应与。

◎**解读** 六二的位置很尴尬，上下不通，左右无援，但六二有主动带头剥阳干坏事的念头，在剥卦从下到上，层层递剥的大势当中，目中无人，无所不为。另一方面，没有爻跟六二相应与，六二处于孤立无援的危险境遇。六二与六五不应，得不到上面的支持和帮助，自己在邪道扩张的大势当中，有心无力，失道寡助，已经大难当头，越来越可怜凶险。

初六砍掉床足，六二砍掉了床腿，没足没腿，床板要翻落在地，所以越来越凶险。六二是柔进一步灭刚，阴长剥阳，所以也是邪道继续侵蚀正道。一说小人当道，混淆是非，邪正无法分辨。

六三：剥之，无咎。

《象》曰："剥之，无咎"，失上下也。

◎**大意** 六三：顺剥落之势，却没有什么过失。

《象传》说：顺剥落之势，却没有什么过失，是因为六三跟上下阴爻都不一致。

◎**解读** 六三处在剥的大势当中，全卦只有六三与上九正应，虽然不得不顺从剥落的大势，但没有同党，不会跟上下左右的小人们结党营私、同流合污，六三能够顺势而为，静观天象，以待天时，可谓剥而不剥，所以不会有大的过失，也就是不会把坏事做绝，知道适可而止。此处"无咎"讲成"过失"应该比"祸患"好一些。六三内心里跟君子（上九）心意相通，说明虽然表面是小人，但还是能够了解正道所在，这样当然跟上下阴爻都不一样了。

即使六三愿意与众人同流合污，跟着做坏事，也不愿意把坏事做绝，知道不做绝才是不被剥之道。虽然有时候和不好的人在一起，但自己还是知道要从正道，尽力做好事。

六四：剥床以肤，凶。

《象》曰："剥床以肤"，切①近灾也。

◎**注释** ①〔切（qiè）〕挨着，迫近。

◎**大意** 六四：剥蚀床到了人的皮肉，非常凶险。

《象传》说：剥蚀床到了人的皮肉，说明六四已经切实迫近灾祸了。

◎**解读** 肤有说皮肤，也有说是床面的。六四代表已剥到上卦艮（带皮肉），整张床被剥，已波及人体，危及人的皮肤，剥到皮肤就更加危险恐怖，跟象辞的说法一致，犹如火烧眉毛一般凶险的灾难就在眼前发生，无法躲避。象辞更加形象鲜明地说明了爻辞之凶。

六五：贯鱼①，以宫人宠，无不利。

《象》曰："以宫人宠"，终无尤也。

◎**注释** ①〔贯鱼〕贯在古代是穿钱的绳索，在爻辞里是贯串、贯通、贯穿成一排。贯鱼指群鱼游动时前后连贯成行列的样子。柔爻阴性取鱼象，六五下边四个柔爻，有领头的鱼带着成行的鱼之象。

◎**大意**　六五：率领众宫女们鱼贯而进，受到宠爱，是无所不利的。

《象传》说：像宫女们一样受宠，最后不会有什么怨尤。

◎**解读**　此爻明显从象上来说，六五带领五个阴爻，好比一群宫女，进宫门（艮）服侍君王，下有床（巽）、宫廷（坤）象。本来六五是众阴的排头兵，气势汹汹地要上来剥蚀掉上九，但发现上九剥蚀不掉，自己又居于上卦中位，足以继续带领众阴，马上改变态度，能以柔止剥，以众阴来顺承阳，井然有序，因为调整得迅速到位，所以最后不会有什么怨尤。六五是阴爻的首领，首领要有团队领导能力，广结善缘，兼蓄并包，像王后统领后宫嫔妃一样率领众宫女鱼贯而进，受到宠幸。总之，六五居于剥卦君位，做了首领，上承上九之阳，得到处于剥势的好处。

上九：硕①果不食。君子得舆②，小人剥庐。

《象》曰："君子得舆"，民所载也。"小人剥庐"，终不可用也。

◎**注释**　①〔硕〕大。②〔舆〕车。

◎**大意**　上九：硕大的果实还没有被剥蚀和摘食。君子摘得，便是载人的车舆；小人占有，就会把人们庐舍的屋顶都掀翻。

《象传》说：君子摘得，便是载人的车舆，因为民众放心地搭乘君子的车舆（继续拥戴他）；小人占有，就会把人们庐舍的屋顶都掀翻，说明小人终究不可任用。

◎**解读**　卦已剥蚀到了五位，剩下上九，是硕大的果实还没有被剥蚀和摘食，保存了真阳之元气。上九在艮（门、果蓏）中，刚爻为大，是高高的大门顶上挂着硕大无比的果实，引得过往的君子小人全都垂涎欲滴。

上九是穷极危险之位，此时个人内在的修养和操守就决定他居于危险位置时是吉是凶。如果是君子，就能够克制众阴上剥的汹汹气势，转危为安，甚至收获车舆（下有互坤）。民众认可君子的德性，继续衷心拥戴他，坐君子的车子，这样在剥的穷极之势，因为君子能够驾驭众阴，这种势力反被君子收服利用，成为治国的车子和工具。如果小人得势，得以利用剥的穷极之势，就会从内心里认可众阴对阳的剥蚀，索性把硕果彻底吞食，就会把民众（互坤）的屋顶（上九为艮之顶)都掀翻,这样的小人得势,马上祸国殃民,当然不能任用他们。

上九是剥中得生,一阳来复,可以种在地下,是生生不息的来源。高山顶上成熟发黄的硕果耀眼夺目,即使摘不到也有摘的意念,大家都不愿见到了却空手而返。可见,最后果实是一定要摘的,但摘的后果主要由德性来决定。也就是说,当上九的硕果被六五吃到之后,结果由上九的道德决定。如果上九品德高尚,可以跟自己的臣妾有好的出路,但如果跟六五一起伤风败俗、狼狈为奸,就会联合她们一起把屋顶掀翻,把家业都付之一炬。另外,也可以理解为六五尝到上九的实惠之后,在群阴妒恨之际和上九乘车(坤)离开,当车子走后,群阴方才明白上九被六五独吞了,于是群阴怒极而将房顶掀翻(即"剥庐")。

䷗ 地雷复(卦二十四)(震下坤上)

复:亨。出①入②无疾,朋来无咎。反复其道,七日③来复,利有攸往。

《彖》曰:"复,亨",刚反,动而以顺行。是以"出入无疾,朋来无咎"。"反复其道,七日来复",天行也。"利有攸往",刚长也。复,其见④天地之心⑤乎。

《象》曰:雷在地中,复。先王以至日闭关,商旅不行,后⑥不省⑦方。

◎**注释** ①〔出〕阳刚出现。②〔入〕阴柔要慢慢退却消散。③〔七日〕七天为一周。一说以七数为一个周期。④〔见〕阳气(仁爱)之光的显现和发露。⑤〔天地之心〕天地创生、长养万物之心,因生物而有仁爱之意,天有好生之德,生生不息。⑥〔后〕当今在位的君王。⑦〔省〕视察,反省,审察,省视。

◎**大意** 复卦象征往而复来,亨通。阳气从内生长,出入之间,没有障碍。志同道合的阳刚朋友们一起前进,不会有过失。阴气剥尽,阳气来复,阴阳彼此消长，有其规律，七天之内就会重新回来，周而复始。利于有所前往。

《象传》说：复卦，亨通。阳刚之气又返回来，下卦震为动，上卦坤为顺，阳气顺势震动，向上通畅运行，所以阳气从内生长，出入之间，没有障碍。志同道合的阳刚朋友们一起前进，不会有过失。阴气剥尽，阳气来复，阴阳彼此消长，有其规律，七天之内就会重新回来，周期循环往复，这是天道运行的规律。按照这个道理向前进，是有利的，因为阳气会随着你的前往而逐渐增长。阳气往去复来，从中我们可以看到天地化生万物的心意吧。

《象传》说：下卦震为雷，上卦坤为地，雷蛰伏在地中，在地中发动，象征阳气来复。以前的君王知道冬至一阳来复，在冬至这一天封闭关卡，让全民静养，商贾旅客不得通行，即使是君王都不去四方的邦国巡视。

◎**解读** 复卦卦象内震外坤，一阳来复。动（震）而顺（坤），所以亨通。关于七的说法很多，比较合理的有：一是隔七爻说：自姤一阴生，经六爻至复，第七爻一阳生，故称七日来复。二是周期之数说：《汉书·律历志》指出，"七者，天地人四时之始也。"一说人日，初一鸡日到初七人日，类似创世过程，即天的孕育和产生过程，所以这里的七也有周期之数的意味。三是隔七月说：人对大自然气息流变领会的一个表现是卦气说，用十二消息卦每卦主一月来表达，自姤午至复子历七月，所以称七日来复。四是分卦值日说或六日七分说：一岁十二月配三百六十五又四分之一日，以坎离震兑四正卦，每卦六爻，共二十四爻，每爻主一个节气，不配具体日子。其余六十卦，分周年365天之数，每卦六日多一点（七分），取整数为七日，略牵强。此说又为隔一卦说，三百六十爻，一爻主一日，还余五又四分之一日，是用来通闰年的余日。剥卦阳气在九月之终被剥尽，到十月末都是纯阴用事，坤卦将尽的时候一阳来复。剥复之间，隔坤一卦六爻六日，到一阳来复，下卦成震时为七日。

总之，因"反复其道"说明七为周期之数，阳气反复，生生不息的规律是以七为周期，而周期有完成之意，所以七为完成之数，所以后面说"天行也"，即天行之道，即可见"天地之心"。这样说来，无论是七日还是七月，都可以表示道运行周期的七个阶段。

"复"是返回正道，重新开始之意。复卦是剥卦的覆卦，全卦主爻为初九，从剥卦最上位返回到复卦最下位，重新开始向上发展。发展的道路又亨通了。从坤变乾、从乾变坤，之间的十二消息卦里不会出现坎（疾病）卦，刚爻无论是出还是入，都不会有疾。复卦从一阳开始，一步步发展成临、泰、大壮、夬、乾，刚爻越来越多，志同道合的刚爻一起前进，不会有过失。从上返下，始终在自己的轨道上运行，阴气剥尽，阳气来复，阴阳彼此消长，遵循规律。从剥卦的上九变为复卦的初九要经历七个位次的变化，反复其道，周而复始。阳刚之爻代表君子之道向前发展，利于有所前往。至日指冬至。按卦气的配置，复卦在冬至值令。冬至是阳气刚从严寒中生出，阳气还在地下，不能发挥作用，正如卦象上的"雷在地中"。

天地之心，既是天地运行的心意，更是天地化生、生养万物的心意。天心通于人心，所以要主动合于天心，按照天心周而复始、生生不息的刚健有为状态来起心动念。复卦"见天地之心"，是要人顺从天道阳气之生，而端正自己的起心动念，才能初正终修，让阳气顺从天道，生生不息！心思意念端正似乎简单，其实没有经历反复挫折很难回到合适的正道上来。人要修炼自己的涵养于一阳初动之处，亦即万物未生之时，让人心顺从天地之阳意，阳意生心，心生阳意，此心物同源之体，而无中生有之端，万有缘生不息之源。复卦闭关，是为静养阳气，古人认为阳气初生，微动难养，所以需要静养，保护元气，休养生息。

初九：不远复，无祗①悔，元吉。
《象》曰："不远"之"复"，以修身也。

◎**注释** ①〔祗〕通"祇"（有点读zhī，无点读qí）。多意，有"病""安""多""几""大"等，或无实义。

◎**大意** 初九：没有偏离正道太远，犯错之后，马上改正回复，不至于日后悔恨，非常吉祥。

《象传》说：没有偏离正道太远，犯错之后，马上改正回复，说明初九善于正己修身。

◎**解读** 初九修行，克己复礼，还没有偏离正道太多，能够马上自己回复正道。可见初九善于反求诸己，对于心意的偏离非常敏感，一察觉自己起心动念有所偏差，马上纠正，随即回复心意通天的本然之善，这是修身的重要一步。

初九本来有悔，因为作为唯一阳爻有明显动象，可是初位本不该动，所以动而有悔。但复卦一阳来复，初九是全卦之主，所以虽动能回而无悔。

六二：休^①复，吉。

《象》曰："休复"之"吉"，以下仁也。

◎**注释** ①〔休〕止阻而美善。会意字，《说文》："休，息止也。从人依木。"本义休息，衍生出的解释为"停止""等待""依附"等；一解为"美好"，引申为"愉快"。

◎**大意** 六二：休于阻止，回复顺应阳刚上长的正道，吉祥。

《象传》说：休于阻止的过错，回复顺应初九阳刚上升之正道，表现出美善吉祥的心意，是因为六二能够向下亲近顺从初九这个仁人。

◎**解读** 六二主动休止阻挡初九阳刚上升的势头，向下亲近初九。也就是说，六二虽然客观上会阻止刚爻上长的趋势，但六二柔爻居柔位，得位，能够反思悔过，立即发现阻挡初九是不合适的，然后柔美地向下顺从初九，立即把心意调整复归到顺从阳刚上升的趋势上来，附和其上升。这符合全卦一阳来复的大势，所以是吉祥的。

六二休于阻止，返回正道，顺从仁阳。六二和众阴本有阻止初九复兴之心，但看到初九是贤人君子，良心大善，就会主动让道，虽有阻止之姿态而无阻止之实际行动，其实是钦慕初九，有主动配合的味道。可见，初九阳爻刚生，虽无足够的力量，但充满谦仁之意，只要初九表现出顺从天道的善意，就可以改换六二的观念，使其由阴止变为顺阳。总之，六二爻处下卦之中，比于初九，等于亲比阳仁，不止反而归附顺从，确有休美之意。

本爻卦象方面历代注家没有太大分歧，但关于此爻的解读众说纷纭。从古到今，关于"休复"的解释比较一致，即"美好的复"，因"休"本"休美"之意。自王弼注为"美善"，孔疏例不破注，解为"休美之复"。此后，程颐、朱熹、俞琰、惠栋、陈梦雷等接承此说。近人金景芳、吕绍纲，黄寿祺、张善文，余敦康，廖名春，唐明邦，周振甫等继续沿用此解。但苏轼、朱震、尚秉和、高亨、马恒君等都没有作"休美"解。《东坡易传》认为，"休"有六二依附初九之意；《周易尚氏学》将"休"解作"俟"，"休复"即六二等待初九阳爻生长之复；高亨认为六二"欣喜而返"，其行有利，吉。

马恒君《周易正宗》认为，主爻初九上临众多柔爻的强大势力，六二首当其冲，截住了上复的道路，故言"休复"，即停止而返回之意。这与宋人朱震观点接近。因此，"休复"当为"休止过错，回复正道"，六二选择顺从初九上升的势头而吉祥。比较而言，"美好的回复"是对六二回复的性质判断，对六二举动的道德赞美；"停下来回复"是对六二行动的描述，不会偏离正道太远，而是觉察到之前的错误，停止偏离，尽快向正道回复。结合各爻都先描述"复"的情况，如不远复、频复、中行独复、敦复、迷复等来看，描述"复"的具体状态胜于对道德判断下定义。所以，当取"休止过错，回复正道"比"美好的回复"要更加合理。

《周易》三百八十四爻，仅此爻提到"仁"字，说明阳长犹如天地之仁心发动，属于典型的儒家宇宙论解释。而且，六二明明在初九之上，却说"下仁"，可见，这是强调对初九仁人顺从居下之意。

六三：频①复，厉，无咎。

《象》曰："频复"之"厉"，义无咎也。

◎注释　①〔频〕频繁而不情愿。一说通"颦"，皱眉头。

◎大意　六三：频繁而不情愿地改正错误，回归正道，虽有危险，但没有祸患。

《象传》说：频繁而不情愿地改正错误，回归正道，看起来似乎常有危险，但道义上说不应该有什么灾害。

◎解读　六三在下卦震（动）里，有频繁多动、反反复复之意。又以阴居阳，不正不中，不当位而多凶，与上六不应，上下相比都是阴爻，有甘于邪道之象，开始被动受邪道诱惑，之后主动享受邪道，再然后又被动地被拉回正道，心里似乎对邪道念念不忘，所以频繁回复而不情愿。在一定意义上可以说是比较享受邪道或魔道的诱惑，心里放不下。从另一个方面说，人要改正错误，往往不是一次性就能够改好的，常常会重犯，所以要重新改过，这就是频繁而不情愿地改正错误，回归正道，这也是正常现象，不必过分忧虑，而这个过程当中，人们往往愁眉苦脸，心不甘情不愿。虽然老是改正错误，看起来好像总是有危险，但不会有真正的祸患。

六四：中行①独②复。

《象》曰："中行独复"，以从③道也。

◎**注释** ①〔中行〕（在群阴中）居中行正。②〔独〕独自。③〔从〕顺从（阳气上升的大势）。

◎**大意** 六四：持守中道而行正，独自返回正道。

《象传》说：守中而行正，独自返回正道，是因为六四与初九正应，与其他阴爻不同，能够独自顺从阳气上长的正道。

◎**解读** 六四在群阴之中跟初九正应，所以言"独"，也就是跟其他阴爻不同朋党，能够特立独行，六四又以阴爻居柔位，所以能够在中正的道路上运行，独自守中行正，自己就会回复到阳气上长的正道上来。

六五：敦①复，无悔。

《象》曰："敦复，无悔"，中②以自考③也。

◎**注释** ①〔敦〕敦厚忠实，质朴实在。②〔中〕内心，本心。③〔自考〕自我反省、考察。

◎**大意** 六五：敦厚忠实地返回正道，没有悔恨。

《象传》说：敦厚忠实地返回正道，没有悔恨，是因为六五居中不偏，能够顺应大势，内心自我反省。

◎**解读** 六五因为能够包容、顺服初九而显得厚实，所以言"敦厚"，一说取上坤厚德载物之象，其实六五之厚，因包容初九而比上坤厚很多。六五在阳气上升的大势当中，不以五位为优势，反而知道自我反省，认识到自己能力不足，不可能也不会去阻拦阳气上升的大势，所以敦厚忠实地返回正道，返璞归真，无怨无悔。仿佛一个自认为能力不足的领导，允许有能力的人按照正道发挥，成就他人也就是成就自我。

上六：迷复①，凶，有灾眚②。用行师，终有大败。以其国君凶，至于十年不克征。

《象》曰："迷复"之"凶"，反君道也。

◎ **注释** ①〔迷复〕执迷于回复、复兴，也有陷入迷途不知复归之意。坤为昏暗，有"迷"之意，引申为孤独、惆怅、被人所迷，自己还沉迷不醒的状态，所以过于执着不一定是好事。②〔灾眚〕天灾人祸。灾自外边来，眚从人为内部造成，都是灾难。

◎ **大意** 上六：执迷于复兴而不知回复正道，迟早会有凶险，有天灾人祸。形势不允许的情况下，还出兵打仗以期改变，最后会大败而归，这对国君来讲是非常凶险的，以至于十年之内，出兵征伐都难以取胜。

《象传》说：执迷于复兴而不知回复正道，迟早会有凶险，是因为上六不能理解形势的发展，违背了为君之道。

◎ **解读** 上六以阴柔之力处于穷极之位，所思所行跟国君治国应该推行的阳刚之道完全背道而驰，当然凶险无比。"迷复"有说陷入迷途难以回复，有说执迷于复兴。全卦都讲返回正道，应该是从迷途当中返回正道，而这样理解又与后面的部分不通，因为返回正道就应该比较通顺，爻辞却是很凶险，所以这个讲法不太好，应该取第二种讲法：执迷于复兴。只是上六又不在合适的位置，已经到了穷极之位，无法发挥力量了，加上自己阴柔无力，复兴大业肯定不成。如果这时执迷不悟，轻易动用军队，就会打败仗，就会制造祸端，多年无法振兴。

此段前后一贯，不需要分成用于带兵打仗和用于治国两个部分，因为后面其实是前面打败仗之后的自然结果，还是执迷不悟，不知回复正道的后果。上六虽然执迷于复兴，积极主动，领兵打仗，但与国君应该推行的阳刚正道恰恰相反，因为还不到用兵的时机，轻动武力，必然导致国破家亡，长期无法复兴，完全与复兴的初衷背道而驰。君道倡导无为而和平，非穷兵而黩武。

䷘ 天雷无妄（卦二十五）（震下乾上）

无妄①：元亨，利贞。其匪正有眚，不利有攸往。

《彖》曰：无妄，刚自外来而为主于内，动而健，刚中而应。大亨以正，天之命也。"其匪正有眚，不利有攸往。""无妄"之

"往"，何之矣？天命不佑，行矣哉！

《象》曰：天下雷行，物与无妄。先王以茂②对③时，育万物。

◎**注释** ①〔无妄〕不乱来、不妄为，没有妄念。"妄"是乱。诸家对"妄"的解释有：1."望"，把"无妄"理解为"无望"，意为无所期望，没有希望，绝望之境，另一种为非意料所及、出乎意料。2."虚妄"，把"无妄"理解为"不虚妄"，"不虚妄"的含义有解释彖象辞时的"不乱来"和解释六三和九五时所引申的"无缘无故"的意思。3."亡"，以虞翻为代表，把"无妄"理解为"无所亡失"。4."乱"，把"无妄"理解为"不乱来""守正"，或以正常的道德规范为原则，或以天道自然为原则。由此，除"亡"义外，各家阐释"无妄"的时候都提及"乱"义。《说文解字》言"妄，乱也"，道出了妄的本义，即任意妄为，不遵循道德、自然规律。"无妄"是不任意妄为。②〔茂〕勉的声转。③〔对〕配合。

◎**大意** 无妄卦象征心意安宁不乱，大为亨通，利于持守正道，如果背离正道必有灾眚，不利于前往有所作为。

《彖传》说：无妄卦象征没有虚妄的念头和言行。无妄卦由遁卦变来，是遁卦上九刚爻从外卦来到内卦下位，变出无妄卦。卦变显示阳刚者从外部进入内部成为主宰。下卦震为动，上卦乾为健，组合起来是威势震动又刚健运行。尊位上的刚爻九五在上卦中位，下有六二阴阳正应，显示出行为中正并得到响应。主爻九五在在上卦乾天里，位正，显示出大亨通而且中正，行施的是天的命令。如果背离正道必有灾眚，不利于前往有所作为，是因为在天下都不敢有虚意妄行之时还要执意前往，怎么可能有路可走？上天惩治邪恶，不保佑外出活动，怎么还敢妄言妄行呢？

《象传》说：上卦乾为天，下卦震为雷，合在一起是震雷在天下施威，万物都怀着敬畏之心，不敢胡来妄为，都能安分守己。先王从雷行天下中得到启示，要勤勉努力地配合着天时来养育万物。

◎**解读** "无妄"是没有虚妄之意。《杂卦传》说："无妄，灾也"，指没有胡来却受灾。从道理上讲，没有胡来就不该有灾，但有时会遇到不合理的事情，即使不胡来也可能遭遇灾害不幸，所以"无妄之灾"是无缘无故地遭灾。从卦象上说，下卦震（雷），上卦乾（天），是天上打雷，好像上天要惩治邪恶之象。如果消除邪恶，就会有利于正，也会大亨通，故为"元亨利贞"。如果背离正道走邪道，就可能会有灾眚。但人们并不能保证自己所思所想完全合乎正道，天道无亲，常与善人，惩恶而扬善，稍有不正就可能受到惩罚，为安全起见，最好是不要出来活动，不利于前往有所作。无妄之时，万物都得规规矩矩、老老实实，噤若寒蝉，最好不动。只要起心动念就是妄作妄为了，更不要说行动了。所以在思想上，都不要有胡思妄想的念头，连这种念头都要摈除，尽量做到心无旁骛，直达天人合一。

无妄之时，应该不出门，避免遭灾。因为不要说不沿正道而行，即使正常行走，没有偏邪之时，也可能有无妄之灾。从另一个方面，有意识地让一件事物无妄，是用意识将其性命端正安宁之意。这一卦强调主动安宁不乱的修养功夫。

彖辞"刚自外来而为主于内"很明确地证明了卦变的存在和可取性。

初九：无妄，往吉。
《象》曰："无妄"之"往"，得志也。

◎**大意** 初九：没有虚意妄行，这样前往会有吉祥。

《象传》说：没有虚意妄行的前往，之所以会吉利，是因为心志得以实现。

◎**解读** 卦变中，初九从上位下到初位，下卦成震（动），有往之意，象辞是说这是初九自己愿意下来的。初九下来而没有虚意妄行，才能得志。初九起心动念无所期望，便可一往无前。

六二：不耕获，不菑①畬②，则利有攸往。
《象》曰："不耕获"，未富也。

◎**注释** ①〔菑（zī）〕第一年开垦的生荒地。②〔畬（yú）〕开垦出三年的熟地。
◎**大意** 六二：安心耕种，不指望收获多少；刚开荒出来的土地，不指望有熟田的收成，如此没有虚意妄念，那么前往就会有利。

《象传》说：六二安心耕种，不指望收获多少，因为六二没有升起求富这样的虚意妄念。

◎**解读** 六二以阴居阴，居中得正，又应九五，在动体而能顺中正，宁静淡泊，安分守正，埋头苦干，所以没有邪心妄想。前往有利是从卦象上看，下卦为震（行），互大离（光明），所以前行一片光明。

六二在卦变中是初九从上位来到全卦之下，把它从初位推到了二位，二位是田位（乾九二"见龙在田"）。六二顺其自然推移，所以是安心耕种，不指望收获多少；刚开荒出来的土地，不指望能够有熟田的收成。"田在初，一岁曰'菑'；在二、三岁曰'畬'。"六二在下震（禾）互艮（手）里，虞翻说："禾在手中，故称获"，又是从初位推到二位。

关于六二爻辞，前人很多讲法从逻辑上讲都有问题，有说成不耕种有收获，不开荒有熟田，有说成坐享其成，但这都跟无妄的教导和主旨背离，因为这种意识不合适。

六三：无妄之灾。或系之牛，行人之得，邑人之灾。

《象》曰：行人得牛，邑人灾也。

◎**大意** 六三：没有妄念妄行却无缘无故遭受灾难，好比有人拴了一头牛，被过路人牵走了，（结果主人怪罪村里人，而让）村里人遭受了不白之冤。

《象传》说：途经此地的行人顺手把牛牵走了，害得村里人被怀疑而蒙受不白之冤。

◎**解读** 六三在下震（行人）里，又在互巽（绳）、互艮（手）里，下本坤（牛）（邑）卦，变成震卦，牛象不在，是有行人顺手牵着绳子把牛拉走，当地人无故受灾之象。无妄之灾就是说没有妄念妄行却无缘无故遭受灾难。人没有妄念妄行，不等于一定能避免不好的遭遇。当然，福祸相依，顺其自然便可。

九四：可贞。无咎。

《象》曰："可贞，无咎"，固有之也。

◎**大意** 九四：能够持守正道，没有妄念妄行，就不会有灾祸。

《象传》说：能够保持正固，没有妄念妄行，就不会有灾祸，这说明九四本身就能够一直持守正道。

◎**解读** 全卦下三爻在震（动）里，所以动。九四已到上卦，不在震（动）里，可以不动，所以能够持守正道，不会有妄念妄行，没有灾祸。《象传》的意思是因为九四在卦变当中一直没动，保持乘着柔爻的状态，安稳合适，九四看似坚韧不拔，不为所动，实际上是本身就具有的，所以九四本身就能够一直持守正道。另一说是因九四在乾（天）里，九四所具备的状态来自天赋和天命，本性固有，所以不需要外求。

九五：无妄之疾，勿药有喜。

《象》曰："无妄"之"药"，不可试也。

◎**大意** 九五：没有妄念妄行却得了无缘无故的疾病，不必用药就会有自愈的喜庆。

《象传》说：只要没有妄念妄行，无缘无故生了病，病确诊不了，也难以开出对症的药，不对症的药不要轻易试服。

◎**解读** 九五刚健中正，与六二阴阳正应，但因为初九之刚是从外卦来而为主于内卦，六二被初九所主，虽然减轻了遁卦二阴上长的危险，但威胁尚在，所以受到六二的感应，九五即使没有妄念妄行，也可能得无缘无故的疾病。一说九五变后，三、四、五互坎（危险），有心病。然而九五在上卦中位，保持"刚中而应"态势，不必用药就会有自愈的喜庆。

象辞的意思是，九五没有妄念妄行，但九五无缘无故生了病，由于没有非常直接的外在原因，也没有明确的内因，所以病确诊不了，也就很难开出对症的药，当然即使有些小毛病，也是可以自愈的，不需要服药。如果有人开出不对症的药，那就不要轻易试服。

上九：无妄行，有眚，无攸利。

《象》曰："无妄"之"行"，穷之灾也。

203

◎**大意** 上九：虽然没有妄念妄行，但处时穷之境，一旦行动就会有灾眚，做什么都没有好处。

《象传》说：虽然没有妄念妄行，但处时穷之境还要去行动，那是因为上九已经走到了穷尽的地位，再轻举妄动就会有走向穷途末路的灾难。

◎**解读** 本来无妄就是不该行动之意，上九不得其位，处在无妄卦极端之时，地处穷尽，时过境迁，再动就有麻烦，所以不敢轻举妄动，再动不但无所利，更会导致穷途末路的绝境。

䷙ 山天大畜（卦二十六）（乾下艮上）

大畜①：利贞。不家食，吉。利涉大川。

《彖》曰：大畜，刚健笃②实，辉光日新。其德刚上而尚贤。能止健，大正也。"不家食吉"，养贤也。"利涉大川"，应乎天也。

《象》曰：天在山中，大畜。君子以多识③前言往行④，以畜其德。

◎**注释** ①〔畜〕与"蓄"为古今字。停住不流走才能有积蓄，故大畜有停止之意。古代畜牧时期，畜养牲畜就是积蓄，故大畜有畜养、积蓄之意。②〔笃〕忠实，厚实，结实，笃厚，笃定。③〔识〕知道，记住，见识。④〔前言往行〕前人有益于人的言行。如历史上留传下来的古圣先贤的名言和高尚品行。

◎**大意** 大畜卦象征大为蓄聚，有利于持守正道。使贤才不在家吃闲饭，就可以获得吉祥，有利于克服象涉越大河一样的险阻。

《象传》说：大畜卦，下卦乾为天刚健，上卦艮为山厚实，所以阳刚强健，敦厚充实，荣光相映，日新不已。卦变中刚爻上到最上位，说明大畜卦有崇尚贤能的德行。上卦艮为止，下卦乾为刚健，能把刚健者规正住，说明有宏大正直的力量。使贤才不在家吃闲饭，就可以获得吉祥，因为国家需要蓄养贤才。有利于克服像涉越大河一样的险阻，这是因为行动能够顺应天道。

《象传》说：上（外）卦是艮为山，下（内）卦是乾为天，卦象是山在外，好像山把天包含在其中。可见山的蓄藏能量很大，所以卦名叫大畜。君子学习大山能够包天的蓄藏能力，就要多多学习识记古圣先贤的佳言善行，培养积聚自己的仁德内涵。

◎**解读** 大畜卦从大壮变来，即大壮刚爻初九向最上位推移变出大畜卦，卦变中刚爻从最下位升进到最上位，即"刚上"。刚爻代表贤人，贤人向上体现着尊尚贤能之意。尚贤是礼贤下士，尊重人才，提拔贤人，发挥其才干，不让贤才在家吃闲饭（三四五六爻有互颐象）。六五尊位与九二阴阳正应，九二在下乾的中位，是顺应天道自然，而有自强不息、无可阻挡的力量，互震（动）互兑（泽），可以涉过大川险阻。社会层面上，大畜是调动人才为社会服务，让德性深厚者有机会增进社会公德。

象辞从天在山中之象说明，要以山之静止来收摄天之健动，知止而后有定，艮成终也成始，能够收蓄万物，又是万物生发的起点。君子努力学习前人积累的智慧，对古圣先贤的佳言善行记得越多，蓄聚的才能和道德也就越深厚。从修身层面上，大畜是加强自己的品德修养，延展和丰富自己的内在精神生命。

初九：有厉，利已①。

《象》曰："有厉，利已"，不犯②灾也。

◎**注释** ①〔已〕停，止。②〔犯〕干犯，冒犯，触犯。

◎**大意** 初九：有危险，宜于知止不前。

《象传》说：初九有潜在危险，如谨慎处之不妄动，还是有利的，因为不去招惹灾祸。

◎**解读** 全卦是停住不流走，积蓄起来。初九在全卦初位，代表刚开始蓄积，当然停止有利。大畜卦刚开始要学会止，要虚心储备，谨慎低调，一旦开始便张扬，很难善始善终。但初九在下卦乾（刚健）里，刚健就容易勇往直前，而且上有六四阴阳正应，很容易冲动，所以有潜在的危险。

象辞意为，勇进不止背离了大畜之道就会招惹灾祸。大畜要适时而蓄，如果过分冒进，容易招惹灾祸。

九二：舆^①说^②輹^③。

《象》曰："舆说輹"，中无尤^④也。

◎**注释**　①〔舆〕车子，车厢。②〔说〕同"脱"。③〔輹〕车厢底下的横木之上用来卡住车轴的槽或卡子，大车上的伏兔，俗称"车钩心"。古代车厢和连车轮的轴分别组装，使用车子时就把车厢卡在轴上，使用过后就把车厢从车轴上卸下来。④〔尤〕忧虑，怨尤，过失。

◎**大意**　九二：车厢从车轴上脱下来。

《象传》说：车厢跟车轴分离开来了，只是因为九二在下卦中位，应于六五，行动能够合乎中道，所以才没有过失，不必过于忧虑。

◎**解读**　车子要停下来的原因是车出问题了，或者年久失修，或者被人破坏，好像开车发现刹车失灵，此时此刻只有设法让车子停下来，所以停车既是被动又是主动的，而且属于发现得早，车子一动就感觉出问题，最后停下来大修，也多多反思蓄德。

九二上边互震（輹），但九二不在互震里，所以说车子跟车輹脱离。另说应为"舆说辐"，但这个是指辐条从车轮上脱落，那样车子就坏了，故不取这个说法。"舆说輹"并不一定是车子坏了，只是车子行走时车厢可能拉脱了车轴，还可重新安上，只是不顺利的小灾。

蓄积能量和能力的路上总会有些问题，有时感觉蓄积的理想与现实之间脱钩了，越学习越感觉自己懂得很少，这是好事情，这样才能不断地储蓄新的知识。

九三：良马逐^①，利艰贞，曰闲^②舆卫^③，利有攸往。

《象》曰："利有攸往"，上合志也。

◎**注释**　①〔逐〕驰逐，追逐。②〔闲〕古同"娴"，娴熟，熟习，熟练。③〔舆卫〕驾车和护卫车。"舆"是古代战车上负责驾车的人，"卫"是负责保护和修理车子的人。

◎**大意**　九三：驾着良马（拉的车）驰逐时，即使道路艰险，只要持守正道，就会化险为夷。（人要向良马学习），只要每日练习熟练驾驶车和护卫车的技能，就有利于继续前进。

《象传》说：有利于继续前进，是因为九三向上的努力合乎上面六四、六五的心志。

◎ **解读** 九三在下卦乾（良马）和互卦震（行、车）里，有驾着良马（拉的车）驰逐之象，还有人（乾）在大白天（乾）驾车奔驰不止之象，所以（人要向良马学习），要每日练习熟练驾驶车和护卫车的技能。车马奔驰利于前往，九三刚爻刚位位正，需要以刚正之道来驾驭跑得快的车，即使道路艰险，只要持守正道，就能化险为夷。

大畜卦从大壮卦变来，初九升到最上位，但本来九三与上六应，可以换位而不得，所以只能固守。九三本来向上努力合乎上面六四、六五的心志，但没有升上去，九三处乾（健动）卦之中，前有艮（止），说明知动能止，是如高手驾车，进退自如，动止得当，能熟练把握，象征或动或静都能顺应天道，故能吉祥无险。

"良马逐"诸家都解为"良马驰逐""良马飞奔""驾着良马奔逐"，但跟爻辞后半句的关系不明。联系后面"每天练习驾车"，这里应解为"驾着良马（拉的车）驰逐"比较妥当，这样才能感受到大畜天地之生机盎然，有如良马驰骋大地，无有疆界。

通过卦变讲"上合志也"的"上"只是一种可能性，并不是现实性。因为九三在卦变中没动，甚至可以说是下了一位，单单讲九三想上是不够的，跟六四合也不够，而且跟爻辞没有对应。所以讲成可能性最通。九三与上九不合，志不同道不合，而跟六四意志相合，表示积极进行武力筹备。所以，九三打着为朝廷效力、备战备荒、随时准备为天子出征的名义，跟朝中大臣（六四）的心志相合，跟天子（六五）的心志也相通。

六四：童牛①之牿②，元吉。

《象》曰：六四"元吉"，有喜也。

◎ **注释** ①〔童牛〕小牛。②〔牿〕套在牛角上横绑的短木。古代驯养野牛时在牛角上绑上一根短木，以防止牛角顶触伤人，可以比喻驯化才能之士的柔术和驾驭豪杰的柔道。

◎ **大意** 六四：（为驯化小野牛），在它的角上绑上防止顶伤人的横木，这样大吉大利。

《象传》说：六四会大吉大利，（因为未雨绸缪，用柔术蓄养豪杰，栽培人才），所以有喜庆（六四在互兑里，兑为喜悦）。

◎ **解读** 本爻借鉴古代驯服童牛使成为有用之才的道理，认为人才的培养和成长，需以柔制刚，方才合道得法。横木之用，本在调和。故此柔爻可视为制约刚健心灵之横木，犹如有大心力之人，需要有柔道之术来驯化和牵制，使其潜能得以彻底地释放出来。换言之，也可以理解为成就大事业应从蓄养青年才俊开始，用道术来引导。

如果九三不能"艰贞"而过于躁进，六四就不会有喜悦顺从之情。小畜卦九三就因"重刚而不中"，与六四不洽，故"夫妻反目"。所以用柔术引导童牛才能"元吉"。六四在上艮（止）中，牛属坤（柔顺），不可过柔，否则难以有所作为，故六四大吉大利。"有喜"与九三"艰贞"相映成趣。为了让"童牛"能止于至善"元吉"之境，要让明明德与止于至善合而为一，也就是有道术能让青年才俊尽力明明德，那样有望成就培养和发掘人才的圣道境界。圣人通达天下，知道最大的积蓄是人才的积蓄，把天下英才蓄积的力量都储存起来，群英荟萃。圣人能够慧眼识才，且有术驯服贤才，有道驾驭豪杰，不惧艰辛，故能大成。

小畜卦只有一个柔爻，大畜卦里则有两个柔爻，象征积蓄多了而称大畜。畜养的两个柔爻之一，牛和猪都属阴性动物，故这一爻取养牛为辞。六四在上卦艮里，艮最上面的刚爻是在卦变中从初位升上来的，有如在坤（牛）卦上加一刚爻（横木）为艮（少小），为驯化小野牛，在它的角上绑上防止顶伤人的横木。小牛加牿是把野生动物改良成家畜的有效措施，有利于畜牧业的发展，所以大吉大利。

六五：豮①豕之牙，吉。

《象》曰：六五之"吉"，有庆②也。

◎ **注释** ①〔豮（fén）〕阉割公猪，俗称劁（qiāo）猪。②〔有庆〕有喜庆，"喜"与"庆"意近，但程度有别，喜小庆大，大喜方庆。

◎**大意** 六五：被阉割过的猪，嘴里的尖牙不会伤人，所以是吉祥的。

《象传》说：六五之所以吉祥，是因为占据了上卦中位，比六四位置好，防患于未然，留住了贤才，会有大喜庆。

◎**解读** 六五之时，贤才得到重用，社会呈现出勃勃生机，有天下并育之象。九三良马以阳爻坚刚强硬不易畜养，所以要经历艰险的考验。到六四、六五都是阴爻，容易畜养；六四童牛象征青少年得到引导茁壮成长；六五则有青壮年得到重用之象，从而有大畜天下之气势。

野猪本来是一种很凶猛的动物，牙齿可怕，对人的伤害很大，但阉割之后变得温驯，牙齿退化，也容易长膘。公猪不劓，性格刚突剧暴，像野猪一样容易咬人，去掉牙并不是办法，一劓就温顺了，有牙也不咬人。这是古人把野猪改良为家畜的有效方法。这个办法促进了畜牧业大发展。上一爻牛马成群，这一爻猪羊满圈，所以吉祥。从象上看，六五在上艮（黔喙之属）里，是黑嘴头子的动物，所以有猪之象。从九三到上九是缩小的颐卦，颐是嘴里的上下牙，在大畜卦里，是被阉割过的猪，嘴里的尖牙不再伤人，是吉祥的。

上九：何①天之衢②，亨。

《象》曰："何天之衢"，道大行也。

◎**注释** ①〔何〕古通"荷"，义为负荷，肩负，担荷。一说通"向"，山向天之意。②〔衢（qú）〕大路，四通八达的大道。

◎**大意** 上九：位当四通八达的天街大道，亨通。

《象传》说：上九位当四通八达的天街大道，大畜之道将同大路一样畅通大行。

◎**解读** 大壮卦变为大畜卦，上九是从下升到最上面的一爻，凌驾于全卦之上，被全卦担负起来，所以说"何"。上九在艮（山）上，五位在上位是天位，有山上之天象，上九在互震（大涂）之上，所以说是天街大道。取义是凌驾于天衢之上，位当天街大道，四通八达，道行天下，畅通无阻，极为亨通。与彖辞讲的"刚上而尚贤"联系起来，此道可引申为贤人的治国之道受到崇尚，可以自由施为，大行于天下。此爻是大畜之极致境界，大道通行，达到儒道合一、心物融通、无往而不自得的极致境界。

山雷颐（卦二十七）（震下艮上）

颐①：贞②吉。观颐，自求口实。

《彖》曰："颐，贞吉"，养正则吉也。"观颐"，观其所养也。"自求口实"，观其自养也。天地养万物，圣人养贤以及万民，颐之时大矣哉！

《象》曰：山下有雷，颐。君子以慎言语，节饮食。

◎**注释** ①〔颐〕养。②〔贞〕正。
◎**大意** 颐卦象征颐养，持守正道可获吉祥，观察万物颐养之道，（当知要以自食其力为正道）自己谋求食物。

《彖传》说：颐养，持守正道可获吉祥，是颐养得其正道就会吉祥。观察万物颐养之道，是要了解他所养的对象都是些什么人。以自食其力的正道自己谋求食物，是来观察他如何颐养自己。天地养育万物之道是没有偏私不求回报，圣人要学习天地养育万物的正道，先养育贤能的人，贤人再帮助圣人把万民养育好。颐卦的时势揭示的时机化意义实在太重大了！

《象传》说：上卦艮为山，下卦震为雷，大山镇住了轰响的雷就是颐卦。君子从上动下止，如口嚼食的象得到启示，要学会说话谨慎，饮食有节制。
◎**解读** "颐"原本是个象形字，篆文画的是头面上上嘴唇以下的下巴颏部分。卦画也像一张嘴。郑玄"口，车辅也"，就是指口的上牙床（车）与下牙床（辅）。颐卦由下卦震（动）与上卦艮（止）组合而成。人的嘴动时上牙床不动，下牙床咬合上下运动，嚼碎食物来养育人。嘴吃食物为人获取营养，所以《序卦传》《杂卦传》都说"颐"是养育的意思。

颐卦由观卦变来，即观卦九五与初六换位变颐。所以卦辞说观察万物颐养之道，要以自食其力的正道谋求食物，这才是颐养的正道。颐卦是关于如何自养和养人的哲学。卦象像嘴，上嘴唇不动，下嘴唇动，非常形象。吃饭是大事，自己吃饱饭重要，自食其力的饭甘甜，让很多人一起吃好饭不容易，圣人心随天意，颐养万物，把万民养育好。颐卦追求养万民的方法和正道，主要是要先养贤人，从而养万民。嘴的主要功能是说话、吃饭，但病从口入，祸从口出，都不合养育之道，所以说话要谨慎，饮食要节制。

大象辞一般的体例是讲八卦的基本象，象辞一般讲八卦的特性功能，两者有分工。实际上大象辞是要说"山止于上，雷动于下，颐之象也"（刘表语）。为了不打破体例只好说"山下有雷"，意思还是上止下动的口之象。

初九：舍尔灵龟①，观我朵颐②，凶。
《象》曰："观我朵颐"，亦不足贵也。

◎**注释** ①〔灵龟〕大龟，有灵应的乌龟。古人以大龟为灵龟，认为龟历久知远，活得时间越长越灵，而龟越大说明活得时间越长，所以用大龟的腹甲来占卜。②〔朵颐〕鼓腮嚼食，大快朵颐，下巴垂下颤动，为贪馋欲食之貌。朵的解释，如《说文》"树木垂朵朵也"和李鼎祚"颐垂下动也"都是下垂颤动之貌。

◎**大意** 初九：舍弃你自己拥有的大灵龟，看着我馋涎欲滴，这样是会有凶险的。

《象传》说：看着我馋涎欲滴，（初九的颐养之道）实在不值得推崇。

◎**解读** 《周易》以外卦为悔、为对方，以内卦为贞、为我方。初九在卦变中从观外卦九五下来，到内卦初位，舍弃尊位而居下位，是舍弃自己拥有的大灵龟。颐卦像一个放大的离卦（离卦有龟象，大离即大龟），有灵龟之象。颐卦从观卦变来，九五下到初位，使全卦变出大龟之象，但初九在下震（动）中，为嘴的下牙床，初九成为颐卦颤动的下巴，显得馋涎欲滴。从取义上说，灵龟最善颐养，龟又是长寿之象，初九舍弃自己拥有的大灵龟，张嘴乱动，泄露灵气，是不珍惜自己本如灵龟的颐养正道，去看别人吃东西，下巴垂下颤动，显得极没出息。初九吃相难看，好像一个只看重眼前利益的人，见利忘义，难以控制自己的私欲，为了蝇头小利而奋不顾身的样子，非常可怜可叹，这样会有危险的。仅仅为了一时痛快，就能抛弃正道不行，实在是荒唐透顶。

象辞的意思是，在颐养之道上，初九舍弃自己家的无尽宝藏去羡慕他人的歪门邪道，自然为人所贱，初九如此取舍，实在太愚蠢，简直就可以说是低贱的选择了，怎么能去推崇呢？

六二：颠颐①，拂经②于丘③颐，征凶。

《象》曰：六二"征凶"，行失类也。

◎**注释** ①〔颠颐〕取象颠动下巴，取义颠倒颐养之道。②〔拂经〕拂：逆，违背，悖逆，不顺。经：正常，经常。爻辞中拂经就是指悖逆常道。③〔丘〕山丘。

◎**大意** 六二：颠倒颐养之常道，违背以下养上的常理，反而向丘山田园去求取颐养，向前征进必有凶险。

《象传》说：六二向前征进必有凶险，因为向前征行会失去同类。

◎**解读** 阴求阳以养。卦变中九五下到初位为下卦震（动）里，使六二与五无应，只能下求于阳，六二求下阳之阳是颠倒颐养之常道，违背以下养上的常理。震是反艮（山丘），反而向山丘田园之上去求取颐养。"颠颐"是颠倒颐养正道，还可理解为漫不经心，颠唇簸舌。

九五下来从下有违正道，六二又下求，所以说向下求颠倒，向上求又往求而不得。六二爻位置本来不错，可是颠来倒去，可叹可怜，内心凄苦无处诉说。加上从二至上爻有剥卦之象，剥卦是阴剥阳，上九是颐养万民的贤人，六二征进是小人与群阴一起去剥蚀贤人，有违易理，所以向前征进有凶险。六二虽有上爻施恩，但距离太远，基本得不到什么。

一说六二无论是小人还是正德女子，都要自养正养，阴阳调和才能养心养身。但二爻乘刚，想要按住初爻的野性很难，顺从初九又觉得违背常道，只能犹豫感叹，颠动下巴，觉得上下征皆凶，就放弃了，没有实际行动。

象辞之意是六二在观卦中与其他阴爻相似，可是卦变后六二乘驾在初九之上，离开阴爻同类。而卦变颐之后，六三与上九正应，六四与初九正应，只有六二没有正应，六二跟它们不一致，也没法跟六三、六四走同样的路。

六三：拂①颐，贞②凶。十年勿用，无攸利。

《象》曰："十年勿用"，道大悖③也。

◎**注释** ①〔拂〕悖道而动。②〔贞〕一说占卜，一说正固，此处震极，当顺其本性之正而动。③〔悖（bèi）〕悖逆，释"拂"，指颐养之道。

◎**大意**　六三：背逆颐养正道，一意孤行，必有凶险，在十年这么长的时间里都没法为君王所用，没有什么好处。

《象传》说：在十年这么长的时间里都没法有所作为，因为六三大逆颐养之道。

◎**解读**　六三在上五爻的小剥卦里，柔爻为小人，刚爻为君子贤人，小人剥蚀养育万民的贤人，背逆颐养正道。六三与上九相应看起来得到颐养，可是六三柔爻居刚位，上九刚爻居阴位，都不正，一意孤行，必有凶险。也可以理解为六三无论随便乱动，还是正固不动，都有凶险。六三在互坤里，坤数十，在十年时间里求养而不得，不能为君王所用，所以没什么有利之处。

象辞说六三大逆颐养之道。六三以阴柔之质而不当位，躁欲之极，不知自养而躁于求养，所以违背颐养正道而行。六三躁动过甚，缺乏柔性，非动不可，加上愚顽不知改变，就可能积重难返。可见，六三不可自专自贞，不与外缘沟通，不知自我调适，如图一时之快就会偏离颐养正道。

六四：颠①**颐，吉。虎视眈眈**②**，其欲逐逐**③**，无咎。**

《象》曰："颠颐"之"吉"，上施光④**也。**

◎**注释**　①〔颠〕一说颠倒，一说颠动、颠簸（取下震象）。②〔眈（dān）眈〕眈，下视。"眈眈"是下视的样子。③〔逐逐〕逐，追逐，追赶。"逐逐"是追求的样子。④〔光〕通"广"。

◎**大意**　六四：颠倒颐卦（从小颐卦颠倒变成大颐卦），自然吉祥。虽然看起来像老虎颠动下巴眈眈注视着食物（初九），显得贪得无厌，迫切追逐欲望而毫不收敛，但仍然没有什么问题。

《象传》说：颠倒颐卦，使六五下的小颐卦变成大颐卦，虽然好像（六四）颠倒了颐养之道，但（对六四来说）反而吉祥，因为上边（九五）下来到初九，卦变大离，象征君主施布出来的恩惠非常广大光明。

◎**解读**　诸家通常把"颠"解释为颠倒，即违背颐养之道，但还是吉祥，因为以贵下贱，即使胃口大一点也可以。但这样还是不通，因为六四是柔爻，位正，不应该过分向初九追逐欲望才对。其实，"颠"当指六四原来在观卦里，观卦九五下有小颐卦，但因为九五下来，导致颐卦不但颠倒了，而且变大了，所以是"颠颐"而且"吉"祥。观为观察，卦为大离，如老虎瞪大眼睛，欲望很多，但卦变的过程说明这是老虎顺其自然地追逐口腹之欲，欲望正常变大，没有什么问题。整个卦变过程里，六四原来在巽（顺）中，后来到艮（止）中，六四平顺知止，所以尽管卦变使得颐养之道放大了，但六四仍然柔爻柔位，能够持守中正之道，卦变后与初九正应，形势比之前更好了，所以虽然颐养之道颠倒了，追逐的过程中欲望被放大了，但对六四来说，不但没有什么问题，而且是更好了。

象辞不讲卦变就很难讲通，六四明明说"虎视眈眈，其欲逐逐"，怎么又是"向上而能施光明美德"呢？所以如果看象和卦变就比较清楚，"光"指全卦为大离（光），"上"指观卦九五从上边下来，使全卦成为大离而大放光明。如果仅仅讲颠动口舌下巴，虽跟"虎视眈眈"意思贯通，但跟象辞的意思却不相通。

马恒君以初九在下卦震（动）里，是颠动颐养的状态。六四阴爻居阴位，位正，显示出颐养正道的意义，所以吉祥没有什么问题。全卦如一张大口，又如一个大离，离为目，大口大眼有老虎之象。颐卦从观卦变来，观有视的意思，虽然看起来像老虎眈眈注视着食物一样颠动下巴，显得贪得无厌，迫切追逐欲望而毫不收敛，但老虎求食也合乎颐养之道，所以仍能避祸。这样讲"颠"仍然不够明确，而六四阴爻正位，品德、心性尚可，不得已颠而虎视眈眈，自然别有原因。

六五：拂①经，居②贞，吉。不可涉大川。

《象》曰："居贞"之"吉"，顺③以从上④也。

◎**注释** ①〔拂〕悖逆，违背，拂逆。②〔居〕居止，处于，上卦艮为止。③〔顺〕顺从，不违背，六五在互坤里，坤为顺。④〔从上〕六五以阴柔顺从上面的刚爻上九。

◎**大意** 六五：违背正常的颐养之道，安居持守正道可以获得吉祥，但没法克服涉越大河那样的艰难险阻。

《象传》说：六五安居持守正道还可以获得吉祥，因为阴柔地顺从上面的刚爻上九。

◎**解读** 六五阴柔居君位，要能选贤任能，而不是事必躬亲，只有依赖上九才能行其养人之责，所以必须"反经行权"，走不一般的颐养之道。况且六五阴爻居阳位不正，又在上五爻的小剥卦里，本来就违背正常的颐养之道。六五上推是阴剥阳，是小人剥蚀贤人，不合正道，所以要安居守正才可以获得吉祥。因为六五在上卦中位，中可以正。六五柔爻居尊位，没有刚健之德，下无应援，在艮（山、止）之中，止于下川（互坤）前，是无法克服涉越大河那样的艰难险阻之象。

《周易集解》引虞翻："失位，故拂经。"但五位其实还是不错的，应该是柔爻居阳失正位，又无应，不得不依赖和顺（互坤）从上九来获取营养，所以违背五位正常的颐养之道。象辞说这样还是吉祥的。

上九：由①颐，厉②，吉。利涉大川。

《象》曰："由颐，厉，吉"，大有庆也。

◎**注释** ①〔由〕所由，从、自、来源、听从、凭借、归属、遵循。《周易集解》引虞翻："由，自从也。"②〔厉〕上九刚爻居柔位不正而有危险。

◎**大意** 上九：这是颐养之道的来源，即使有危险，也能够获得吉祥，有利于克服涉越大河那样的艰难险阻。

《象传》说：这是天下众生颐养之道的来源，即使有危险，也能够获得吉祥，大有喜庆。

◎**解读** 颐卦上九特别重要，是颐卦之所以为颐卦的根源，也就是本来观卦中上面两个阳爻已经极度空虚，由于观卦九五下来，全卦变成颐卦，上面成为艮（山、止），不动如山，成为不动的上牙床，以静制动，这是口腹之欲、颐养之道的全部来源。没有上牙床，下牙床一直动也没有用，所以天下众生都依赖上九所代表的颐养之道的来源。

象辞也肯定上九是颐卦颐养之道的来源，而且使全卦变得大有喜庆。

泽风大过（卦二十八）（巽下兑上）

大过①：栋桡②，利有攸往，亨。

《彖》曰：大过，大者过也。"栋桡"，本末弱也。刚过而中，巽而说行，"利有攸往"，乃"亨"。大过之时大矣哉！

《象》曰：泽灭木，大过。君子以独立不惧，遁世无闷。

◎**注释**　①〔大过〕大的过渡。大过平常。卦爻辞里"过"的引申义有通过、经过、渡过、过往、过分、过失等。②〔桡（náo）〕弯曲。

◎**大意**　大过卦象征强大过分，房子的栋梁开始弯曲，知道要抓紧修补挽救，所以还有利于有所前往，能够亨通顺利。

《彖传》说：大过是强大过分，大的意思就是大的刚爻太强大过分了。好比栋梁弯曲了，是因为它的本末两端（两个柔爻）太软弱了。大壮变大过的卦变中，九五是从初位过去到上卦中位，是刚爻刚健地越过（二三四刚爻而）来居于中正之位。下卦巽为顺利，上卦兑为喜悦，能够顺利而喜悦的行动，当然前往有利而且亨通顺利。大过这一时势的时机化意义实在太重大了！

《象传》说：下卦巽为木，上卦兑为泽，泽水淹没了大树，这是大过卦的象征。君子看到这样的灭顶之灾，就要坦然面对，以挽救危难的时局为己任，独立支持，毫无惧色，力挽狂澜，扭转崩溃之势，即使回天无术，也不怨天尤人，可以退隐避世，毫不郁闷。

◎**解读**　大过四阳过盛，泽灭木水势过大，形势如陷入水中，过于平常，备感煎熬。大过卦初爻和上爻是两个柔爻，与刚爻相比，显得柔弱。初爻为本、上爻为末，中间四个刚爻显得很壮实，好像栋梁中间超过重力，两头经不住重压，使整个栋梁开始弯曲。

前人很少理解"刚过而中"，其意应该是指：大壮卦初九刚爻刚健地越过（二三四刚爻而）来居于中正之位，变成大过。"刚过而中"通常解为"刚强虽然过甚但能够守中"，意思是说四个刚爻过甚，但九二九五均居中。下有巽卦为顺利，上有兑卦为喜悦，这是顺利而喜悦的行动条件。

《杂卦传》所说的"大过，颠也"，指太过分导致适得其反而颠覆。也意味着是超过极限，到达巅峰的地步。大过卦由大壮变来，大壮六五与初九换位变大过卦。卦变中是刚爻初九上去九五，刚爻为大。卦变可以显示出大的行动能过得去，具有可以干大事的意义。大才大德者，非要特殊时势之下，放下个人名利，以天下安危系于己身，勇往直前，矢志不渝，力挽狂澜。因为处在特殊时局下，必须承受非常的经历。

象辞说，大过虽然是栋梁弯曲，大厦将倾，面临崩溃的时候，但也正是干大事的时势，大的行动进行起来有利。如果知道时局大坏，很难救颓败于既倒，即使隐身遁世，也不必苦闷。

一解大过是二阴四阳之卦，初六，上六居外，中间四阳居内；二阴夹击四阳之象，初六志在灭阳，上六作为呼应。四阳手挽手，肩并肩，用和亲的方式设法缓解阴爻的进攻。九二、九五牺牲自我，成全大局，九二取姤象，九五取夬象；九二是成熟男子配少女，枯杨生稊之象；九五取青壮男子配老妇之象。二阴力弱，五阳中正得位，却出此下策，亦可丑也。之所以如此出丑，主要是四阳并不齐心，九三已经岌岌可危，却仍然惦记上六，而上六跟了九五，九三受伤不浅；九四也是身处危局当中，却还惦记初六，而初六显然更钟情于九二，九四也受伤不浅，这样一来，二阴轻易分化瓦解四阳，四阳不能齐心拯救危局，致使回天乏术，不亦伤乎？

初六：藉①用白茅②，无咎。
《象》曰："藉用白茅"，柔在下也。

◎**注释** ①〔藉（jiè）〕衬垫、铺垫。同"借"，凭借，借助。②〔白茅〕一种洁白柔韧的草，古人为表示对神的恭敬洁诚，祭祀时将它垫在祭器下边。

◎**大意** 初六：祭祀前先把柔软的白茅草衬垫在祭器的下边，这样谨小慎微当然没有什么害处。

《象传》说：先把柔软的白茅草衬垫在祭器的下边，因为初六柔爻在全卦最下方，柔顺地居于下位。

◎**解读** 初六非常谨慎小心，好比祭祀之时，放祭器前还把柔软的白茅草衬垫在祭器的下边，这样更加显得对神洁净精微，恭谨小心。巽为风，为草木，有白茅和祭祀之象。

初六以阴处刚，居下极端柔顺，柔弱胜刚强。大过是非常时期，非常状态之象，需要极度冷静，静观其变，非常小心。稍有不慎便会功败垂成。要努力做到万无一失，敬慎不败。初六是初爻，意味着行动从一开始就要非常周密严谨，非常慎重。

九二：枯杨①生稊②，老夫得其女妻，无不利。

《象》曰："老夫、女妻"，过以相与③也。

◎**注释** ①〔枯杨〕九二在下卦巽（长木）里，代杨树，上卦兑（正秋），全卦代表秋天干枯的杨树。②〔生稊（tí）〕下卦巽为茅草，"稊"是老树上分蘖出新的嫩枝条。一作"荑"，新生的茅草。③〔相与〕相助，相遇在一起。一说与初六相处亲切和谐。

◎**大意** 九二：干枯的杨树生出了嫩芽和新枝，好比老男人娶得年少的娇妻，这种情况没有什么不利的。

《象传》说：老汉娶得少妻，是六五过了九二才来跟枯杨（老汉）相遇，是逾越常规，有点过分的。

◎**解读** 卦变中，大壮六五来到九二下方，为"得"，原在大壮卦下卦的乾卦（男人，父）当中，卦变后巽为长女，是男人得长女，又在姤象（初至五爻）之中，上兑为秋，所以是秋时得女之象。下巽（木、杨），卦为秋杨，卦变中六五过了九二才来跟秋天的树木（杨树）相遇，很不容易。

"过以相与"的解释很多，除"过了岁数才相遇"还有"走过之后再来相识""虽然年龄超过很多，他们相处还是很和谐的""阳刚太过之时要注意与柔者相配相济""九二阳刚过甚，但能和初六阴爻相互亲与"等等。因为在大过，九二居中，未必一定阳刚过甚。如果说"错过了合适的年龄"，是年龄上超过了，或者其他方面逾越常规，显得过头过分而已。然而，按照卦变来说，应该是六五过了九二来跟枯杨（老汉）相遇，逾越常规，过分了。

九三：栋桡，凶。

《象》曰："栋桡"之"凶"，不可以有辅①也。

◎ **注释** ①〔辅〕指九三的应爻上六来辅助。

◎ **大意** 九三：房子栋梁弯曲，非常凶险。

《象传》说：房子栋梁弯曲，带来凶险，是因为九三处于绝境，上六又自身难保，所以无法给它任何有效的辅助。

◎ **解读** 全卦栋梁弯曲，是大厦将倾，行将崩溃之象。九三、九四在卦的中段，正是承受着压力变得弯曲的地方，九三在下卦向下弯曲，向下弯曲屋顶快塌了。九三明显独木难支，所以非常凶险。

前解很少说此爻的"凶"是"非常凶险"，不是一般的凶险。象辞继续强调了这一点：九三处于绝地，独木难支，无依无靠，孤军深入，虽有上六相应，但上六自身难保，根本帮不了它，甚至还有可能把九三的极度危险之境雪上加霜、火上浇油。因为九三在绝境，本来还想指望正应的上六，可是上六就近随了九五，这最容易分散九三的心意，让九三的处境变得更加不利，可以说，上六心念一动就会害了九三，不但不辅助九三，还起反作用。

诸家对爻辞意思分歧不大，但对"栋桡"之因却众说纷纭。大致有这几类：1. 大过上六不愿应九三，但只说是大过形势特别，基本没有指出上六随九五弃九三。2. 客观情势：九三本身过刚，以致形势过刚易折。3. 九四无意辅助。九四不来帮九三，看着九三塌陷下去。但九四毕竟跟九三一起过刚，不取；或九三刚愎自用，不用他爻帮助。虽有理，但与全卦出险之旨不一致。4. 多家认为九三不应辅助，但没有解释为何九三过刚，不可以得上六阴柔之辅助。5. 上六欲辅而不得，又有多种讲法。如九四、九五有阻力；持上六欲辅助九三而不得的注家颇多，主要是九三过分自信，而上六又过分柔弱，有心辅助却帮不上忙，实在无能为力。其他如初六、上六，或九四均欲辅九三而不得等，不一而足。但无论是上六、初六才力不足以辅助，还是九四施压，九四、九五阻碍，都是由于阴柔势力欲辅助九三而不得。基本上都是非不欲也，实不能也。6. 兑为毁折，三过则桡。上体兑为毁折，而九三处下卦之极，近毁折，但说服力弱。

综合来说，"不可以有辅"主要是情势所迫。不愿或不该相辅，都难以阐发全卦之危，应该是上六当应而未应，想应而不能应，才可揭示出大过之非同寻常，上六即使知其不可为而为之，牺牲自我，但大过之绝望气氛难以改变。可见，九三"栋桡"是时势所致，人之心意难以更改，周围几爻，非不愿拯救，实无力也。

九四：栋隆①，吉。有它吝。

《象》曰："栋隆"之"吉"，不桡乎下也。

◎**注释** ①〔隆〕隆起。

◎**大意** 九四：栋梁向上隆起，可获吉祥，但可能有另外的吝难。

《象传》说：栋梁向上隆起，可获吉祥，因为九四在上卦（与九三不同），虽有初六正应，但非常害怕被初六牵引向下。

◎**解读** 九三是弯曲的节点，九四向上隆起，对于拯救整个栋梁弯曲向下塌陷的局势来说，是吉利的，因为九三下弯加剧时局之危，所以凶；九四上隆拯救时局，所以吉。全卦是栋桡之象，九四虽然处在卦中段弯曲之处，但九四在上卦，是栋向上隆起之象，屋顶压在上边，两力相抵，可以起到中流砥柱的作用，除了外观不好看以外，基本不会有倾塌的危险，所以可获吉祥。

九四在上卦（与九三不同），虽有初六正应，但是非常害怕被初六牵引向下，因为在栋梁向下弯曲的大势当中，上隆是好事，如果九四被牵引向下，那就会有其他的麻烦和危险。

九五：枯杨生华，老妇得其士夫。无咎无誉。

《象》曰："枯杨生华"，何可久也？"老妇、士夫"，亦可丑①也。

◎**注释** ①〔丑〕羞耻丑陋。

◎**大意** 九五：干枯的杨树开出新鲜的花朵，好比年老的妇人得到少壮的男子做丈夫，这没有什么害处，但也得不到什么荣誉。

《象传》说：干枯的杨树开出新鲜的花朵，可是这样的生机怎么能够持久得了呢？年老的妇人嫁给少壮的男子，也算是羞耻丑陋的事吧。

◎**解读** 按照九二的象解，下卦巽（杨树），上卦兑（正秋），是秋天的杨树，所以全卦为枯杨之象。兑（少女，喜悦）有花之象，九五在兑，可以说是干枯的杨树开出新鲜的花朵。全卦从大壮卦变来，初九升到五位，有得士夫之象。五位本阴爻，在大壮卦是丧羊于易，难以守住阳长之势之象，此处来一个阳爻，等于加强了阳爻的力量，顺应了阳爻上长的趋势。上五爻本有大壮之象，阳爻升进，是老妇（枯杨）得男（阳爻），原三四五互兑变为上卦兑，喜事连连之象。一说上五爻有夬卦之象，夬卦阳壮阴衰，如老妇得少壮男子为夫，但夬决阴而非婚配之象，且象上难明。一说互兑为反巽，而大壮是大的反巽（长女）引申为老妇，九五为了抑制阴爻，而与阴爻联姻，看起来不美。

古时认为，女子绝育早，老妇得到少男虽然没有坏处，但也没有什么美誉。只是回光返照、零落衰败之象，生机不可能维系很久。

上六：过涉灭顶，凶。无咎①。

《象》曰："过涉"之"凶"，不可咎也。

◎ **注释** ①〔无咎〕"咎"指怨咎，咎责，咎过。"无咎"是没有过失，无可指责。

◎ **大意** 上六：渡过深水的时候，淹没了头顶，是很凶险的，但没有什么过错。

《象传》说：渡过深水淹没了头顶带来凶险，因为上六遇到的灾祸并不是它造成的，无可指责（位正，本身无过错）。

◎ **解读** 大过卦下巽（木）上兑（泽），是泽水淹没树木之象。上六按人身部位取象，对应人的头顶。大过卦好像渡过深水之时，水淹没头顶之象。卦的时势如此，但上六阴居阴位，位正行正，没有过错，所以不该受到责难。可见，本爻先有灭顶之灾，后来得以平安脱险。

上六面对绝境，处在大过之极，力挽狂澜，舍我其谁，毅然决然地涉过大河，有杀身成仁的气度，即使不能挽救时局，但其所思所行已无可指责。上兑（泽）为水，是泽水满溢决口而必流下之象，所以有灭顶之危，这是一种客观情势，上六唯有舍生取义、杀身成仁，除此之外别无选择。

坎为水（卦二十九）（坎下坎上）

习①坎：有孚，维心亨。行有尚②。

《彖》曰：习坎，重险也。水流而不盈。行险而不失其信。"维心亨"，乃以刚中也。"行有尚"，往有功也。天险，不可升也。地险，山川丘陵也。王公设险以守其国。险之时用大矣哉！

　　《象》曰：水洊③至，习坎。君子以常德行，习教事④。

◎**注释**　①〔习〕一、重复，上下俱坎，重叠有险之象。二、《周易正义》"便习其事"，是对治险阻的方法。②〔尚〕同"上"。③〔洊（jiàn）〕再，仍，重叠，接续不断。④〔教事〕从个人修养方面讲指受教化之事，从社会意义上讲是教化人民之事。是说君子先要不断学习，掌握教化民众的本领。

◎**大意**　坎卦象征险象环生，只要心怀诚信，坚定维系强大的心念，就能亨通，勇往直前，努力上进，将会受到人们尊重崇尚。

　　《彖传》说：习坎是险象环生，好比川流不息的水都无法填满深不可测的陷阱一般（下卦坎为水，上卦坎为坎陷之地，水不断流入低洼之处，但坎陷于中，怎么也流不满）。坎为水，又为坎险，遭遇到险象环生、危机四伏的境域，内心仍然充满诚信通天的信念，不但能够诚信于人，而且能够诚信感天。只要坚决地持守诚信通天的信念，就会获得亨通，因为坎卦内心刚健实诚（中爻都是刚爻），好比水流之地低洼艰险阻碍重重，但奔流入海之心刚健不改。坎卦从临变来，主爻从临的初九升进成为坎的九五，取得尊位，象征前往可以建功立业。天险（天道运行的险难时势，如阴长阳消造成的衰朽败亡等）是高不可升、无法逾越的；地险就是山川丘陵等能够阻挡人前行的险阻。君王公侯于是设置险要之关（如城墙、城濠等人险）来守卫自己的国家。险象环生的时机化作用实在太重大了！

　　《象传》说：水连续不断地流出来，险而又险，险象环生就是习坎卦的象征。君子学习水连续不断地流出来，奔流到海不复回的特点，要使仁德品行有恒常不变的刚强之性，不断学习操练，以完成教化民众的事业。

◎**解读**　六十四卦里，坎卦是乾坤外第一个出现的纯卦，由上坎与下坎重叠而成，称"习坎"，"习"是重复之意。既有重重险境之意，也有通过不断地学习以渡过艰险之意。作为八卦之一的坎基本象是水，作为六十四卦之一的坎基本意思是坎陷。坎又为心，中间一刚爻为实，象征拥有乐天不忧的心态、自强不息的毅力、坚强的意志、坚定的信念，诚实守信，所以可以用来表示面对危险而内心信实之意。坎卦由临卦变来，主爻九五向上推移，代表勇往直前，努力上进会受到人们尊重。

前解提及内心，但很少谈维系心念。其实坎卦维系的是心中的诚实动天，即诚意通于天的部分。《周易》教人修行和维护这种通天的意念。坎有水流入陷阱之中之象，水流不满，"流水不腐，户枢不蠹"，流动不会腐败，就能保持活力，所以内心像水流一样亨通自信，行动义无反顾，不会半途而废，所以亨通。坎卦的"有孚"取自水无论如何曲折迂回，最后都流向大海，所以表面柔变，内心刚强守信。人应该学习水的特点，即使在坎险中也要如水一般遵守信用。上下坎有险象环生之象，代表人可能碰到各种险难。面对险难，心很重要，心静如水，心态乐观，反而不以为然，面不改色，没有险难的观念，更何况天下事无本难易，为之即易。正如宋代苏洵《心术》讲道："为将之道，当先治心。泰山崩于前而色不变，麋鹿兴于左而目不瞬，然后可以制利害，可以待敌。" 这样，即使像天险地险等都非人力所能操控，但也要有将危险转化为机会的意识，自古成事皆从危险的情境当中来，所以要学会设险，利用险，转化时势，化被动为主动，化险为夷。

初六：习坎，入于坎窞①，凶。
《象》曰："习坎入坎"，失道凶也。

◎ **注释** ①〔窞（dàn）〕坎下之坎。《说文》："窞，坎中小坎也。一曰旁入也。"一说深坑，或是水中的小漩涡。

◎ **大意** 初六：在险象环生重重坎陷之境，好像落入水底深不可测的洞穴里，极其凶险。

《象传》说：在双重的坎里，又落入坎下，指的是初六从五位下到初位，迷失道路，自己走向深渊之中，必有凶祸。

◎ **解读** 临变坎，卦变中初六从五位落到初位，到全卦最下，在上下坎的底部，所以是踏入险象环生、重重坎陷之境，陷得太深不易自拔，好像落入水底深不可测的洞穴里去了，极其凶险。象辞是说，初六是自己迷失了道路，危机四伏，落入坎中之坎，坎陷不断。初六以阴柔入重坎，上无应援，又居阳位，失位不正，有自己私心作祟，跳入陷阱深渊之象，咎由自取。

九二：坎有险，求小得。

《象》曰："求小得"，未出中也。

◎ **大意**　九二：在坎陷之境中困罹险难，只能于险情中谋取小得。

《象传》说：九二在险境之中求取，还可小有所获，因为九二虽然没有脱离险中，但在下卦中位，心思意念未偏出中道。

◎ **解读**　九二以阳居阴，失位不正，上无应援，自处险地，九二与初六和六三相比，两爻毕竟阴柔懦弱，求之则只能有小得。九二在下卦中位，代表行为适中，无过无不及，本身并没有错，但在下卦坎（险）里，无法避险，只是后果应该没有初六那么凶。卦变中初六柔爻来到九二之下，九二与之比邻，上还有六三柔（小）爻比邻，算是小有收获，所以说只能于险情中谋取小得。

相比之下，初六是自己堕落，九二心思刚正，想要自我拯救，也想向他人求助，但没有应爻，上下皆阴，别人帮不了大忙。六三乘刚欺负九二，九五敌视九二，九二只能和初六相依为命，相濡以沫，初六比九二更危险，但还是舍命救了九二，让九二终于有希望脱离险境。九二品性刚中，刚健而不陷，主要还是靠自己的努力一点点脱离险境。

六三：来之^①坎坎，险且枕^②，入于坎窞，勿用。

《象》曰："来之坎坎"，终无功也。

◎ **注释**　①〔之〕至、到、去、往。②〔枕〕倚而不安，息而未安，枕戈待旦，有罹难难安之象。一说枕藉、铺垫，垫着枕头，引申为到处。

◎ **大意**　六三：上下都是险难重重，进退维谷，只是险中还有所依靠。但已经陷入危险的陷阱深处，实在无法施展才用。

《象传》说：来去都是坎陷之险难，说明六三最终是在做无用之功（无论如何挣扎都走不出低谷，有劲也无济于事）。

◎**解读** 六三位在下卦上位，又在上卦之下。易例爻往下推移为来，往上推移为往。六三下来上往都在坎（险）中，可谓前后左右都险难重重，进退维谷。

六三在上下两坎中间，意味着是处在危机四伏之中，不宜轻举妄动。只可韬光养晦，沉着冷静，等待时机，以不变应万变，暂且不要展示自己的才能。而且六三因处阳位而妄动，动辄得咎，越来越陷入危险的陷阱深处，好像陷入沼泽地，越挣扎越往下陷，当然更无法施展才用，不仅无功，反而非常绝望，等待灭顶之灾，实在危险。所以说，六三在凶卦凶位，失中非正，必凶。

"枕"的解释很难，异文很多，但前人很少意识到可以取"枕"在九二之上之象，不过由于是乘刚，所以枕得不太安稳。何楷《古周易订诂》："枕者，下有九二之险，而且已枕于其上也。"九二阳刚，险中出手，舍命拯救六三，有牺牲自己，助六三绝处逢生之象。

六四：樽①酒簋②贰，用缶③。纳约④自牖⑤，终无咎。

《象》曰："樽酒簋贰"，刚柔际也。

◎**注释** ①〔樽（zūn）〕盛酒器，取震象。②〔簋（guǐ）〕古代祭祀或宴享时盛黍稷的器皿。形状圆腹、圈足。③〔缶（fǒu）〕瓦器，古代带盖的瓦盆。既是酒器，也是一种瓦制的打击乐器。《说文》："缶，瓦器。所以盛酒浆。秦人鼓之以节歌。"④〔约〕简约。⑤〔牖（yǒu）〕窗户。一说通"诱"，开导。

◎**大意** 六四：一樽薄酒，两簋供品，选瓦缶作祭器，（非常敬慎地）从窗户纳进素朴的祭品，最终不会有咎害。

《象传》说：用一杯薄酒，两碗糙饭（的素朴祭品顺服地祭献），因为六四在刚爻与柔爻交际之处（故四爻之意向要刚柔适中）。

◎**解读** 坎卦下卦极度危险，上卦有出险之象。六四从心态上解是出险，从实情上解，是已经在极度危险的险境（如牢狱）当中，需要有一种虔诚而小心的意识状态，才可能出险。

六四在上坎（酒）里，又在互震（仰盂）里，形似祭器，像一樽薄酒，六四还在正反震（正震为盆，反震为盖）里，有选瓦缶作祭器之象。正震为祭器，反震是

225

摆在对称位置上的祭器,有如两簋供品。六四又在正、反艮(门)里,两扇对称的门之间为窗,所以有非常敬慎地从窗户纳进素朴祭品之象,这种祭祀虽然简陋,但只要心诚就可通达神灵,即可祭之于王公,荐之于宗庙,最终不会有咎害。

爻辞里有一种古代的"牖下之祭"。祭祀的方式是在室内的西南角设立祭坛,从窗户把供品递进去,放到祭坛上。古代贵族女子未出嫁前,要学习祭祀的仪式,举行简约而朴实的祭礼,以谦卑柔弱的心态祈求心想事成,祈祷上天安排一个好丈夫。女子同未来的刚强夫君交往融洽,刚柔适度,如此就不会有什么咎害。六四紧挨九五之君,所处的情境通于古代为臣者的状态,伴君如伴虎,毕竟身居官场时刻有身处险境之感。恰好这个处险之道可以从弱女子在祭祀之时的心态中学来。所以,大臣面对君王,要有一个没有出嫁的少女那样的情怀,才能规避凶险,遇险而脱险。唯有显示质朴又顺服的心意才合适。

总的来说,六四刚柔之际,需要极尽温柔体贴之能事,非常虔敬婉转以化解险难。从六四可以看出,古人面对危险有祭祀祈祷的习惯,祭品不用很丰盛,祭祀器皿也不用很华贵,地域也不用十分讲究,但一颗虔诚的心很有必要。六四处于危险核心区域,离君王很近,只有处柔守弱,谨慎低调谦卑以自保,以光明的心意周旋于险境中。以柔顺的姿态对付刚强的恶人,事事多礼,言语谦恭,心意行事都不要刺激对方,所思所行不可引起君王猜忌,就应该没有什么问题。

九五:坎不盈,祇①既平,无咎。

《象》曰:"坎不盈",中未大也。

◎ **注释** ①〔祇(chí)〕同"坻",正、恰、只、仅。一说为语气词,无义。"祇"字历来难解,有安、病、土丘、抵达、恭敬、祇回、祇仰、祇奉、适等多种解释。经分析,一是从文字意义、读音及《周易》内证角度,"祇"当为"坻",即水中小洲,或为语辞只、适、恰两种解释较可信。二是从义理、象数角度分析,在象上,三至五互艮(山、石),可解作"小丘";在义理上可联系九五爻辞象辞及全卦卦义,九五爻"坎不盈",有认为这种状态不太好,有认为这种状态尚可,都与出险相关。按象辞"水流而不盈","坎不盈"是虽在险中流动不止,但有信心能够出险。只是这种状态不能兼济天下,所以"中未大",不是很好。此二解有相似处。若解"祗"为语辞，即刚刚齐平或达到齐平乃能"无咎"；若解为"土丘"或"水中高地"，是水中土丘刚刚与水面齐平，快要露出水面的状态，水中之人，正好此时以求出险。可见，"祗"字解为小丘（水中渚，水中小洲），与坎之流动、不满盈相联，与坎本义较近，和语辞都有道理。

◎ **大意** 九五：水流入坎里，没有满溢出来，只有等（水中沙洲）到了跟坎陷齐平的程度，这时候应该没有太大危险了。

《象传》说：水还没有盈满溢出坎陷之地，这是因为九五在上卦中位，居中能处中道，但自求脱险之功无法光大。

◎ **解读** 九五是坎卦的主爻，正是象辞说的"水流而不盈"，它从初位升上来，进入上卦中位，中是水既不满，也不浅，水流入坎里，没有满溢出来，只是到了跟坎陷齐平的程度，达到水平的状态，刚刚平，这时候九五比较有把握了，应该觉得没有太大危险了。九五快要出险，但还在水里，心态上讲，是快出险了，千万不可自满，不可好大喜功，也不要大喜大悲，要心态平和，保持中庸之道。九五在上卦中位，到了外坎的危险核心处，对于危险程度已经心中有底。九五互艮（山、石），可把水中之渚（小块陆地）想象为四边陡峭之山崖，河水不满，水面不与崖岸齐平，水中人就难以上岸；等"祗既平"（"祗"为"坻"，即水中小洲露出水面），则可以上岸，快要脱离危险了。

"祗既平"如果理解为"小丘已经铲平"，不太通，跟水流没满的关系也不是很清楚。

上六：系用徽①纆②，寘③于丛棘④，三岁不得，凶。

《象》曰：上六失道，"凶三岁"也。

◎ **注释** ①〔徽（huī）〕三股拧成的绳子。《玉篇》："大索也。" ②〔纆（mò）〕两股拧成的绳子。《说文》："三股曰徽，两股曰纆，皆索名。" ③〔寘（zhì）〕同"置"，安排，处置，放置，弃置。④〔丛棘（jí）〕是荆棘丛，取象两坎，意为牢狱，囚禁犯人的地方，四周用荆棘堵塞。也即古代断狱的场所。《九家易》："周礼，王之外朝左九棘，右九棘，面三槐。司寇、公卿议狱于其下。害人者加明刑，任之三事。上罪三年舍，中罪二年舍，下罪一年而舍也。"这里的丛棘指牢狱。

◎ **大意** 上六：用重重的绳子捆绑起来之后，被投入犹如荆棘丛生的监狱之中，三年都得不到释放，非常凶险。

《象传》说：上六偏离正道，迷失了道路，凶险的境遇将持续三年之久。

◎ **解读** 上六是坎之上，一说要坐牢三年，是没有脱离坎险，一说已经出险，但心意状态还没有出险，从临卦初九上来的层层危险很久都后怕。所谓一朝被蛇咬十年怕井绳。坎为矫揉，矫揉是把木用绳子捆成需要的形状，然后烘干定型，所以取捆绑之象。上六在两坎之上，有用重重绳子捆绑起来之意，坎又为坚多心木，有棘即带刺的灌木之象，红心坚硬。又像是被投入犹如荆棘丛生的监狱之中。九五之时，好不容易脱离水中的危险上了岸，结果一上岸就被投入监牢，坐牢三年，不得释放，非常凶险。这一爻是逃犯落网之象，可以反推九五脱离水中之险者是逃犯，被抓之后，三年牢狱之灾不可免。

从卦上讲，逃犯上六到了全卦穷极之位，已经逃到天涯海角，穷途末路，无路可逃之象。坎为水，水向下流，上六挣扎出险，背离水的本性，下面还乘刚，罪加一等，所以肯定要坐牢。

䷝ 离为火（卦三十）（离下离上）

离：利贞。亨。畜牝牛吉。

《彖》曰：离，丽也。日月丽乎天，百谷草木丽乎土。重明以丽乎正，乃化成天下。柔丽乎中正，故"亨"，是以"畜牝牛吉"也。

《象》曰：明两作[①]，离。大人以继明照于四方。

◎ **注释** ①〔作〕起来。

◎ **大意** 离卦象征光明附丽，有利于持守正道，做事亨通，如畜养母牛吉祥。

《象传》说：卦名离是附丽的意思，譬如太阳和月亮附丽在天上，百谷杂粮草木要附着在土地上。上下卦都是离为明，离卦有双重之明，明而又明，光明地指引万物附丽到正道上去，就能教化天下，成就人间文明昌盛，犹如日月附丽于天，光辉昌明。离卦从遁卦变来，遁卦初六与九五换位，变为离卦。从离卦主爻六五的推移说，是柔爻柔顺地依附在刚爻的正中，得中又得正，所以亨通。因为柔爻的运动好像具有母牛那样温顺的德性，所以畜养母牛可获吉祥。

《象传》说：下卦离为明，上卦离又为明，是光明接连不断地升起来，太阳日复一日，这就是象征着光明附丽于高空的离卦。治理国家的大人要持续不断地以光明大道照临天下四方。

◎**解读** 卦名离主要是光明、附丽的意思，即依附于某一物体上。在卦爻辞里有时为火、日、明、征伐等义，这些都是离的卦象。离与坎是一组变卦，即坎卦六爻全变为离卦。坎为水，水要流动，勇往直前，努力上进，面对危险，要心中意念坚定，迎难而行，体现出来的精神力量将会受到人们尊重崇尚。离为火，就必须依附在燃料上，离开燃料就熄灭了，自然万物也是一样，都处在紧密的联系之中，彼此附丽依靠，阴中有阳，阳中有阴，附丽于邪恶，就是失道，会沦陷，附丽于正义，就是正道，就可以上升。所以《杂卦传》说："离上而坎下也。"正是因为离有附丽的特性，所以利于持守正道。

为什么离卦跟畜养母牛有关？坤为牛，离是乾得坤中阴爻而有牛象，又离为中女，故为牝牛，上离下离是牝牛成群之象，所以如畜养母牛吉祥。附丽是薪和火的相爱相杀，火必附于燃料而又与之同归于尽，可见附丽之紧密。从这些自然现象中引申出柔顺附丽的意义，柔顺要如母牛一般，牛本来就性格柔顺，母牛就显得更加柔顺。只有柔顺才可能依附，依附如日月之正才稳固，附丽于正道，就能教化天下，成就人间的文明昌盛，这样符合离卦的附丽之道。一般解"柔丽乎中正"都是六二、六五居中得正，但从卦变来说，是柔爻柔顺地依附于刚爻，得中又得正，所以亨通。

从明的角度说，如果人的心地光明，就应该努力去把世界照亮，离卦强调照亮世间的"三明"：重明（光明接连不断）、光明（光明附丽于高空）和大明（光明普照四方），显得光明的智慧犹如阳光下的海水一样，清明广远，碧波荡漾，波光粼粼，蓝天白云与海水交相辉映，显示出人心光明与自然之明，融通无间。

初九：履①错②然。敬之③，无咎。

《象》曰:"履错"之"敬",以辟④咎也。

◎**注释** ①〔履〕鞋子,引申为以足践踏,再引申为人的行为。因为人的行为要遵守礼仪约束,故引申为礼仪。经文里凡"礼"都以"履"字表示。②〔错〕花纹交错,指文采。③〔敬之〕对这种有文采的礼仪要怀着恭敬之心去对待和履行。④〔辟(bì)〕回避,与"避"是古今字。

◎**大意** 初九:践履行事合乎礼仪,错落而有光采,心怀恭敬,小心谨慎,不会有什么过错。

《象传》说:践履行事合乎礼仪有文采而带出来的内心恭敬,可以避免受到不必要的伤害。

◎**解读** 初九是礼仪有秩序、有文采、很文明的样子。初九在遁卦变离卦时从五位下来,初位是足,如同在脚上穿鞋,在象上,履也有鞋子之意。下到初位,既是刚来文柔,又组成下卦离(文),"错"就是文,所以说,践履行事合乎礼仪,错落而有光彩。

象辞说初九小心谨慎面对曲折的道路,以恭敬心来面对,好像新年新人穿上新衣新鞋,开始新的征程,小心守礼才能走得光明灿然。前人很少有解成光彩的。这一爻彬彬有礼,举止行为文明礼貌,心怀恭敬,不会有什么过错。因为人内心恭敬,而改变了外在的气场,于是伤害自然远离了。

六二:黄①离,元吉。

《象》曰:"黄离,元吉",得中道也。

◎**注释** ①〔黄〕中土之色。《论衡》:"黄为土色,位在中央。"坤卦六五"黄裳元吉",象辞"文在中也"。《文言传》:"黄中通理,正位居体,美在其中。"可见,周朝人尚黄,认为黄是中正美德之色。

◎**大意** 六二:黄色美丽中正的文明,实在是大吉大利。

《象传》说:黄色美丽中正的文明,实在是大吉大利,因为六二在下卦中位,行为中正而行中道。

◎**解读** 二爻为地为田，田荒为蛮野，田耕为文明。二爻亦为牛，野牛为蛮，畜牛为文。古代黄土地、老黄牛，还有黄皮肤的耕田者，都是黄离之象。离卦是乾得坤（黄）中爻，表示最为醇美的文明。六二在下卦离里，又是下卦中爻，居中位，行中道，是具有美德中正的文明，所以大吉大利。一般有解为"附丽在黄色上"的，但这不足以成为大吉大利的原因。

中华文明以土之黄色为得中道之大吉大利的文明。六二象征中华文明传承的是炎黄子孙亮丽的文明之道。

九三：日昃①之离。不鼓缶而歌②，则大耋③之嗟④，凶。
《象》曰："日昃之离"，何可久也？

◎**注释** ①〔昃（zè）〕倾斜，指日过中午太阳西斜。②〔鼓缶而歌〕敲着瓦盆唱歌。③〔耋（dié）〕年老，指八十岁的老人。④〔嗟（jiē）〕嗟叹。

◎**大意** 九三：日暮太阳西斜，垂挂在天上，象征老之将至，如果不顺其自然，敲着瓦盆唱歌自乐，那迟暮之年就只能发出老暮穷衰的嗟叹，这本身就是一件凶险的事。

《象传》说：太阳已经西斜，虽然还挂在西天，可是怎么会长得了呢？

◎**解读** 九三在下离（日）之上，上离之下，是一日之末，前明已尽，后明将继的日暮之象，此时太阳正西斜垂挂在天上。正反兑象是"鼓缶而歌"，如中孚六三"或鼓或歌"，因为两口（兑）相对而为歌唱或二人对唱之象。缶是有盖的瓦盆，正反震相对为缶，如坎六四"用缶"，离九三正好与此相反，两兑（口）相背，缶象拆开，所以是"不鼓缶而歌"。缶并不是乐器，古人击缶唱歌只是即兴为之，是自得其乐和乐天达观的表现。九三爻时在垂暮，又不能乐天达观，象征老之将至，心有不甘，一味追求圆满，急于求成，如不顺其自然，敲着瓦盆唱歌自乐，那迟暮之年就只能发出老暮穷衰的嗟叹，这种哀叹本身就是一件凶险的事。

象辞意味着九三过刚不中，不是狂歌就是唉声叹气。离卦本身是四阳二阴之卦，二阴居中位，是在中间阻碍而有凶，或者是好事，鼓缶而歌（正反兑）；或者是坏事，互巽（不果，寡发），衰老垂暮之象。九三应该顺其自然，既然太阳西下已成事实，就要欣然接受，保持平和心态，把酒言欢，敲着瓦盆唱歌既是自得其乐，也是及时自乐。再不乐整个人生都要过去了，到老态龙钟的时候就只有嗟叹老暮穷衰，日子越来越难过。

九四：突^①如^②其来如，焚如，死如，弃如。

《象》曰："突如其来如"，无所容也。

◎**注释** ①〔突〕突然。一说假借字，意为忤逆的孩子，古文是一个倒写的"子"字。②〔如〕形容词词尾，义同然。

◎**大意** 九四：太阳升起的时候，好像突然之间来到变成这个样子（升起火红的朝霞），然后升到高空像烈焰熊熊燃烧，但慢慢衰弱好像变得死一般寂灭，到头来似乎可以被抛弃扔掉一样。

《象传》说：太阳升起的时候，好像突然之间来到变成这个样子（升起火红的朝霞），好像不能见容于世，不被别人接纳。

◎**解读** 离卦的上下卦都是离，好像两股火急火燎的力量碰到一起，互巽为木草，熊熊燃烧之象，好像打仗拼命一样，猛烈如焚，必死无疑，再加上众所难容，最后被弃。离为明为火，火之明可以生人，亦可以害人。九四刚而不正，向上凌逼君上，犯上作乱，最后必然害己，下为火（离）所炎，所以象辞说好像不能见容于世，不被别人接纳，无路可行，不为人容，是自取灭亡之象。"突如"似火之燃，似日之升；"焚如"似火之旺，似日之高照；"死如"似火之灭，似日薄西山；"弃如"似火之灰，似入夜日之见弃。太阳升起，好像突然之间来到变成了升起火红的朝霞的样子，上卦离（火），然后升到高空像烈焰熊熊燃烧一般；互兑（毁折），慢慢衰弱，最后好像变得死一般寂灭；到头来入夜太阳消失，似乎可以抛弃扔掉一样。

九四说法很多。一说如有敌人突然来袭，烧杀抢掠，无恶不作，一片狼藉，好像描述战后景象。一说九四有如一场凄凉的"错爱"，瞬间被熊熊之火燃烧，可惜没有现实支撑，很快熄灭，缘分化为灰烬，徒留一地烟熏火燎的伤痕。一说内心迫切地想做某事，但与天道（外界条件）不符，最后被烧死，结果悲惨，爻辞描述的是死前回光返照之状。一取对象，二至五爻既是正反巽（顺），又是正反兑（悦），好比逆子该孝顺却不孝顺，该喜悦却喜悦不成，不能守时顺天，最后以凶收场。一说九四过刚，好像忠诚正义之士，刚而不正，生在错误的时代，忠臣死谏，结果违逆了君上，死在暴君手里，最后被烧掉、整死、扔掉。

六五：出涕①沱若②，戚③嗟④若⑤，吉。
《象》曰：六五之"吉"，离王公也。

◎ **注释** ①〔涕〕眼泪，涕泣。引申为鼻涕眼泪，痛哭流涕。②〔沱（tuó）若〕恸哭，泪如雨下，泪流很多，如水涌出的样子。③〔戚〕悲哀，凄戚，忧愁悲戚。④〔嗟〕嗟叹，叹息。⑤〔若〕如然。

◎ **大意** 六五：眼泪哗哗，涕泗滂沱，悲戚地嗟伤悲叹，但最后逢凶化吉。

《象传》说：六五这一爻如此悲切，最后还能逢凶化吉，是因为卦变之后能够附丽于王公（遁卦的上卦原来是乾为君王，卦变中，六五从初位升进到乾的中位，象征依附到王公的身上，所以会逢凶化吉）。

◎ **解读** 从象上看，六五在上卦离（目）里，又在互兑（口、泽水）之中，口、目出水如泽，眼泪哗哗，涕泗滂沱，有口而悲，悲戚地嗟伤悲叹。这一爻跨过熊熊火海（卦变是遁变离，遁互巽，是离火点着互巽木）上来，九死一生，虽然有悲哭之象，一把鼻涕一把泪，哭得可怜，泪流满面，痛哭不止，悲叹不绝，然而六五是遁变离的主爻，从初位升到尊位得中，最后却能获得吉祥。

以前多解释为"附丽于王公的尊位"，如果是这样的话，六五的悲切就不明显。用卦变则能够更清楚地解释为何内心那么悲苦，而且最后还会吉祥。

关于六五之悲苦，有多种解释：一是因父母亡而哭。二是因战后之惨烈而哭。三是因幸存而哭：敌人袭击过后，幸存者泪如雨下，忧愁悲戚，哀叹不已，所幸还得以活命，算是不幸中的万幸。四是如王弼所说，因担忧权臣而哭，没有了王父，自己面对张牙舞爪的群臣，不知道如何是好，以哭为艺术手段，此时哭既是真情流露，也是卧薪尝胆，可谓百感交集。五是亲戚叛之，因九四惩罚逆子。六是为辨忠奸而哭，因新君初登大宝，痛哭以辨大臣之忠奸，可以了然于胸，终获吉祥。七是同体大悲，因悲喜交加而哭。

上九：王用出征，有嘉①折首②，获③匪④其丑⑤，无咎。

《象》曰："王用出征"，以正邦⑥也。

◎**注释** ①〔嘉〕嘉奖，嘉美之功，喜庆之事。②〔折首〕斩首。③〔获〕俘获。《说文》："猎所获也。"④〔匪〕同"非"，不。一说匪寇，贼寇，匪徒，匪首，土匪。⑤〔丑〕类，相同，从犯，党羽。⑥〔邦〕国。

◎**大意** 上九：君王出兵征伐，建立嘉功伟绩，但只斩杀敌方首领，不俘获敌军的从犯，不会有祸患。

《象传》说：君王出师征伐，是为了正治邦国，（不是为了耀武扬威，滥杀无辜）。

◎**解读** 从取象上说，离卦从遁卦变来，上卦乾（君王）变为离（戈兵），有君王出兵征伐，建立丰功伟绩之象。六五上来把乾（首）折断，所以是只斩杀敌方首领，而没有俘获敌军的从犯，可见打败的不是一般的人员，而是主犯。这一爻是国君去平息叛乱，把头目杀了，把主犯抓了，祸乱平定了，征伐成功。不会有祸患。

从卦变上看，对于上九来说，上九应该是俘获了六五。而对于六五来说，六五之君继位之后，是任用上九贤人征伐不服。上九以阳爻居上位，刚毅明察，惩治异己有度，乃以安邦定国。至于其"丑"，程颐认为是自己的同类，马恒君则认为是敌人的同类。按理说是敌方比较合适，即对方的同类、从犯、喽啰，因为俘获了主犯，必有同党。